하루만에 꿰뚫는 성경관통

하루만에 꿰뚫는
성경관통

크리스토퍼 허드슨 외 지음
배응준 옮김

규장

당신도 쉽게 성경관통을 할 수 있습니다

성경은 매우 놀라운 책입니다. 그 속에는 엄청난 정보들이 들어 있습니다. 성경은 수백 가지 이야기들과 수천 명의 이름들로 꽉 차 있습니다. 그러나 성경이 어렵게만 느껴지고 여러 번 성경을 읽어도 감이 오지 않을 때가 많습니다. 그래서 당신도 다른 사람들처럼 다음과 같이 물어볼 것입니다.

"성경을 어디서부터 읽으면 좋을까?"

"성경을 어떻게 하면 처음부터 끝까지 다 읽을까?"

"말씀이 절실히 필요할 때 합당한 구절을 찾을 수 있을까?"

"성경은 너무 어려워서 읽어도 무슨 말인지 모르겠어. 쉽게 잘 이해할 수는 없을까?"

당신뿐 아니라 대부분의 사람들이 그렇게 질문하고 있습니다. 그러나 언제까지 질문만 하다가 끝날 수는 없겠지요. 당신은 지금 어려운 선택의 기로에 서 있습니다.

'다시 한 번 성경관통을 시도할 것인가 아니면 다음 기회로 미룰 것인가?'

이때 당신의 도우미가 막 도착했습니다.

성경의 흐름과 개요를 흥미롭게 설명해줄 유익한 책이 여기 있습니다. 이 책의 도움을 받아 성경 읽기의 방향을 잡을 수 있을 것이고, 새로운 통찰력을 얻어 어렵게 느껴지는 성경을 쉽게 읽어 나갈 수 있을 것입니다. 당신이 제대로 성경관통을 하기를 원한다면 이 책과 더불어 시작하십시오. 왜냐하면 이 안에 해답이 있기 때문입니다.

　이 책은 당신의 이해를 돕기 위해 몇 가지 도구 상자를 구비하고 있습니다. 각각의 도구 상자에 대해 살펴보겠습니다.

 단서 포착 : 성경을 이해하는 데 꼭 필요한 단서들을 모아놓은 상자입니다. 여기에서는 성경을 잘 이해하도록 성경에 관한 갖가지 정보들을 제공합니다. 이런 단서들의 도움으로 성경공부를 수월하게 진행할 수 있을 것입니다.

 시야 넓히기 : 말 그대로 시야를 넓게 해주는 상자입니다. 우리는 종종 성경 66권 가운데 달랑 한 권 혹은 어떤 이야기 한 대목에 치중하여, 전체를 보지 못하고 지나가는 경향이 있습니다. 이 도구 상자는 한 걸음 뒤로 물러나 멀리 보게 해줍니다.

 아니, 이런 일이! : 이 상자에는 깜짝 놀랄 이야기들과 사실들이 담겨 있습니다. 성경은 온갖 흥미로운 정보로 가득합니다. 그 가운데 백미(白眉)를 정선했습니다.

잊지 맙시다! : 반드시 기억해야 할 것을 일러주는 상자입니다. 성경을 읽을 때 특별히 기억해야 할 사항들에 초점을 맞추고 있습니다.

 알맹이 : 가장 중요한 내용을 명쾌하게 짚어주는 상자입니다. 꼭 알고 넘어갈 내용을 자세하게 설명해 줍니다.

 성경에 이르기를 : 성경말씀에 주목하게 하는 상자입니다. 중요한 구절들을 통해 성경 각 권은 물론 성경 전체를 이해하는 데 유익한 도움을 받을 수 있을 것입니다.

사실 '성경을 읽는 것' 은 그렇게 힘든 일도 그렇게 어려운 일도 아닙니다. 이 책이 안내하는 대로 차근차근 읽어 나가면, 당신이 품고 있던 온갖 의문점들이 저절로 해결될 것입니다. 이 책은 '하루만에 성경을 관통하는' 체제로 구성되어 있습니다. 아침시간은 성경 전반에 대한 상식을, 점심시간은 구약성경 개요를, 저녁시간은 신약성경 개요를 물 흐르듯이 읽어 나가 성경 66권을 꿰뚫도록 되어 있습니다. 훌륭한 조언과 유익한 지식과 재미있는 내용들이 가득 들어 있습니다.

그럼 이제 '1일 성경관통' 을 시작해볼까요?

차례

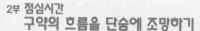

3부 저녁시간
신약의 흐름을 단숨에 조망하기

1부 아침시간
누구나 꼭 알아야 할
성경상식

아침시간은 성경 오리엔테이션 시간으로 신구약 성경 각 권을 읽기 전에 누구나 꼭 알아야 할 성경 전반에 관한 상식을 폭넓게 다루고 있습니다. 성경 66권 목록을 쉽게 암송할 수 있는 법을 비롯하여 성경의 주요 사건의 연대표와 성경시대의 문화와 관습 등에 대해 쉽고 재미있게 소개하고 있습니다. 이것들을 잘 이해하고 성경을 보면 성경 전체를 관통할 때에 큰 도움이 될 것입니다.

성경개관 성경의 이야기 성경 연대표 성경의 문학적인 특성 성경을 읽는 데 도움이 되는 책들 어떤 성경이 가장 좋은가? 성경을 어떻게 공부할 것인가? 성경을 적용하는 법 경건의 시간(QT)을 갖는 법 성경시대의 음식과 의복 성경시대의 사회구조 성경시대의 직업 성경시대의 주택과 종교 시설 그 말씀이 어디 있어라? 성경 인명 사전 주목할 성경 속 여성들 예수님의 비유 예수님의 이적

창세기 출애굽기 레위기 민수기 신명기 여호수아서 사사기 룻기 사무엘상 사무엘하 열왕기상 열왕기하 역대상 역대하 에스라서 느헤미야서 에스더서 욥기 시편 잠언 전도서 아가서 이사야서 예레미야서 예레미야애가 에스겔서 다니엘서 호세아서 요엘서 아모스서 오바댜서 요나서 미가서 나훔서 하박국서 스바냐서 학개서 스가랴서 말라기서

마태복음 마가복음 누가복음 요한복음 사도행전 로마서 고린도전서 고린도후서 갈라디아서 에베소서 빌립보서 골로새서 데살로니가전서 데살로니가후서 디모데전서 디모데후서 디도서 빌레몬서 히브리서 야고보서 베드로전서 베드로후서 요한일서 요한이서 요한삼서 유다서 요한계시록

성경개관

성경은 사람들을 구원하시는 하나님에 관한 이야기이며 또한 하나님의 이야기입니다. 당신도 대략 알고 있겠지만, 성경은 천지창조로 시작되어 세상의 종말로 끝납니다. 성경은 크게 두 부분으로 나뉩니다. 하나는 구약성경으로 예수 그리스도께서 세상에 오시기 전에 기록된 것이고, 다른 하나는 신약성경으로 예수 그리스도께서 세상에 오셔서 사역하시고 십자가에서 죽으시고 부활하시고 승천하신 이후에 기록된 것입니다.

구약성경
구약성경은 39권의 서로 다른 책들로 구성되어 있습니다. 이 책들이 모두 하나님의 영감(靈感)을 받아 기록되었지만 기자들의 직업도 다양하고, 각 책을 기록한 목적 또한 다양합니다.
어떤 책들은 구전전승(口傳傳承)에서 한 발짝 진전되었습니다. 입에서 입으로 후대에게 전해진 이야기들이 글로 기록되기에 이른 것입니다. 어떤 책들은 거의 법률문서라 할 만합니다. 그런 책들에는 당대의 규칙과 법규들이 담겨 있습니다. 어떤 책들은 시, 노래, 격언을 담고 있고, 또 어떤 책들은 역사와 예언을 담고 있습니다.
성경 기자들은 그들 자신이 처한 정황 속에서 성경을 기록했습니다. 그들은 하나님의 일에 대해 이야기할 필요가 있고, 하나님의 역사(歷史)를 기록할 필요가 있어서 책을 쓴 것입니다. 그들은 그러한 필요성에 민감하게 반응하며 하나님이 주시는 영감을 받았던 것입니다. 이처럼 거룩한 부르심에 순종한 기자들을 통해 하나님께서 성경을 기록하신 것입니다.

구약성경은 복음서(신약성경의 마태, 마가, 누가, 요한복음을 말함. 예수의 전기라 할 수 있음)와 달리 예수에 대해 직접 말하지는 않지만, 장차 오실 그리스도에 초점을 맞추고 있습니다. 구약성경은 '예수'를 약속된 자, 메시아, 임마누엘, 구속자(救贖者) 등으로 칭하고 있습니다. 하나님께서 아브라함에게 하신 약속에는 예수께서 아브라함의 혈통, 즉 유대 민족을 통해 오실 것이라는 약속이 포함되어 있었습니다. 그리고 그 약속을 따라 예수께서는 유대인의 가계(家系)를 타고 태어나셨습니다. 이 사건은, 당신이 구약에서 읽게 될 모든 희생제사 가운데서 가장 중요한 제사입니다. 하나님께서 인류의 죄를 위한 궁극적인 희생제물로 예수를 약속하셨기 때문입니다.

구약(39권) + 신약(27권)

$3 \times 9 = 27$

$\downarrow$ $\quad$ $\downarrow$

$39 + 27 = 66$권

총 1,189장

총 31,173절

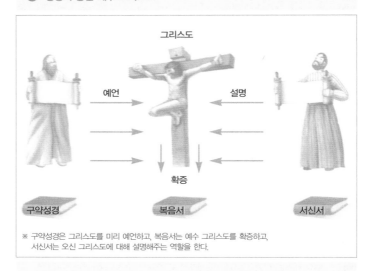

성경의 중심 예수 그리스도

그리스도

예언　　　설명

확증

구약성경　　　복음서　　　서신서

※ 구약성경은 그리스도를 미리 예언하고, 복음서는 예수 그리스도를 확증하고,
　서신서는 오신 그리스도에 대해 설명해주는 역할을 한다.

신약성경

신약성경은 27권의 서로 다른 문서 혹은 책들로 구성되어 있는
데 모두 AD 1세기에 기록되었습니다. 구약성경의 기자들과 마
찬가지로, 신약성경을 기록한 기자들 역시 다양한 환경 속에서
살았고, 글을 기록한 이유와 목적 또한 다양했습니다. 그리고 하
나님의 인도하심 아래 이 문서들이 하나로 묶여 오늘날 우리가
신약성경이라 부르게 되었습니다.

신약성경은 예수의 생애와 죽음과 부활에 관한 이야기, 초대교
회에 관한 이야기, 그리고 초대교회 교인들을 격려하기 위한 편
지들로 구성되어 있습니다.

구약성경의 주제별 분류

- 율법서 : 모세가 기록한 책들로, 다양한 사건들을 통해 세상과 유대 민족의 기원에 대해 이야기하고, 이스라엘을 위한 언약과 지침들을 제시합니다. 창세기, 출애굽기, 레위기, 민수기, 신명기를 말합니다.

- 역사서 : 이 책들은 실제 역사적 사건들에 대해 이야기합니다. 역사서의 시대적 배경은 유대 민족이 애굽을 떠나 다시 이스라엘 땅으로 들어갔던 때부터 그들이 바벨론과 앗수르 포로생활을 끝내고 다시 이스라엘 땅으로 들어갔던 때까지입니다. 여호수아서, 사사기, 룻기, 사무엘상, 사무엘하, 열왕기상, 열왕기하, 역대상, 역대하, 에스라서, 느헤미야서, 에스더서를 말합니다.

- 시가서(詩歌書) : 개인의 체험에 관한 책들입니다. 어떤 책은 노랫말로 되어 있고, 또 어떤 책은 줄거리를 갖고 있습니다. 이 책들은 정보를 전달하기보다 고단한 인생의 문제로 하나님 앞에서 분투하는 인간의 모습을 비추는 데 초점을 맞추고 있습니다. 욥기, 시편, 잠언, 전도서, 아가서를 말합니다.

- 예언서(선지서) : 구약 선지자들은 당대의 철학자이자 길거리 복음전도자였으며, 고대 이스라엘의 탁월한 설교자였습니다. 그들은 현실을 있는 그대로 고발했습니다. 그리고 그 과정에서

그들은 하나님의 인도하심을 따라 몇백 년 후 그리스도께서 세상에 오실 때에 되어질 일들에 대해 말하기도 했습니다. 그들이 미래를 예언한 이유는 백성들이 희망을 품고 정결한 삶을 살도록 하기 위함이었습니다. 기록된 성경 분량의 길고 짧음에 따라 대선지서, 소선지서로 나눕니다. 이사야서, 예레미야서, 예레미야애가, 에스겔서, 다니엘서를 '대선지서'라고 하며, 호세아서, 요엘서, 아모스서, 오바댜서, 요나서, 미가서, 나훔서, 하박국서, 스바냐서, 학개서, 스가랴서, 말라기서를 '소선지서'라고 합니다.

신약성경의 주제별 분류

● 복음서 : 예수의 생애를 다룬 전기(傳記)입니다. 마태복음, 마가복음, 누가복음, 요한복음을 4복음서라 합니다.

● 역사서 : 신약 교회(초대교회)의 시작과 예수 그리스도의 복음이 확산되는 과정을 기록한 책입니다. 사도행전을 말합니다.

● 서신서(편지) : 초대교회들을 수신인으로 씌어진 편지들입니다. 이 편지들은 교회 안의 문제, 거짓 교사의 문제, 올바른 신앙생활 등을 다루고 있습니다. 로마서, 고린도전서, 고린도후서, 갈라디아서, 에베소서, 빌립보서, 골로새서, 데살로니가전서, 데살로니가후서, 디모데전서, 디모데후서, 디도서, 빌레몬서를 말합니다.

이상은 바울이 기록한 편지들입니다. 바울 외에 다른 사람들이 기록한 편지들은 히브리서, 야고보서, 베드로전서, 베드로후서, 요한일서, 요한이서, 요한삼서, 유다서입니다. 이것을 '공동서신' 이라고도 합니다.

● 예언서 : 말세에 관한 내용을 다루고 있는 책으로, 요한계시록을 말합니다. '묵시록' 이라 불리기도 합니다.

❯ 성경 66권 책장

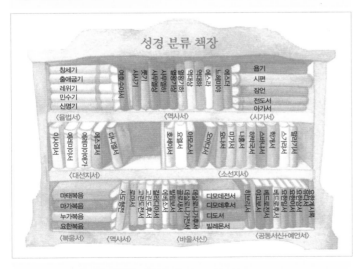

성경 약어(略語), 장(章) 수 일람

약어	책 이름	장 수	약어	책 이름	장 수
창	창세기	50장	마	마태복음	28장
출	출애굽기	40장	막	마가복음	16장
레	레위기	27장	눅	누가복음	24장
민	민수기	36장	요	요한복음	21장
신	신명기	34장	행	사도행전	28장
수	여호수아서	24장	롬	로마서	16장
삿	사사기	21장	고전	고린도전서	16장
룻	룻기	4장	고후	고린도후서	13장
삼상	사무엘상	31장	갈	갈라디아서	6장
삼하	사무엘하	24장	엡	에베소서	6장
왕상	열왕기상	22장	빌	빌립보서	4장
왕하	열왕기하	25장	골	골로새서	4장
대상	역대상	29장	살전	데살로니가전서	5장
대하	역대하	36장	살후	데살로니가후서	3장
스	에스라서	10장	딤전	디모데전서	6장
느	느헤미야서	13장	딤후	디모데후서	4장
에	에스더서	10장	딛	디도서	3장
욥	욥기	42장	몬	빌레몬서	1장
시	시편	150장	히	히브리서	13장
잠	잠언	31장	약	야고보서	5장
전	전도서	12장	벧전	베드로전서	5장
아	아가서	8장	벧후	베드로후서	3장

사	이사야서	66장	요일	요한일서	5장
렘	예레미야서	52장	요이	요한이서	1장
애	예레미야애가	5장	요삼	요한삼서	1장
겔	에스겔서	48장	유	유다서	1장
단	다니엘서	12장	계	요한계시록	22장
호	호세아서	14장			
욜	요엘서	3장			
암	아모스서	9장			
옵	오바댜서	1장			
욘	요나서	4장			
미	미가서	7장			
나	나훔서	3장			
합	하박국서	3장			
습	스바냐서	3장			
학	학개서	2장			
슥	스가랴서	14장			
말	말라기서	4장			

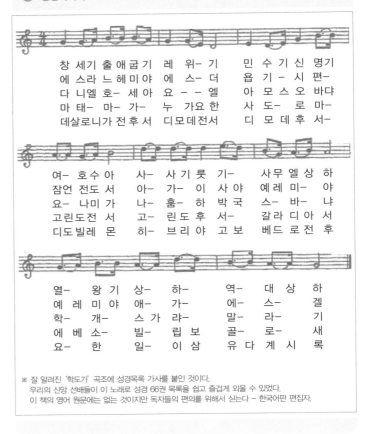

※ 잘 알려진 '학도가' 곡조에 성경목록 가사를 붙인 것이다.
우리의 신앙 선배들이 이 노래로 성경 66권 목록을 쉽고 즐겁게 외울 수 있었다.
이 책의 영어 원문에는 없는 것이지만 독자들의 편의를 위해서 싣는다 - 한국어판 편집자.

성경의 이야기

성경은 세상에 사는 사람들과 관계를 맺기 위해 손을 뻗으시는 하나님의 이야기입니다. 성경은 하나님의 마음과 우리 마음을 하나로 잇는 직통전화선입니다. 우리는 성경에 묘사된 사건들을 당시의 중요성에 입각해 이해해야 합니다.

천지창조와 인간의 반역

대부분의 사람들이 알고 있듯이, 성경은 '세상의 창조 이야기' (창세기)에서 시작됩니다. 하나님께서 아담과 하와, 두 사람을 창조하셨습니다. 하나님은 그들에게 한 가지 지침과 더불어 감미로운 환경을 베풀어주셨습니다. 그들은 이 지침에 따라 하나님의 길을 갈 것인지 아니면 그들의 길을 갈 것인지 결정해야 했습니다. 그런데 그들은 자기들의 길을 가기를 선택했습니다. 이후, 우리 각자도 우리의 길을 가기를 선택하게 되었습니다.

아담과 하와는 자녀를 낳았고, 그 자녀들 또한 자녀를 낳았고, 그렇게 여러 세대가 지났습니다. 세대가 거듭될수록, 각각의 세대는 그 전 세대보다 하나님을 더 반역하는 상태에 빠졌습니다. 노아 시대에 이르렀을 때 세상이 얼마나 타락했던지, 하나님을 믿는 믿음을 갖고 있다고 인정받은 사람은 노아 한 사람밖에 없었습니다. 하나님은 홍수를 일으켜 세상을 멸망시키셨습니다. 그러나 하나님은 노아 부부와 그의 세 아들, 세 며느리만 살려주셨고, 그들과 더불어 새 세상을 시작하셨습니다.

유대 민족의 시초

노아의 아들들은 자녀를 낳았고, 그 아들들이 또 자녀를 낳았고, 그 아들들이 또 자녀를 낳으며 자손이 번성했으나 인간들은 더욱 더 악해져만 갔습니다. 사람들은 여전히 자기 길을 걸었습니다. 이 시점에서 하나님은 아브라함과 아주 특별한 언약(약속에 근거한 관계)을 맺으셨습니다. 하나님은 아브라함에게 지금 사는 곳을 떠나 하나님이 인도하시는 곳(가나안)으로 가라고 명하셨습니다. 아브라함은 이유를 묻지 않고 순종했습니다. 하나님은 아브라함에게 그가 큰 민족의 아버지가 될 것이라고 약속하셨습니다. 이 약속에서 유대 민족이 유래된 것입니다.

그런데 이 약속에는 얼토당토않은 부분이 있었습니다. 그도 그럴 것이, 아브라함과 그의 아내가 너무 늙어 자녀를 낳을 수 없었기 때문입니다. 그들이 하나님의 약속을 믿는 데 얼마나 큰 믿음이 필요했는지 생각해보십시오. 그들 부부는 마침내 약속대로 이삭이라는 아들을 얻었습니다. 이삭은 하나님의 이적으로 태어난 아이였으며, 장차 하나님과 특별한 관계를 누리게 될 백성들의 시초였습니다.

이삭과 그의 아내 리브가는 야곱과 에서라는 쌍둥이 아들을 두었습니다. 야곱은 열두 아들을 낳았는데 그들이 이스라엘의 열두 지파를 이루게 되었고, 그 후손들이 유대 민족을 이룬 것입니다.

이스라엘의 가나안 정복

얼마 후, 야곱과 열두 아들과 그 식솔들이 가나안의 기근을 피해 애굽으로 이주했습니다. 그들은 몇 세대 동안 애굽에서 살았는데 유대 민족에 대해 호의적이지 않은 바로가 그들을 노예로 부리기 시작해, 마침내 애굽의 노예가 되고 말았습니다. 그에 따라 유대 민족에 대한 차별도 극에 달했습니다. 결국 애굽의 왕이 인구 통제를 한다는 명목으로 모든 유대인 아기들을 죽이라는 명을 내리게 되었습니다. 바로 이 무렵, 훗날 출애굽을 이끈 지도자 모세가 태어났습니다. 모세는 아담과 노아의 뒤를 이어, 구약에서 대단히 유명한 인물입니다. 모세는 애굽 왕과 직접 대면해, 유대 민족을 애굽 왕의 손아귀에서 빼냈습니다(물론 하나님의 강력한 역사 덕택이었지만). 모세는 유대 민족을 과거 그들의 조상 아브라함과 야곱이 거주하던 땅으로 데리고 갈 의무를 띠고 있었습니다. 그 땅은 하나님께서 야곱에게 주셨던 이름을 따라 '이스라엘'이라 불리게 되었습니다.

마침내 2년간의 고생 끝에 유대 민족은 가나안 변경지대에 도달했습니다. 그러나 그들은 겁에 질려 약속의 땅에 들어가기를 주저했습니다. 다른 민족들이 이미 그 땅에 거주하고 있었던 탓입니다. 그 땅을 차지하기 위해 전쟁이 불가피했습니다. 그들은 겁쟁이처럼 오그라들었습니다. 하나님께서 기적적으로 그들을 애굽에서 빼내어 광야길을 이끌어주셨건만, 그들은 하나님의 약속

율법이란?

모세 시대에 하나님께서 이스라엘 백성들에게 율례와 규례를 주셨습니다. 율법은 인간들의 죄가 얼마나 심각한지를 깨우쳐주었고, 하나님께서 죄값으로 피를 요구하신다는 것(예수의 생애에 대해 읽을 때, 반드시 이 점을 기억해야 합니다)을 깨우쳐주었습니다.

을 믿지 않았습니다. 그들은 다시 뒷걸음쳐, 광야를 방황하기 시작했습니다.

그후 40년, 새로운 세대가 태어났을 때, 유대 민족은 여호수아라는 지도자의 통솔 아래, 다시 가나안 입성을 시도했습니다. 이번에 그들은 조상들이 살던 땅을 되찾습니다. 그러나 그들은 모든 가나안 원주민들을 그 땅에서 내쫓지는 않았습니다. 이 사건이 나머지 구약 역사의 향방을 결정짓게 되었습니다.

하나님께 등 돌린 우상숭배

하나님은 가나안 족속들을 모두 내쫓으라고 명하셨습니다. 그 이유는 가나안 족속들이 우상을 섬기고 있었기 때문입니다. 이스라엘 백성들이 광야를 방황하는 중에 하나님께서 그들에게 십계명을 주셨습니다. 그리고 그 십계명의 제1계명이 바로 '너는 나 외에는 다른 신들을 네게 있게 말지니라' 로 시작되고 있습니다. 그런데 악한 인간의 본성 탓인지 이스라엘 백성들은 우상숭배를 일삼았던 것입니다. 우상숭배를 그 땅에 존속시킬 경우, 이스라엘 민족이 그것에 오염될 것은 불을 보듯 뻔한 결과였습니다. 실제로 유대 민족의 역사를 통해 그런 결과가 발생했습니다. 이후의 구약 역사는 오직 하나님만을 예배하고자 하는 이스라엘의 고된 분투로 점철되어 있습니다. 그들은 때로 우상숭배에 빠졌습니다. 그럴 때마다 사사들이 일어나 우상숭배 무리들을 척결했고, 또 다시 그들이 우상숭배에 표류할 때면 선지자들이 일어나 순종을 촉구했습니다.

그러나 이스라엘의 우상숭배는 근절되지 않았습니다. 선한 왕들이 왕좌에 오르면 백성들이 하나님께 돌아왔지만, 악한 왕들이 등극하면 다시 하나님께 등을 돌렸습니다. 그렇게 불순종과 거역의 삶이 되풀이되었습니다.

마침내 유대 민족은 앗수르(앗시리아), 바벨론 등 고대 강대국들의 지배를 받습니다. 마지막으로 이스라엘을 정복한 파사(페르시아)는 다행히도 바벨론에 포로로 잡혀왔던 유대 민족을 고향으로 보내지만, 유대 민족은 불순종과 거역의 악순환을 예전처럼 되풀이했습니다.

'오실 그분' 예수에 대한 약속

이처럼 아담이 하나님의 길을 거부하고 자기 길을 가기를 선택한 이후부터 유대 민족이 우상숭배에 빠져 표류하기까지 그들 역사에는 한 가지 약속이 관통하고 있었습니다. 이 약속은 늘 미래를 지향하고 있었습니다. 하나님이 에덴동산에서 뱀에 대해 하신 약속에는 "여자의 후손은 네 머리를 상하게 할 것이요 너는 그의 발꿈치를 상하게 할 것이니라"(창 3:15)라고 되어 있고, 아브라함에게 하신 약속에는 "너를 축복하는 자에게는 내가 복을 내리고 너를 저주하는 자에게는 내가 저주하리니 땅의 모든 족속이 너를 인하여 복을 얻을 것이니라"(창 12:3)라고 되어 있습니다. 나중에 이사야 선지자가 예언한 약속에도 "그러므로 주께서 친히 징조로 너희에게 주실 것이라 보라 처녀가 잉태하여 아들을 낳을 것이요 그 이름을 임마누엘이라 하리라"(사 7:14)라고 되어 있습니다.

이렇게 구약 역사 전반을 통해 '오실 그분'에 대한 약속이 있었던 것입니다. 인간들은 하나님의 길을 선택하기보다 자기 길을 선택함으로써 하나님과 인간의 관계를 망가트렸습니다. 그러나 '오실 그분'은 망가졌던 관계를 다시 회복시켜주실 분이었습니다. 그분은 바로 예수님입니다.

예수를 통한 하나님과의 관계 회복

구약성경은 한 가지 질문을 던졌습니다.

"하나님의 길을 거부하고 우리 길을 선택한 우리가 어떻게 해야 하나님과 올바른 관계를 정립할 수 있을까?"

신약성경은 '예수 그리스도의 삶과 죽음과 부활'을 통해 하나님과의 합당한 관계를 회복할 수 있다고 답하고 있습니다.

신약성경은 예수님의 탄생과 더불어 시작됩니다. 예수께서는 이적적으로 동정녀에게서 태어나셨습니다. 예수님은 하나님이십니다. 그러나 그분은 스스로 인간의 몸을 입어 우리가 겪는 일들을 경험하셨으며, 우리 죄를 위해 자신의 목숨을 내놓으셨습니다. 예수님은 30세 이후에 '공적인 사역'('공생애'라고 함)을 시작하셨습니다. 이후 3년 동안 여러 지방을 다니시며 말씀을 전하셨고, 이적을 베푸셨고, 자신의 사역을 이어갈 열두 제자를 훈련시키셨습니다. 그런데 당대 종교 지도자들은 예수님에 대해 분노했습니다. 그 이유는 예수님이 스스로 하나님이라 주장하셨기 때문이며, 종교 지도자들의 위선에 맞서셨기 때문이었습니다. 예수님은 종종 그들에게 말씀하셨습니다.

"하나님은 너희가 제정한 하찮은 의무조항과 금지조항에 관계된 분이 아니시다. 하나님은 너희가 어떻게 삶을 사느냐, 하나님과 어떤 관계를 맺고 있느냐, 이웃을 얼마나 사랑하느냐에 관심을 가지신다."

예수님은 33세에 사형선고를 받으셨습니다. 그것은 유대의 종교 지도자들이 선동한 정치 음모였습니다. 그러나 예수께서는 십자가 죽음을 그대로 받아들이셨습니다. 왜냐하면 예수께서 세상에 오신 목적이, 죄 많은 우리를 대신해 죽으심으로 우리와 하나님의 관계를 올바로 세우는 데 있었기 때문입니다.

예수는 나무 십자가 형틀에 달려 돌아가셨습니다. '십자가 처형'은 매우 고통스럽고 잔혹한 처형 방법으로 당대에는 전형적인 사형 형태였습니다. 그러나 예수께서는 죽은 지 사흘 만에 다시 죽은 자 가운데서 살아나셨습니다. 그후, 예수께서는 슬픔에 잠겨 있는 제자들을 만나셨습니다. 예수는 몇 사람에게 작별인사를 하신 뒤, '승천'(하늘로 올라감)하셨습니다. 그리고 다시 오신다고 말씀하셨습니다.

예수 그리스도

신약성경 처음 네 권의 책(마태복음, 마가복음, 누가복음, 요한복음)은 예수의 삶과 죽음과 부활에 대해 상세히 말하고 있습니다. 신약성경의 나머지 책들은 예수를 따르던 무리들이 갖가지 사건들을 통해 어떤 식으로 다시 모였으며, 어떤 식으로 흩어졌으며, 어떤 식으로 활동을 전개해 나갔는지 보여주는 기록들입니다. 그들은 사람들과 일과 사역을 적절히 조직화시켰습니다. 그들은 말씀을 전했고, 교회를 세웠습니다. 선교 여행을 떠났고, 편지를 썼습니다. 젊은이들을 믿음으로 훈련시켰고, 복음을 널리 알리기 위해 가능한 한 모든 일을 서슴지 않았습니다. 우리가 하나님과 올바른 관계를 가질 수 있도록 하나님께서 길을 열어주신 것입니다! 하나님은 스스로 세상에 오셔서 목숨을 내어주셨습니다. 하나님은 인간들의 죄의 값을 치르기 위해 돌아가셨고, 그 덕택에 우리는 하나님과 관계를 맺을 수 있게 되었습니다.

사실 하나하나 쪼개어 보면, 성경은 정말 어렵게 느껴집니다. 그러나 성경이 완전하지 못한 인간들에게 보여주시는 완전한 하나님에 관한 기록임을 깨닫는다면, 그것이 그렇게 어렵게 느껴지지 않을 것입니다. 하나님이 우리에게 요구하시는 것은 하나님을 믿는 것입니다. 그리고 하나님께서 우리를 위해 스스로 희생하심으로써 우리가 하나님과의 관계를 회복할 수 있음을 믿는 것입니다.

성경 연대표

모든 사건들의 전후 관계를 명료하게 살펴보기 위해 핵심적인 사건들을 중심으로 연대표를 작성해보았습니다. 그런데 정확한 연대에 대해 다양한 의견들이 상충되고 있음을 유념해주기 바랍니다. 사실, 몇몇 사건들의 정확한 연대는 확인할 길이 없습니다. 어떤 사건들의 경우, 작게는 3백 년에서 크게는 1천 년의 시간 격차가 나기도 합니다. 따라서 다음 사건들의 연대를 정확히 '몇 년'이 아니라 '몇 년경', '몇 세기경'으로 이해해주기 바랍니다. 확실한 연대가 아니라 대략의 연대로 보면 되겠습니다. 이 연대표를 작성한 까닭은 성경을 읽어 나갈 때에 역사적인 사고(思考)를 용이하게 하기 위해서입니다. 어떤 사건이 먼저 일어났고, 어떤 사건이 나중에 일어났는지 살펴보는 데 그 의의가 있습니다.

연대	발생한 사건들
태초	하나님이 천지를 창조하심. 아담과 하와가 생활을 시작함.
아주 오래전	하나님께서 노아와 그의 가족을 홍수로부터 구원하심.
BC 3000년	애굽에 피라미드가 건설되기 시작함.
BC 2000년	하나님께서 아브라함에게 아들 이삭을 주심으로써, 그를 유대 민족의 조상으로 세우심.
BC 1800년	이삭의 손자 요셉이 애굽에 종으로 팔려감. 요셉의 후손들이 애굽에서 노예생활을 하며 하나님께 구원을 갈구함.

BC 1400년 모세가 이스라엘 백성을 애굽에서 이끌고 나옴. 출애굽, 홍해를 건넘, 광야를 방황함. 십계명, 금송아지 사건, 성막, 언약궤.

BC 1350년 모세가 죽은 후, 새로운 지도자 여호수아가 이스라엘 백성들을 이끌고 가나안을 정벌, 약속의 땅에 들어감.

BC 1300년 여호수아가 죽은 후, 사사들이 일어나 백성들 간의 내적인 분쟁을 해결하고 우상숭배를 척결하는 등 이스라엘을 인도함. 블레셋, 미디안, 암몬 족속 등이 이스라엘을 괴롭힘. 모압 여인 룻이 하나님을 따르기로 결단함.

BC 1000년 하나님께서 이스라엘에 사울, 다윗, 솔로몬 등 왕을 세우심. 최후의 사사이자 최초의 선지자 사무엘의 등장, 사울이 다윗을 살해하려 함.

BC 1100년 중국 은나라가 주나라에 패망함.

BC 950년 다윗의 두 아들이 다윗을 죽이고 왕위를 찬탈하려 함. 다윗이 밧세바와 동침, 솔로몬을 낳음. 예루살렘 성전이 건축됨.

BC 900년 솔로몬이 죽은 후, 왕국이 북 이스라엘(10지파), 남 유다(2지파)로 분열됨.

BC 850년 엘리야 선지자가 이스라엘을 이끔. 그의 제자 엘리사가 계승자가 됨.

BC 800년 이사야, 요엘 선지자가 남 유다 왕국을 위해, 호세아, 아모스 선지자가 북 이스라엘 왕국을 위해, 미가 선지자가 남북 왕국을 위해, 요나, 나훔 선지자가 니느웨를 향해, 오바댜 선지자가 에돔 족속을 향해 예언함.

BC 770년 그리스에서 고대 올림픽이 시작됨.

BC 750년 로마가 도시로 형성됨.

BC 600년 바벨론이 유대를 멸망시킴. 유대인들이 바벨론 포로로 끌려감. 예레미야, 에스겔, 다니엘 선지자가 활동한 시기.

BC 500년 에스라의 인도로 포로귀환. 성전 재건이 시작됨.

BC 450년 성전 재건이 완성됨. 고레스 왕이 페르시아를 통치함. 에스라와 느헤미야가 이스라엘을 지도함. 학개, 스가랴 선지자가 활동함.

BC 425년 유대 여인 에스더가 페르시아 아하수에로 왕의 비(妃)가 됨.

BC 400년 구약의 마지막 책 말라기가 완성됨. 말라기는 세례 요한의 도래를 예언하는 것으로 종결되고 있는데, 이것이 신약의 시작을 알리는 사건임. 이후 예수님이 오시기까지 400여 년을 '신구약 중간기'라 일컬음.

BC 250년 히브리어로 된 구약성경을 헬라어로 옮긴 '70인역' 성경이 완성됨. 당대에 헬라어가 세계 공용어였으므로 이는 당대 최대의 대사건이었음. 예수님과 제자들도 아마 이 성경을 사용했을 것으로 추정됨.

BC 150년 알렉산더 대왕의 죽음 이후 제국은 네 개로 분열되었는데 이스라엘은 애굽의 프톨레미 왕조와 시리아의 셀류시드 왕조 사이에 끼어 더욱 혹독한 시련을 받았음. 이때, 시리아의 안티오커스 4세가 성전 제단에서 돼지를 제사지냄으로 거룩한 성전을 모독하자, 마카비 일가가 시리아 총독에게 저항해 분연히 봉기하는 혁명을 일으킴. 이스라엘이 한시적으로 평화를 누림.

BC 100년 새롭게 발흥한 로마가 이스라엘을 점령함. 줄리어스 시저가 헤롯을 유대의 통치자로 임명하고, 나중에 그의 아들이 로마 원로원에게 '유대 분봉왕'으로 임명됨. 줄리어스 시저가 암살당하자 아우구스투스 시저가 로마의 황제가 되었는데, 그가 인구조사를 명령, 요셉과 마리아가 인구조사에 응하기 위해 여행하다 베들레헴에서 예수님을 낳음.

AD 30년 예수께서 십자가 죽음 후 사흘 만에 부활하심. 부활하신 후 승천하심. 승천 후 성령께서 강림하신 오순절 사건.

AD 50년 백부장 고넬료의 회개, 예수님의 제자들에게 '그리스도인' 이란 이름이 붙여짐. 야고보의 순교.

AD 60년 바울과 여러 사도들이 초대교회에 서신을 보냄.

AD 65년 마가복음, 마태복음, 누가복음, 사도행전이 기록됨.

AD 70년 유대 민족이 로마에 저항하자, 로마가 군사를 이끌고 예루살렘으로 진격해 예루살렘을 함락시킴. 이때 성전이 파괴됨. 이로써 성전 예배는 중단되고, 나라를 잃은 유대인들은 전 세계로 흩어짐.

AD 85년 요한복음이 기록됨.

AD 90년 초대교회들이 바울의 편지를 돌려보기 시작함.

AD 100년 4복음서(마태, 마가, 누가, 요한복음)가 하나로 묶여 그리스도인들 사이에 통용되기 시작함.

AD 120년 바울이 기록한 13편의 편지(이를 '바울서신'이라 함)가 하나로 묶여 그리스도인들 사이에 통용되기 시작함.

AD 140년 마르시온(Marcion)이라는 사람이 구약을 배제하고 신약 대부분을 개작하는 등 일련의 과정을 거쳐 '성경책'을 엮음. 초대교회 지도자들이 신약성경의 올바른 구성을 모색함.

AD 145년 초대교회가 신약성경의 모든 책을 권위 있는 성경으로 인정함. 이때 인정한 신약성경은 오늘 우리가 갖고 있는 것과 거의 동일했음.

AD 400년 사람들이 하나님 말씀의 능력을 체험함에 따라, 공식적인 종교회의에서 당시 통용되던 27권의 신약성경을 권위 있는 정경으로 승인함.

성경의 문학적인 특성

우리가 역사를 더듬어가며 어떻게 해서 오늘날의 성경을 편찬하게 되었는지 살펴보는 것도 유익하겠지만, 그보다 성경을 제대로 이해하기 원한다면, 먼저 성경을 우리의 시각이 아니라 각 성경 기자의 시각으로 바라볼 줄 알아야 합니다. 그들이 체험한 삶을 그들 입장에서 바라보아야 한다는 것입니다.

성경 기자들은 자기들이 쓴 책이 하나로 묶여 '성경책'을 구성하리라고는 상상도 못했을 것입니다. 그들은 자기들의 이름이 세계 최고의 베스트셀러인 '성경'의 작가 이름에 오르리라고는 아마도 생각하지 못했을 것입니다. 그들은 우리와 같은 평범한 사람들로, 각자 하나님의 영감과 더불어 글을 쓰게 된 절실한 상황에 직면해 있었습니다.

- 모세는 필요한 것을 공급해주시는 하나님 은혜의 역사(歷史)가 인간의 망각 속에 사라지기를 원하지 않았습니다. 그래서 그는 상대방과 편하게 대화하듯, 이야기체로 글을 썼습니다.
- 다윗은 후대에 예배 음악을 남겨주기 위해 시편 저술 작업에 착수한 게 아니었습니다. 다만 그는 자기가 겪었던 시련, 고민, 하나님 안에서의 승리에 대해 썼습니다. 그것이 나중에 시편의

일부가 된 것입니다.

● 예레미야는 하나님의 백성들이 하나님을 떠나 방황하자 그의 가슴은 찢어질 듯 아팠습니다. 그는 이로 인해 백성들이 파멸에 이르리라는 것을 잘 알고 있었습니다. 그는 백성들의 행동이 몰고 올 결과들을 예측했습니다. 그래서 그는 백성들을 설득하여 다시 돌아오게 하기 위해 모든 제동장치를 가동했습니다. 그는 비유와 극적인 표현들을 사용했습니다.

성경 기자들이 다양한 만큼, 각 책의 문학적 특성 또한 각양각색입니다. 어떤 책을 읽을 때 저자의 관점을 명확하게 이해한다면, 그 책을 훨씬 수월하게 이해할 수 있을 것입니다. 여기 성경의 문학적 특성을 몇 가지로 분류해보았습니다. 이 내용을 이해하기 위해 앞서 밝혔던 구약과 신약의 주제별 분류를 떠올려봅시다 (13~15쪽 참조).

서사(이야기)

구약성경의 율법서, 역사서, 신약성경의 복음서, 역사서 등이 이야기의 전형적인 예입니다. 이 이야기들은 우리에게 역사의 사실을 가르쳐줄 뿐만 아니라 역사 속의 사람들, 장소들, 다양한 문화 등 당시의 사회상을 보여줍니다. 기록된 이야기들은 구전전승에서 한 걸음 더 발전된 형태입니다. 구전은 다음 세대에게 이야기를 전하는 전형적인 방법이었습니다.

서정(시)

시란 체험에서 우러나온 것이요, 마음속에서 떠도는 생각들을 음미해 단아한 아취가 느껴지도록 간추려놓은 것입니다. 시는 인생의 고단한 문제들을 작가의 독특한 관점을 통해 기록한 것이요, 작가가 경험하는 인생의 온갖 부대낌을 글로 옮겨놓은 것입니다. 히브리인들에게는 전체적인 구성과 문체가 시를 가늠하는 기준이 됩니다. 그들은 운율(韻律)을 그렇게 강조하지 않습니다. 구약성경의 시가서 가운데 시편과 아가서는 성경 기자의 깊은 내면의 감정과 정서를 드러내 시의 형태를 띤 철학 작품으로 볼 수 있습니다.

예언(선포)

구약성경의 상당 부분이 예언으로 이루어져 있습니다. 이사야서부터 말라기까지를 예언서(선지서)라 하는데, 예언자(선지자)들은 미래에 대해서뿐 아니라 자기들이 처해 있는 문화적 상황에 대해서도 예언을 했습니다. 예언서들이 기록될 무렵, '성경'이라고 말할 수 있는 것은 율법서밖에 없었습니다. 오늘날 우리는 '하나님께서 말씀하신다', '하나님께서 자기를 계시하신다'라는 말을 들으면, 언뜻 성경 66권 속에 들어 있는 풍부한 말씀의 보고(寶庫)를 떠올립니다. 그러나 당시 사람들은 하나님으로부터 신선한 말씀, 새 소식이 들려오기만을 고대했습니다. 그리고 예언자(선지자)들을 통해 그 말씀을 받은 것입니다. 예언자들보다 훨씬 후대에 사는 우리는 과거를 돌이켜보며 그들 예언 가운데 많은 부분이 이미 성취되었음을 확인할 수 있습니다. 또한 하나님

의 계획 가운데 많은 부분들이 앞으로 성취될 것이라는 사실을
예언서들을 통해 깨달을 수 있습니다. 신약성경의 요한계시록도
예언서에 포함시킬 수 있습니다. 이 책은 세상의 종말과 그리스
도의 재림이라는 미래의 일을 예고합니다.

서신(편지)

대부분의 신약성경은 개인이나 교회에게 보낸 편지의 형식으로
되어 있습니다. 서신을 읽을 때 서두 부분과 결미 부분에 나오는
개인적인 내용들에 너무 얽매일 필요는 없습니다. 그 대신, 편지
를 쓴 사람이 어떤 문제를 언급하고 있는지 탐색해야 합니다. 편
지의 발신인이 어떤 상황에 처해 있었는지, 수신인이 어떤 정황
에 처해 있었는지 탐구해야 합니다. 교회를 수신인으로 하여 보
낸 편지의 경우, 그 교회가 처했던 구체적인 상황을 정확히 파악
하고 그것으로부터 영적 원리를 도출하여 각자의 교회생활에 적
용하는 지혜가 필요합니다.

교훈

구약성경의 시가서 가운데 '욥기', '잠언', '전도서' 등은 삶을
깊이 있게 통찰하고 하나님 없는 인간의 삶은 무의미함을 밝히
고 있습니다. 그 외에도 성경 속에는 우리를 교훈하는 구절들이
많습니다. 이 구절들은 돌려말하지 않고 직접적인 어조로 '이것
이 사실이다', '이것이 진리이다'라고 제시합니다. 이 말씀들은
우리를 단련하고 가르치기 위한 것입니다. 우리에게 바른 가르
침을 주고, 우리의 삶을 올바른 방향으로 이끌기 위한 것입니다.

특히 복음서에는 이렇게 가르침을 주는 구절들이 풍성합니다. 물론 서신서들 상당 부분도 교훈을 주는 내용들로 구성되어 있습니다.

성경과 케이블텔레비전

케이블텔레비전 채널을 생각해보면, 성경의 문학적 특성을 이해하기가 훨씬 수월해질 것입니다. 요즈음의 케이블텔레비전은 부문별로 전문화되어가는 경향이 있습니다. 홈쇼핑, 스포츠 중계, 뉴스, 여성, 다큐멘터리, 영화 등을 전문적으로 방송하고 있습니다. 만약 성경을 케이블텔레비전 채널에 비유한다면, 다음과 같은 부문으로 나눌 것입니다.

1) 여성 채널

여성을 초점에 맞추고 있다는 점에서, 에스더서, 룻기, 아가서는 가히 여성 전문 채널이라 할 만합니다. 그렇다고 해서, 이 세 권의 전체적인 주제가 여성에게만 해당된다는 의미는 아닙니다. 그 속에 모든 사람에게 적용되는 영원한 진리가 배제되어 있다는 뜻도 아닙니다. 다만, 이야기에 등장하는 여성 주인공들이 다른 많은 여성들을 감동시키거나 영적으로 분발시킨다는 것입니다.

2) 공상과학(SF) 영화 채널

오래전에 황당무계한 내용으로 생각했던 공상과학 영화가 오늘날 현실화되는 예가 많습니다. 예언서를 기록한 구약의 선지자들과 요한계시록을 기록한 사도 요한은 미래에 되어질 일들에 대해 하나님의 계시를 들려줍니다. 그들의 예언은 하나님이 주신 예언이기에 언제나 정확하게 성취되었습니다.

3) 다큐멘터리 채널

여호수아서, 사사기, 에스라서, 느헤미야서 등의 역사서 속에는 온갖 모험과 마음 졸이는 긴장이 가득합니다. 그들은 마치 카메라맨이 뒤를 따라다니며 촬영한 듯, 당시의 상황을 생생하게 전달합니다.

4) 상담 채널

잠언은 하루하루의 삶에 필요한 지혜를 공급하는 내용으로 상담 채널에 적당해 보입니다. 인생의 의미를 묻거나 인간 고난의 의미를 묻는 사람들에게는 각각 전도서와 욥기 방송을 추천해줄 수 있겠습니다.

5) 뉴스 채널

사무엘상하, 열왕기상하, 역대상하, 사도행전 등의 역사서는 육하원칙(六何原則)에 입각해 '누가, 언제, 어디서, 무엇을, 어떻게, 왜'에 초점을 맞추어 기록하고 있습니다. 이 책들은 실제 사건들을 기록하고 있을 뿐 아니라, 그 사건이 당대 문화에 어떤 영향을 끼쳤는지, 어떤 요인들이 그 사건과 결부되어 있는지 이야기합니다.

6) 음악 채널

제아무리 멋진 음악 비디오를 만든다 해도, 시편에 버금가지는 못할 것입니다. 만약 시편 18편으로 음악 비디오를 만든다면, 정말 괜찮은 작품이 나오지 않을까요?

7) 전기(傳記) 채널

에스라서, 느헤미야서, 욥기, 복음서는 한 사람의 생애에 대해 이야기합니다. 특히 복음서는 다양한 성격을 지니고 있습니다. 복음서는 주로 예수 그리스도의 생애에 대해 말하지만, 그 속에는 비유, 이적, 역사, 미래에 대한 예언 등 다양한 요소들이 포함되어 있습니다.

8) 설교 채널

신약성경의 서신들은 실제적인 문제에 부닥친 교회 혹은 교회 지도자들을 격려하고 그들 믿음을 더욱 강화시키기 위해 씌어진 편지입니다. 편지의 주인공을 마이크 앞으로 나오게 하여, 그의 말을 경청하십시오.

성경을 읽는 데 도움이 되는 책들

성경주석

주석이란 성경을 망원경과 현미경으로 번갈아 들여다본 책이라 할 수 있습니다. 주석은 성경의 한 부분을 떼어내, 문단과 문단, 절과 절, 단어 하나하나를 정밀하게 분석하며 시대적 배경, 단어의 어원적 의미, 구절의 의미, 생활의 적용 등 가능한 한 모든 정보를 제공합니다. 주석의 분량이 매우 방대하기는 하지만 일부 사람들의 생각과 달리, 목회자들만이 성경주석을 사용할 수 있는 것은 아닙니다. 당신도 성경주석을 효율적으로 활용할 수 있습니다. 평신도들이 볼 만한 주석은 다음과 같습니다.

● 성경배경주석(IVP 역간)
● 위클리프핵심성경주석(소망사 역간)
● 호크마종합주석(기독지혜사 발행)

성경사전

성경사전은 성경에 등장하는 인물, 물건, 장소, 주제 등을 포괄적으로 다룬 사전입니다. 성경 등장 인물들의 일대기를 자세히 설명합니다. 때로는 다윗이 연주하던 수금의 모습을 그림으로 보여주는 등 당대의 문화에 대한 정보도 제공합니다. 만일 성경을 읽다가 '화목제'란 말이 나왔을 때, 그게 무슨 말인지 모른다면 성경사전이 유익한 도움을 줄 것입니다. 평신도들이 볼 만한 성경사전은 다음과 같습니다.

- 새성경사전(기독교문서선교회 역간)
- IVP성경사전(IVP 역간)

성구사전

성구사전은 성경사전과 유사합니다. 성경사전은 어떤 항목에 대해 자세히 설명하는 반면, 성구사전은 특정 단어의 어원적 의미를 밝히고, 그 단어가 성경의 다른 구절 어디에서 언급되었는지 그 출처를 자세히 밝힙니다. 가령 당신이 '은혜' 라는 단어를 찾는다면, 성구사전은 신구약성경에 '은혜' 라는 단어가 언급된 구절들을 모두 보여줄 것입니다. 평신도들이 볼 만한 성구사전은 다음과 같습니다.

- 최신판 성구사전(서울말씀사 간행)
- 완벽 성경성구대전(아가페 간행)

스터디 바이블

스터디 바이블은 간단한 주석, 성구사전, 인명지명사전, 주제별 목록 등 다양한 성경연구 보조 자료들을 함께 담고 있습니다.

- 굿모닝성경(아가페 간행)
- 톰슨주석성경(기독지혜사 간행)
- 비전성경(두란노 간행)

어떤 성경이 가장 좋은가?

"어떤 성경이 내게 가장 잘 맞을까?"

이 질문에 딱 정해진 답변을 하기는 어렵습니다. 당신 역시 여러 종류의 성경을 보면 볼수록 더욱 혼동될 뿐, 좀처럼 마음을 정하지 못할 것입니다. 그러나 용기를 내십시오. 성경 번역본들이 여러 개 있지만, 그것들을 잘 분류해보면, 생각하는 것만큼 그렇게 당혹스럽지 않을 것입니다. 먼저 당신이 출석하는 교회에서 보는 공식성경은 꼭 가지고 있어야 합니다(주로 '개역한글성경'일 것입니다). 그 다음에 당신이 이해하기에 쉬운 성경을 보조적으로 선택할 수 있을 것입니다.

어떤 번역본을 원하는가?

당신 눈에 보이는 성경 번역본들은 각기 특성이 있다는 점을 기억해야 합니다. 이 문제를 좀 더 구체적으로 생각해보겠습니다. 성경은 본래 히브리어(구약의 일부는 아람어로 기록됨), 헬라어로 기록되었습니다. 일반 언어를 번역하는 데 두 가지 방법이 있다는 것 정도는 다 알고 계시겠지요? 성경을 번역하는 데도 두 가지 방법이 그대로 적용됩니다.

직역(축어적 번역)

개개 단어의 의미를 있는 그대로 옮기는 방법입니다. 이런 식으로 옮겨진 번역본들은 원문의 배열과 의미를 그대로 살리기 위해 노력하는 장점이 있으나 현대의 독자들이 읽기에 수월치 않을 수도 있습니다.

의역(의미 번역)

개개 단어보다 문단과 단락의 의미에 치중하는 번역 방식입니다. 이런 방식으로 번역하는 사람은 한 번에 하나씩 단어를 해석하지 않고, 문장과 문단을 주시하며 "어떻게 하면 이 사상을 똑같은 의미를 지닌 현대어로 옮길 것인가?"라고 질문합니다. 따라서 독자 입장에서는 이런 방식으로 옮겨진 번역본들을 읽기가 훨씬 수월하고, 이해도 잘됩니다.

그렇다면 어떤 번역 방법이 더 우수한 것일까요? 그것을 딱 잘라 말할 수 없습니다.

축어적으로 번역된 역본들은 개별 단어와 개별 구절을 연구하는 데 매우 유용합니다. 반면, 의미 번역으로 번역된 역본들은 매일 매일 성경을 읽는 성도들에게 유용합니다. 어떤 언어학자들은 축어적 번역을 '연구용 번역'이라 칭하고, 의미 번역을 '읽기용 번역'이라 칭하기도 합니다. 직역으로 번역된 성경 역본과 의역으로 번역된 역본을 하나씩 소장하는 게 여러모로 좋다고 판단됩니다. 우리나라에서 출간된 성경들이 대개 두 가지 방식을 절충하고 있어, 극단적인 구별이 어렵다는 점 또한 유념해주기 바랍니다. 다음 내용은 현재 교계에서 널리 사용되고 있는 성경 번역본 6종을 선별해 각 번역본의 특징을 요약한 것입니다. 참고하기 바랍니다.

- 개역한글성경 : 대한성서공회 간행. 1911년 초판. 1938년, 1961년에 두 번 개정. 간결, 수려한 문장과 장엄한 문체로 한국 교회 성도들에게 사랑을 받으며 독보적인 성경으로 자리 매김한 번역본입니다. 의미 번역과 축어적 번역 방식을 절충했지만, 후자에 치중했습니다. 현재 한국교회에서 가장 많이 보는 성경입니다.

- 표준새번역 : 대한성서공회 간행. 개역한글성경을 1993년과 2001년 두 차례에 걸쳐 개정한 번역본입니다. 10대와 20대가 쉽게 이해할 수 있는 현대어로 번역되었다는 점, 예배와 교회 교육에서 효율적으로 사용되는 데 중점을 두었습니다.

- 개역개정판 : 대한성서공회 간행. 1998년 초판. 한글맞춤법이 달라졌다는 점, 사람들이 사용하는 일상 언어가 변천하고 있다는 점에 의거하여 개역성경의 분위기와 특징을 유지하면서 최소한도로 꼭 필요한 부분만 개정한다는 원칙 아래, 개역한글성경을 전면적으로 개정, 번역한 역본입니다.

- 공동번역 : 대한성서공회 간행. 1968년 초판. 개신교와 천주교가 공동으로 번역한 성경입니다. 축어적 번역이나 형식적인 일치를 피하고 내용의 동등성을 취하여 옮긴 번역본입니다. 영어성경 'Jerusalem Bible'을 주텍스트로 번역하였고 문서비평을 수용하는 입장을 취하였습니다.

- 현대인의 성경 : 생명의말씀사 간행. 1985년 초판. 1997년 개정판. 의미 번역의 대표격인 영어성경 'Living Bible'을 주텍스트로 삼아 번역했습니다.
- 쉬운성경 : 아가페 간행. 2001년. 성경 읽기의 수월성에 중점을 두어 편찬한 성경입니다.

성경공부 보조 자료들을 원하는가?

당신은 신구약 본문만 수록된 평이한 성경을 구입할 수도 있고, 성경공부와 적용에 도움을 주는 자료들(성경시대의 지도, 인명, 지명사전, 간략한 성구사전, 시대적 정황에 대한 설명, 역사 자료, 난해한 구절에 대한 주해, 성경 읽기 계획표 등)이 함께 수록된 성경(보통 '스터디 바이블'이라 하는데, 최근에 나오는 성경들 대부분이 스터디 바이블의 형태를 띠고 있습니다)을 구입할 수도 있습니다. 이런 자료들의 도움을 받으면, 말씀을 이해하기가 훨씬 수월하고 성경 읽기 여정을 순탄하게 잘 헤쳐나갈 수 있습니다. 그러나 이 대목에서 정말로 중요한 것 한 가지를 짚고 넘어가야겠습니다. 이런 자료들이 유익한 것은 분명하지만, 그것들은 성경 이해를 돕는 보조 자료들일 뿐, 결코 그것들이 성경이 될 수는 없다는 것입니다. 스터디 바이블에 첨부된 성경 본문에 대한 해석을 절대시하면 안 됩니다. 그것은 인간의 해석일 뿐입니다. 창세기에서 요한계시록까지 성경 기자들이 기록한 말씀만이 하나님의 감동으로 기록된 책입니다.

성경을 어떻게 공부할 것인가?

가장 중요한 문제

당신은 다음과 같은 말들이 그리 낯설게 들리지 않을 것입니다.

● "성경을 읽어야 한다는 것은 알겠어요. 그런데 어디서부터 어
  떻게 시작해야 할지 도무지 모르겠어요."
● "신년 초마다 성경을 일독하겠다고 결심하죠. 얼마간은 그럭
  저럭 잘해요. 그런데 레위기에 가면 꽉 막혀버려요. 읽어도 무
  슨 말인지 이해를 못하니까 읽고 싶은 마음이 싹 사라지는 거
  예요."
● "성경의 내용 대부분이 내 생활과 별로 관계가 없는 것 같아
  흥미가 안 생겨요."
● "성경을 읽을 때마다 해결책을 얻기는커녕, 오히려 궁금증만
  더해가요. 그러니 머리만 복잡해지고 더 이상 성경 읽고 싶은
  마음이 안 생기죠."

성경공부를 최우선순위로 삼기가 쉽지 않습니다. 하지만 어렵다
고 포기할 일은 아니지 않습니까? 성경을 읽어야 할 몇 가지 타당
한 이유를 여기 제시할 테니 천천히 신중하게 읽어보기 바랍니
다. 당신에게 힘을 주는 성경말씀을 인용하겠습니다.

"모든 성경은 하나님의 감동으로 된 것으로 교훈과 책망과 바르게 함과 의(義)로 교육하기에 유익하니 이는 하나님의 사람으로 온전케 하며 모든 선한 일을 행하기에 온전케 하려 함이니라"(딤후 3:16,17).

"여호와의 율법은 완전하여 영혼을 소성케 하고 여호와의 증거는 확실하여 우둔한 자로 지혜롭게 하며 여호와의 교훈은 정직하여 마음을 기쁘게 하고 여호와의 계명은 순결하여 눈을 밝게 하도다 여호와를 경외하는 도(道)는 정결하여 영원까지 이르고 여호와의 규례는 확실하여 다 의로우니 금 곧 많은 정금보다 더 사모할 것이며 꿀과 송이꿀보다 더 달도다 또 주의 종이 이로 경계를 받고 이를 지킴으로 상이 크니이다"(시 19:7-11).

"이 율법책을 네 입에서 떠나지 말게 하며 주야로 그것을 묵상하여 그 가운데 기록한 대로 다 지켜 행하라 그리하면 네 길이 평탄하게 될 것이라 네가 형통하리라"(수 1:8).

예수 그리스도의 모습을 보았을 때도 그렇습니다. 예수께서는 유혹을 물리치고 견고히 서기 위해 기도와 말씀 연구를 중점으로 하는 영적 훈련에 의지했으며, 그렇게 함으로써 아버지의 뜻에 순종할 수 있었습니다. 예수께서는 우리에게 이러한 영적 훈련이 절실히 필요하다는 것을 잘 알고 계셨으므로, 우리에게 자기의 발자취를 따라오라고 명하셨습니다.

이 모든 것을 미루어 규칙적인 성경공부를 최우선순위로 삼아야 한다고 결론 지을 수 있습니다. 그러나 마땅히 성경을 읽어야 한다는 것을 안다고 해서, 바로 실천에 옮겨지는 것은 아닙니다. 누구나 처음 시작할 때는 도움이 필요하고, 성경 읽기를 지속하는 데는 그보다 더 많은 도움이 필요합니다. 이 책이 제시하는 실제적인 지침들을 잘 따르면, 유익한 도움을 얻을 수 있을 것입니다.

성경 통독을 위한 몇 가지 조언

성경에 어려운 용어들이 많아 겁먹고 있다면, 현대인의 감각에 맞게 쉬운 용어와 평이한 문체로 번역된 성경도 있으니, 목회자나 선배 그리스도인들에게 조언을 청해 그런 번역본을 택해도 좋습니다. 다만 성경의 진리를 이해하고 적용하는 데 도움을 주기 위해 편집된 기타 다양한 보조 자료들과 '성경 자체'를 명확히 구별해야 합니다. 요즈음 출판되는 대부분의 성경은 본문 하단에 짤막하게 주석을 달아놓고 있습니다. 그 내용들은 오류로부터 자유롭지 못한 신학자나 주석가들의 견해인 만큼, 그것을 '진리의 복음'인 양 착각해서는 안 됩니다. 오직 성경 본문만이 하나님의 영감을 받아 기록된 것이요, 하나님의 권위를 지닌 것임을 명심하십시오.

성경 읽기를 시작하기 전에 반드시 기도하십시오. 성경의 진리를 우리에게 계시하는 데 하나님의 영(靈)이 절대적인 역할을 합니다. 눈과 마음을 활짝 열어달라고 성령께 구하십시오. 말씀의 영적 진리를 깨닫게 해달라고 성령께 기도하십시오. 요한일서 2장 27절은 이렇게 약속하고 있습니다.

"너희는 주께 받은바 기름부음이 너희 안에 거하나니 아무도 너희를 가르칠 필요가 없고 오직 그의 기름부음이 모든 것을 너희에게 가르치며 또 참되고 거짓이 없으니 너희를 가르치신 그대로 주 안에 거하라."

성경을 읽으려고 할 때 혹시 마음이 산란합니까? 그렇다면, 속으로 읽지 말고 큰 소리로 낭독하십시오. 그러면 읽은 내용을 훨씬 더 잘 기억하고, 마음속에 간직할 수 있을 것입니다.

또한 성경을 읽는 데 '책임감' 도 무척 중요한 역할을 합니다. 주변에 있는 선배 그리스도인들 가운데서 '멘토' 를 찾으십시오. 멘토는 당신이 주춤거릴 때 당신이 도전하도록 할 것이고, 포기하고 싶을 때 당신에게 힘을 실어줄 것이고, 당신이 성경을 지속적으로 읽도록 감독하고 지원할 것입니다.

어떻게 하든, 당신 스스로 성경을 읽어야 합니다. 매일 규칙적으로 성경을 읽으십시오. 그럴 때 당신은 놀라우리만큼 영적으로 성장할 것이고, 하나님과의 깊은 교제에 들어갈 것입니다. 사실, 성경을 읽는 것 말고, 세상 그 무엇도 이런 일을 할 수 없습니다. 당신의 삶이 하나님 말씀에 깊이 스며들수록 하나님과의 관계가 더욱 친밀해질 것이며 유혹에 맞서는 저항력 또한 강건해질 것입니다.

영의 양식을 먹는 방법

성경을 읽는 것은 영적으로 밥을 먹는 것과 같습니다. 음식 메뉴가 다양한 만큼 성경을 읽는 방법도 다양합니다. 여기 몇 가지 메뉴를 소개할 테니, 당신의 영적인 성숙도와 개인 취향을 고려하여 어떤 것이 잘 맞을지 생각해보기 바랍니다. 사람에 따라 성경을 읽는 방법과 계획들이 천차만별입니다. 그 가운데서 가장 좋은 게 무엇이라고 꼬집어 말하기는 어렵습니다. 당신의 환경과 처지에 가장 잘 맞는 방법을 택하는 것이 최선입니다. 금년에는 이런 방법을 택했지만, 내년에는 다른 방법을 택할 수도 있습니다. 다양성이 일상생활에 풍취를 더하듯이, 다양한 성경 읽기의 방식이 영적 생활에도 흥취를 더해줍니다.

- 전채(前菜)요리 : 만일 당신이 성경을 처음 대하는 초보자라면, 위(胃)에 부담을 덜 주는 담백한 식단부터 시작하는 게 좋습니다. 요한복음 14장, 로마서 8장, 시편 23편, 시편 150편, 요한일서 1장, 요한복음 10장, 고린도전서 15장, 히브리서 11장, 누가복음 24장, 마태복음 5-7장, 시편 1편 등 잘 알려진 구절부터 시작하도록 하십시오. 이것들을 먼저 읽은 후, 신구약성경 가운데 한 권을 택해 처음부터 끝까지 읽어 나가는 게 좋겠습니다. 요한복음, 사도행전, 요한일서, 로마서, 에베소서 등을 권합니다. 구약에서는 창세기, 시편, 잠언, 에스더서, 이사야서 등이 초보자에게 적당합니다. 이런 과정을 거쳐 몇 권을 뗀 다음, 성경 전체를 읽어 나가십시오.

- 급식(給食) : 대부분의 성경 읽기 단체들이 성경을 365일 단위로 분할하여 매일의 성경 읽기 프로그램을 내놓고 있습니다. 주어진 프로그램에 따라 규칙적으로 읽을 만한 의지와 각오가 되어 있다면, 이 방법을 택하도록 하십시오. 그러나 하루 이틀 미루기 시작하면, 성경을 한 번 읽는 데 2,3년이 걸릴 수도 있으니 그 점에 유의해야 합니다.

- 전형적인 가정의 식사 : 창세기 1장에서 시작하여 요한계시록 21장까지 차례대로 읽어 나가는 방법입니다(물론 한 번 앉은 자리에서 그렇게 할 수는 없겠지요). 아마 대부분의 사람들이 이

처럼 평이한 방법을 따르고 있을 것입니다. 이 방법은 성경을 통독하기 원하는 사람들에게 알맞을 뿐 아니라, 따로 읽기에 다소 어렵고 부담스럽게 느껴지는 부분들을 수월하게 넘어가는 데 큰 도움이 됩니다.

- 뷔페식사 : 이 책 '그 말씀이 어디 있더라?' (76~79쪽) 부분을 보면 흥미로운 목록들이 많이 나옵니다. 이 목록들은 성경 중에서 잘 알려진 이야기들과 중요한 구절들을 특별히 부각시키고 있습니다. 성경을 전반적으로 훑어보기를 원한다면, 그리고 하루에 성경 읽기에 배당할 수 있는 시간이 15분 가량밖에 되지 않는다면, 이 목록대로 읽어도 좋겠습니다.

- 오늘의 특별요리 : 성경 읽기 교재를 풀어가며 성경을 읽는 방법입니다. 기독교 서점에 가보면, 갖가지 성경 읽기 교재들이 즐비합니다. 교재에 따라 특정 주제 연구에 초점을 맞춘 것도 있고, 성경 각 권에 초점을 맞추고 한 권씩 떼게 하는 데 목적을 둔 것도 있습니다. 여건이 된다면, 몇 사람이 그룹을 조직하여 동일한 교재를 풀며 성경을 읽는 것도 매우 유익합니다. 서로가 서로에게 책임감을 느끼게 되기 때문이지요. 이런 경우, 목회자에게 도움을 청해 바람직한 방법을 찾아보기 바랍니다.

장기간 성경 읽기를 지속하는 법

당신은 체중감량을 시도하거나 운동을 시작하는 게 얼마나 어려운지 잘 알고 있을 것입니다. 무엇이든 시작이 어렵습니다. 오죽하면 작심삼일(作心三日)이라고 했겠습니까? 사실 대부분의 사람들이 시작 첫 주에 흥미를 잃고 중도에서 포기합니다. 성급히 결과를 기대하기 때문입니다. 하지만 포기하고 싶은 욕구와 싸우며 처음 며칠을 잘 넘기면, 우리 몸과 마음이 새로운 일상에 금세 적응하기 때문에 수월하게 지속할 수 있습니다. 성경 읽기도 마찬가지입니다. 이 점을 유념하기 바랍니다.

>> 단서 포착

소화과정

하나님 말씀을 먹었으면, 적절하게 소화시키는 과정이 필요하겠지요? '일지작성'이 말씀을 소화시키기 위한 효율적인 방법입니다. 하나님 말씀을 당신 손으로 직접 기록하면, 말씀이 당신 심령에 깊이 뿌리를 내립니다. 그리고 당신이 깨달은 것, 결단한 것, 느낀 점, 그날의 기도 등을 일지로 작성하면, 말씀을 통해 깨달은 것들을 기억하기도 쉽고, 생활에 적용하는 데도 유익한 도움이 됩니다.

성경을 적용하는 법

성경은 백과사전도 소설도 아닙니다. 성경은 사실과 인물, 역사 줄거리와 시들을 보기 좋게 묶어놓은 모음집도 아닙니다. 하나 님이 우리에게 성경을 주신 까닭은 하나님이 우리와 교통하기를 원하시기 때문입니다. 하나님은 우리에게 말씀을 깨우쳐주심으 로써 우리 삶을 변화시키려 하십니다.

'적용'의 의미

쉽게 말하면 이렇습니다. 만일 당신이 손을 베었다면, 당연히 반 창고가 필요할 것입니다. 그런데 반창고가 저쪽 구석 약 상자 안 에 고이 모셔져 있다면, 그게 무슨 소용이겠습니까? 당신이 그것 을 가져다 상처를 싸맬 때에 비로소 반창고가 도움을 줄 수 있는 것입니다.

우리는 모두 상처를 입었습니다. 그래서 종종 옳지 못한 일을 합 니다. 마음으로는 옳은 일을 하고 싶지만, 그게 마음대로 되지 않 습니다. 하나님이 우리에게 '하나님의 진리'라고 하는 항생제를 듬뿍 바른 반창고를 주셨습니다. 그것으로 상처를 싸매 치료받 느냐 아니냐 하는 문제는 전적으로 우리에게 달려 있습니다.

그렇다면 '성경을 생활에 적용한다'는 말은 무슨 의미일까요? 간략히 말해서, 말씀을 인격적으로 받아들인다는 의미입니다.

삶을 변화시키는 말씀

히브리서 4장 12절에 이런 말씀이 있습니다.

"하나님의 말씀은 살았고 운동력이 있어(종이에 쓰어진 글자에 불과한 것이 아닙니다)
좌우에 날선 어떤 검보다도 예리하여(말씀의 능력은 강력하며 정확합니다)
혼과 영과 및 관절과 골수를 찔러 쪼개기까지 하며
(말씀은 생각과 감정과 기도 등 우리의 내면 깊이까지 도달합니다)
또 마음의 생각과 뜻을 감찰하나니"(말씀은 우리에게 우리 자신의 모습을 보여줍니다.
현재 우리의 상태를 보여줍니다. 그리고 더욱 분발하라고 촉구합니다).
성경은 우리 삶을 변화시킵니다. 만일 성경이 우리 삶을 변화시키지 못한다면,
그것은 성경의 영향력이 미약해서가 아니라,
우리가 성경을 생활에 적용하지 않음으로써
성경이 우리를 변화시키는 것을 거부했기 때문입니다.

만일 성경에서 "하나님은 우리가 순종하기를 바라신다"라고 말했다면, 우리는 "어떻게 해야 순종할 수 있을까?"라고 진지하게 물어야 합니다.

만일 성경에서 무자비한 인생을 살다가 종국에는 그것을 후회하게 된 어떤 사람에 대해 이야기했다면, 우리는 "나는 하나님의 잣대로 평가했을 때에 얼마나 높은 점수를 받을 수 있을까?"라고 진지하게 자문해야 합니다. 만일 어떤 구절이 하나님의 속성을 찬양하고 드높였다면, 우리는 "나는 이런 식으로 하나님을 찬양하고 있는가? 나는 과연 하나님의 권능과 위엄에 이만큼 사로잡혀 있는가?"라고 진지하게 물어야 합니다.

제대로 적용하려면

말씀을 생활에 적용하기 위한 1단계는 "이 말씀이 어떤 종류의 말씀이지?"라고 자문하는 것입니다.

● 이 구절이 이야기인가?(만약 그렇다면, 이야기에 등장한 사람들의 대화나 귀감 등을 통해 교훈을 얻을 수 있을 것입니다.)
● 이 구절이 설교나 서신처럼 가르치는 말씀인가?(만약 그렇다면, 말씀의 명령과 교훈에 즉각 순종할 수 있을 것입니다.)
● 이 구절이 시편처럼 심미적인 말씀인가?(만약 그렇다면, 하나님에 대해 깊이 있게 느끼고 생각한 성경 기자의 마음과 사상이 당신을 감동시킬 것입니다.)

당신은 말씀을 읽으며 "이 구절 혹 이 이야기에 등장한 사람들이 했던 그대로 나도 해야 하는 것일까?"라고 질문해야 합니다.

때로는 말씀을 적용하기가 쉽습니다. 일례로, 로마서 15장 7절은 "이러므로 그리스도께서 우리를 받아 하나님께 영광을 돌리심과 같이 너희도 서로 받으라"라고 말합니다. 이 말씀은 바울이 로마 교회 교인들에게 보낸 편지로 가르치는 말씀입니다. 여기서 우리가 적용해야 할 진리가 무엇인지 알아내기는 그리 어렵지 않습니다. 우리가 서로를 있는 그대로 수용함으로써 하나님께서 우리를 대하신 것처럼 서로 대해야 한다는 것입니다.

그런데 때로는 말씀을 적용하기가 조금 복잡합니다. 예를 들어, 당신이 하나님께서 아브라함에게 외아들 이삭을 희생제물로 바치라고 명령한 대목을 읽었다고 가정해봅시다. 하나님은 아브라함이 이삭을 내려치기 전에 급히 중단시키시고, 가장 소중한 것마저도 아낌없이 바치려는 아브라함의 자발적인 태도를 칭찬하셨습니다.

그럼 이제 적용 단계로 가보겠습니다. 이 구절은 당신이 '당신 자녀를 어떻게 대하는가?' 하는 문제와는 전혀 무관합니다. 이 구절은 당신이 '삶의 우선순위를 어떻게 매기고 있느냐?' 하는 문제와 깊은 관련이 있습니다. 너무나 중요하게 여겨서 하나님께서 포기하라고 명하실 때조차 포기하지 못한 것들이 당신 인생에 있습니까?

적용 단계에서는 방금 읽은 말씀의 핵심이 무엇인지 질문해야 합니다. 그리고 "이 말씀에 비추어 내 삶이 어떻게 달라져야 할까?"라고 질문해야 합니다. 그 다음에, 생활에 변화를 시도하는 것입니다. 성경을 생활에 적용한다는 것은 바로 이런 것입니다.

경건의 시간(QT)을 갖는 법

우리는 "오늘 일을 내일로 미루지 말라"는 말을 어렸을 때부터 귀가 따갑도록 들었습니다. 하나님 말씀을 읽고 그에 따라 기도하는 습관(그리스도인들은 이것을 '경건의 시간' 혹은 '묵상의 시간'이라고 합니다)을 들이는 데도 이 원칙이 그대로 적용됩니다. 당신은 아마 경건의 시간을 어떻게 시작할지 궁금한 점이 많을 것입니다. 그래서 여기 '질의응답' 항목을 마련했으니, 자세히 읽으며 실제적인 도움을 얻기 바랍니다.

질의응답

1. 언제 성경을 읽는 것이 좋나요?

정신이 맑고 깨끗할 때면 이른 새벽이든 늦은 밤이든 언제든 좋습니다. 아니면 경건의 시간을 부분부분 쪼개어 틈날 때마다 하나님과 교제할 수도 있습니다. 성경 묵상으로 하루를 시작하고 끝맺는다면 더 바랄 게 없겠지요.

2. 시간을 내기가 힘든데 어떻게 하나요?

성경을 지속적으로 읽기 위해서는 책임과 일관성이 필수적으로 요청됩니다. '언제 읽느냐' 하는 것은 전혀 중요하지 않습니다.

하루에 일정 시간을 떼어 규칙적으로 읽는 것이 정말로 중요합니다. 시간이 없다는 말씀은 하지 마십시오. 성경 읽기와 기도를 당신 일과의 한 부분으로 편성해야 합니다. 성경 읽기와 기도를 특별활동, 과외활동 개념으로 인식하면 안 됩니다. 여건이 된다면, 여럿이 함께 성경 읽는 것이 매우 유익합니다. 다른 사람들과 함께 성경을 읽으면, 책임감도 강화되고 경건의 시간을 게을리 하는 경우도 훨씬 줄어들 것입니다.

3. 성경을 어떻게 읽어야 하나요?

첫째, 올바른 자세와 태도로 말씀을 대하십시오. 당신 손에 하나님 말씀을 들고 있다는 사실을 특권으로 여기십시오. 사실, 역사의 수많은 신앙 선배들이 이 말씀을 지키기 위해 목숨을 내놓았습니다. 당신 인생에 필요한 모든 영적 깨달음이 성경 속에 있습니다. 요한복음은 이렇게 말합니다.

"살리는 것은 영(靈)이니 육(肉)은 무익하니라 내가 너희에게 이른 말이 영이요 생명이라" (요 6:63).

둘째, 당신에게 성경공부가 절실히 필요하다는 점을 항상 유념하십시오. 하나님 말씀을 읽을 때마다, 그 말씀을 통해 무엇인가를 깨닫겠다는 각오로 임하십시오.

"갓난아이들같이 순전하고 신령한 젖을 사모하라 이는 이로 말미암아 너희로 구원에 이르도록 자라게 하려 함이라 너희가 주의 인자하심을 맛보았으면 그리하라" (벧전 2:2,3).

셋째, 마음과 정신을 활짝 열고 말씀을 읽으십시오. 당신을 성령께 맡기십시오. 그래서 성령께서 회개와 변화로 당신을 이끌어가게 하십시오. 만일 순종할 자세가 되어 있지 않다면, 말씀을 읽는 것은 시간 낭비일 것입니다.

넷째, 가능한 한 모든 노력을 경주해 경건의 시간을 흥미롭고 활기찬 시간으로 유지하십시오. 때로는 큰 소리로 낭독하는 것도 좋습니다. 낭독은 말씀에 집중하게 합니다. 매일매일 읽어 나가는 분량에 변화를 주면 성경 읽기가 더욱 흥미로워집니다. 창의성을 발휘해 성경 읽기에 전념할 방도를 모색하십시오.

다섯째, 신실한 자세로 임하십시오. 기도와 말씀 읽기에 집중할수록 하나님께서 더 많은 것을 깨우쳐주실 것입니다.

4. 어떻게 기도해야 합니까?

18세기 영국의 유명한 선교사 윌리엄 캐리(William Carey)는 "은밀한 기도, 열정적인 기도, 믿음의 기도가 경건의 뿌리이다"라고 말했습니다.

기도는 학습입니다. 훈련입니다. 배우는 것입니다. 목회자나 선배 그리스도인들에게 도움을 청해 기도에 대해 배우십시오. 그리고 기도하십시오. 그러면 당신 삶의 모든 영역에서 기도가 흘러 넘칠 것입니다.

5. 경건의 시간에 성경 읽기와 기도 말고 무엇을 또 해야 합니까?

찬양은 경건의 시간을 더욱 풍성하게 합니다. 경건의 시간 중간중간에 찬양을 드리십시오.

성경시대의 음식과 의복

팝콘과 무화과

성경시대에는 곡식이 주요 식량원으로, 너무 귀해 돈으로 사용
되기도 했습니다. 곡식은 건조 상태로 보관할 수 있었기 때문에
육류나 야채류 등의 음식보다 더 오래 유지할 수 있었습니다.

밭에 나가 씨를 뿌리고 가꾸고 수확하는 것은 주로 남자들의 몫
이었고, 부녀자와 어린아이들은 곡식을 가공하고 식사를 준비하
는 몫을 맡았습니다. 일례로, 부녀자들은 옥수수 알갱이를 솎아
썩은 것들을 골라냈고, 뜨거운 화덕에서 들들 볶거나 잘게 빻아
옥수수 빵을 만들었습니다.

이스라엘 땅에서는 곡식류 외에 포도, 올리브, 무화과도 잘 자랐
습니다. 포도는 으깨어 발효시킨 다음 음료로 마셨고, 올리브는
압착하여 기름을 짰습니다. 올리브 기름(감람유)은 요리와 세탁,
초롱불, 의학적인 용도로 사용되었습니다. 무화과 열매도 갖가지
요리로 만들어져 이스라엘 민족의 식단을 풍성하게 채웠습니다.

날씨가 문제

요즈음 농부들은 풍부한 강우량과 일조량, 화학 비료와 살충제,
고도로 발달한 농기구, 농산물 품질관리, 저장, 냉동, 운송 등 곡
식을 가꾸고 수확해 내다 파는 데 이런 수단들을 의지합니다. 그

런데 만일 농부들이 도저히 예측할 수 없는 자연적 요건들에만 의지해야 한다면, 그들의 삶이 어떻게 될지 상상해보십시오.

사실 성경시대 대부분의 사람들은 그들이 수확한 농산물에 거의 전적으로 의지해 생존을 이어갔습니다. 만약 날씨가 급격히 변하거나 곤충 떼라도 득실거리면, 흉년이 불가피했습니다. 성경에 보면 요셉 시대에 이스라엘과 주변 국가에 7년 동안이나 모진 흉년이 들었다는 기록도 나옵니다(창 41:53). 하나님은 사람들을 하나님께 돌아오게 하는 수단으로 때로 흉년을 이용하기도 하셨습니다(왕하 6:33).

금지된 식단

유대인의 율법은 '부정한' 음식을 분류하고 있습니다. 유대인들이 이런 음식을 먹었을 경우, 하나님 이름을 더럽힌 것으로 간주되었고, 하나님 보시기에 부정한 인간으로 간주되었습니다. 금지된 식단의 목록에는 낙타, 토끼, 오소리, 돼지, 파충류 등의 동물과 독수리, 올빼미, 박쥐, 매 등의 조류가 포함되어 있습니다. 이런 종류의 '취식 금지' 율법은 하나님 백성들을 다른 민족들과 구별한다는 의미뿐 아니라, 그들을 질병과 오염으로부터 보호하는 의미를 갖고 있습니다. 물론 이러한 제한들이 오늘날의 그리스도인들에게 그대로 적용되는 것은 아니지만 "하나님을 믿는 백성들이 세상과 구별되어야 하며 성결해야 한다"는 기본 원칙은 오히려 현대의 그리스도인들에게 더욱 엄밀하게 적용되어야 한다고 봅니다.

기후와 의복

성경시대의 의생활은 덥고 건조한 기후에 맞추어 형성되었습니다. 농부이든 귀족이든, 누구나 따가운 태양 빛을 피하기 위해 길게 늘어진 헐거운 겉옷을 입어야 했습니다. 그리고 사회적 신분과 부(富)에 따라 섬유의 재질과 색상, 장신구 등에 엄청난 차이가 있습니다.

의복은 종종 그 사람의 직업을 나타냈습니다. 일례로, 제사장들은 특별한 가운을 입었고, 랍비들은 푸른 색 술이 달린 겉옷을 입었습니다. 이처럼 종교 지도자들이 특별한 옷을 입은 이유는 그들과 일반인을 구별하고, 그들의 권위를 강조하기 위한 의도였습니다.

외출시 필수품

유대인들은 남녀를 불문하고 '튜닉' 이라는 긴 가운을 입었는데 그 위에 '겉옷' 인 길고 헐렁한 옷을 걸쳤습니다. 이 겉옷은 비싸기도 하고 공급량이 많지 않아 대부분의 사람들이 한 벌 정도만 소유하고 있었습니다. 유대인들은 이 겉옷을 매우 귀하게 여겼고, 그 용도 또한 다양했습니다. 이 다목적 의상은 앉을 때는 방석, 물건을 나를 때는 보자기, 잠잘 때는 이불, 채무를 담보할 때는 저당물로 사용되기도 했습니다. 겉옷이

유대인의 전형적인 식사

만일 당신이 성경시대에 살고 있는 유대인이라면, 어떤 식사를 하게 될까요?

유대인의 식사는 주로 곡물, 야채, 열매, 고기(굽거나 튀긴 게 아니라 잘게 썰어 쌀이나 육즙과 함께 섞은 형태) 등으로 되어 있었습니다.

음료 : 물론 물이 일반적인 음료였습니다. 포도주와 염소 젖, 우유도 빼놓을 수 없었습니다.

점심 도시락 : 대체로 일꾼들은 치즈와 올리브가 가득 채워진 빵 덩어리를 점심으로 먹었습니다. 그들은 무화과를 삶은 다음 잘 건조시켜 캬라멜처럼 먹기도 했습니다.

두 끼 : 유대인들은 보통 하루에 두 끼를 먹었습니다. 첫 번째 식사는 아침나절에서 정오 사이, 아침 일을 끝마치고 아무 때나 먹었습니다. 두 번째 식사는 우리의 저녁처럼 하루 일과를 끝내고 먹었습니다. 그들에게는 두 번째 식사, 그러니까 저녁 식사가 주된 식사였습니다.

빵 : 모든 식사에 빵이 빠지는 법은 없었습니다. 유대인들은 대체로 갓 구운 빵을 먹었는데, 물론 빵만 먹지는 않았겠지요. 또한 그들은 숟가락, 젓가락, 포크 등을 사용하지 않았기 때문에 빵을 이용해 고기를 집곤 했습니다.

유대 민족에게 얼마나 중요했던지, 율법에서 겉옷을 저당잡았으면 해가 지기 전까지 돌려주라고 명령할 정도였습니다(출 22:26).

남자의 의복

유대인 남자의 옷장을 한번 들여다볼까요?

- 속에 입는 튜닉 : 면이나 아마포로 만든 일종의 속옷입니다. 날씨가 추울 때 입는 내복 정도로 보면 되겠습니다. 허벅지까지 오는 것, 발목까지 내려오는 것 등 길이가 다양합니다.
- 겉에 입는 튜닉 : 셔츠 혹은 일상복입니다. 집에 있을 때 혹은 잠깐 밖에 나갈 때 입는 옷입니다. 대체로 옷자락이 길어 바닥에 닿을 정도이며, 색상은 단조롭습니다. 작업하는 사람들이나 노예들은 무릎까지 오는 옷을 입었습니다. 사회에서 아주 중요한 인물은 흰색 튜닉을 입었습니다.
- 허리띠 : 겉옷에 착용하는 허리띠로서 재질은 천으로 된 것과 가죽으로 된 것이 있습니다. 천으로 된 허리띠를 단단히 조여 그것을 뒤로 묶으면, 간식이나 잔돈을 넣는 주머니 역할을 하기도 합니다. 가죽 허리띠에는 금은 장식을 하기도 했습니다. 광야 지대에서 양을 치며 거친 생활을 하는 남자들이 주로 가죽띠를 사용했는데 그것을 견장과 연결해서 칼이나 지갑 등을 착용하기도 했습니다.
- 겉옷, 망토 : 일상적인 의복 위에 걸치는 헐렁한 겉옷입니다. 평민의 경우, 양이나 염소, 낙타 털로 만든 옷을 입었고, 귀족의 경우에는 아마포, 비단, 우단 등의 재질에 모피로 정교하게 마

름질한 겉옷을 입었습니다.

- 머리에 쓰는 것 : 세 종류가 있습니다.

1) 테두리가 없는 모자.

2) 터번(중동 지방 사람들이 쓴 것을 종종 보셨겠지요).

3) 머리 스카프(비단이나 양모, 면으로 만든 사각형 모양의 천
   으로 주름을 잡아 머리에 걸치는 것입니다).

- 신발 : 신은 주로 부드러운 가죽으로 만들었고, 샌들은 그보다
  더 거칠고 두꺼운 가죽으로 만들었습니다.

- 장신구 : 코걸이, 반지.

여자의 의복

장식과 자수로 꾸민 것만 빼면 남자의 의복과 유사합니다.

- 튜닉 : 비단이나 양모를 소재로 거의 바닥을 쓸고 다닐 정도로
  깁니다.

- 머리에 쓰는 것 : 남자의 것보다 종류와 소재가 다양합니다. 단
  단한 모자 같은 틀에 반짝반짝 빛나는 장식을 달고, 거기에 옅
  은 베일을 부착한 형태입니다.

- 속옷 : 면, 아마포, 비단 등 신분에 따라 다양한 소재로 되어 있
  습니다.

- 가운 : 옷자락을 특히 강조해 바닥에 끌릴 정도로 깁니다.

- 속치마 : 간결한 자수가 놓인 속옷입니다.

- 장신구 : 귀걸이(성경은 사슬, 늘어뜨린 것으로 표현하기도 합
  니다), 코걸이, 발목 장식, 팔지, 머리 장식 등.

성경시대의 패션

성경시대에도 특이한 의상 혹은 독특한 매력으로 남다른 주목을 끈 사람들이 있었습니다. 그중 몇 사람을 나열해볼까요?

· 세례 요한은 낙타 털옷과 가죽띠로 유명했습니다(마 3:4).
· 예레미야 선지자는 하나님의 명에 따라 소의 멍에 모양의 목걸이를 맞추어 착용했습니다(렘 27장).
· 다윗의 아들 압살롬은 복슬복슬한 긴 머리카락으로 유명했는데, 마침내 그것 때문에 죽게 되었습니다(삼하 14:25,26).
· 아하수에로 왕의 비빈이 되려면 12개월 동안 미용수업 과정을 이수해야 했습니다(에 2:12).
· 이스마엘 부족들은 금 귀걸이를 착용한 것으로 유명합니다(삿 8:24).
· 삼손은 긴 머리를 일곱 가닥으로 땋았습니다(삿 16:19).
· 야곱의 아들 요셉은 특별히 제작된 채색 옷을 입었습니다(창 37:3).
· 아담과 하와는 하나님께서 직접 만들어주신 가죽옷을 입었습니다(창 3:21).
· 은장식 달린 금 귀걸이와 보석으로 단장한 솔로몬의 사랑스러운 신부를 빼놓을 수 없겠지요(아 1:10,11).
· 이세벨은 자기가 죽던 그날에도 그윽하게 눈 화장을 하고, 머리를 새로 꾸몄습니다(왕하 9:30).
· 한나는 어린 사무엘에게 해마다 새 옷을 지어주었습니다(삼상 2:19).

성경시대의 사회구조

남성과 여성

성경시대 남자들은 주로 농경과 수렵, 전쟁 등의 역할을 담당했고, 여자들은 전형적으로 아이들을 돌보고 가사 업무를 수행했습니다. 이 시대 여성들의 권리는 매우 취약했습니다. 일례로, 여자들은 법적 소송의 믿을 만한 증인으로 인정받지 못했습니다. 하지만 성경에 보면 전통적인 여성의 역할 궤도 밖으로 뛰어나와 사사(드보라, 삿 4:4)로, 찬양 인도자(미리암, 출 15:20)로, 선지자(훌다, 왕하 22:14)로 활약한 여성들이 등장하기도 합니다 (이 책 84~86쪽 참조).

복혼제

복혼제(複婚制)는 한 명 이상의 배우자와 동시에 생활하는 것을 말합니다. 창세기가 묘사하던 시대는 복혼제가 용인되던 시대였습니다. 당시 문화권에서는 남자가 권력을 장악하고 있었던 연고로, 일부다처제(一夫多妻制)가 지배적이었습니다. 당시 남자들은 여러 명의 아내와 여러 명의 첩을 둘 수 있었습니다. 그렇다고 해서, 그런 현상이 당시 사회의 표준이 된 것은 아니었습니다. 당시에도 배우자에 대한 신실성의 의무가 엄연히 존재하고 있었으며(결혼제도가 있었기 때문에), 역사를 통해 하나님께서도 일부일처제 관계를 갖는 부부들을 존귀하게 여기셨습니다(어쨌든 하나님께서 아담과 하와와 제3의 여인을 동시에 창조하신 것은 아니니까 말입니다).

고대 근동 지역에서 후처(첩)를 두는 것은 통상적인 일이었습니다. 이스라엘도 예외가 아니었습니다. 후처 역시 한 남자의 아내로 간주되었지만, 본처보다는 법적인 권리가 미약했습니다. 그에 따라 후처와 본처의 애정 다툼 또한 심각했습니다. 성경 몇 구절에는 후처들과 본처가 남편의 사랑을 얻기 위해 대립할 때의 심각한 가정 불화와 긴장 상태가 잘 나타나 있습니다.

창세기 16장에 나오는 사라와 하갈의 이야기가 대표적인 사례입니다. 아이를 낳지 못한 사라는 대를 잇기 위해 애굽 여인 하갈을 후처로 들였습니다. 당시 아들을 낳지 못한 본처가 후처를 들여 대를 잇게 하는 것은 통상적인 관례이자 의무이기도 했습니다. 대리모(代理母)로 들어온 하갈이 아들을 낳자, 사라는 하갈을 학대하고 미워하기 시작했습니다. 수태 능력이 없는 본처의 질투심이 발동한 것이었습니다.

그 결과로 오늘날까지 유대 민족(이삭의 자손)과 아랍 민족(이스마엘의 자손) 사이의 첨예한 갈등과 분쟁이 지속되고 있습니다. 야곱의 아내 레아와 라헬 역시 거느리던 여종들을 남편 야곱에게 주어 아들을 낳게 했습니다. 당시 문화권에서는 가능한 한 아들을 많이 낳는 것이 가장 중요했습니다. 그래서 아들을 많이 낳기 위한 최후의 수단으로 이런 관행이 생겨나게 된 것입니다.

몰락의 불씨, 일부다처제

고대의 왕들 가운데는 후궁이 너무 많아 그들을 위해 '하렘' (harem)이란 별채를 짓는 경우도 많습니다. 하렘은 언제나 젊은 규수들로 북적거렸습니다. 오직 왕의 성적 욕구를 충족시킬 목적으로 징발된 소녀들이 대부분이었습니다. 그 가운데 왕에게 단 한 번이라도 부름을 받았던 규수들은 남은 생애를 하렘에 갇혀 지내야 했습니다. 구약 에스더서를 보면, 페르시아 아하수에로 왕의 하렘에 들어갔던 유대인 여성에 관한 이야기를 읽을 수 있습니다. 아하수에로 왕은 에스더를 총애하여 그녀를 왕비로 간택했습니다. 물론 왕비는 후궁들에 비해 말할 수 없는 영화와 권세를 누렸지만, 그녀 역시 남성이 지배하는 사회구조 속에 살고 있었기에 제한된 권리만을 향유할 뿐이었습니다.

유대 왕 가운데 일부다처제의 유혹에 가장 깊이 빠졌던 왕은 솔로몬입니다. 그는 주변국과의 외교적 동맹을 위해 수많은 이방 여인들과 정략 결혼을 했습니다. 결국 후처들이 들여온 이방 풍속과 우상숭배가 그를 몰락으로 치닫게 했습니다.

노예의 삶

동서양을 막론하고 고대와 중세 봉건 시대에 노예들이 있었습니다. 노예의 삶의 특질은 주인의 국적과 신분에 따라 전적으로 좌우되었습니다. 로마법은 노예가 주인의 합법적인 소유물임을 인정하여, 주인에게 노예를 지배하고 통제할 권한을 무제한적으로 부여했습니다. 반면 유대 율법은 노예들에게 상대적인 자유와 권리를 허락했습니다. 성경은 유대인들에게 매 7년마다, 그리고 희년(禧年)이라 알려진 특별한 절기에 히브리 노예들을 해방시키라고 요구하고 있습니다(레 25:39-42 ; 신 15:12).

대부분의 노예들은 노역(勞役)을 강요받았으나 경우에 따라 간호사, 개인교사, 의사 역할을 하기도 했습니다. 때로 충분한 교육을 받은 교양 있는 계층들이 로마 시민권을 취득하기 위해 얼마간 노예 생활을 자처하는 경우가 있었기 때문입니다.

인종 집단간의 반목

고대 세계에서는 특히 인종간의 반목과 질시가 심해 이것이 종종 침략과 습격, 전쟁으로 비화되곤 했습니다. 이스라엘 민족의 경우, 블레셋, 애굽, 암몬, 앗수르 민족과 오랫동안 반목 관계에 있었습니다. 구약성경의 한 가지 사건은 이러한 인종적 편견과 차별의 수위가 얼마나 높았는지 잘 보여줍니다. 창세기 37장에 보면, 요셉이 애굽에 노예로 팔려가는 기사가 나옵니다. 하나님이 그를 보호하시고, 이적적으로 길을 예비해주셔서, 애굽에서 바로 다음 가는 제2의 권좌에 오르게 하십니다. 이러한 신분이었지만 요셉은 애굽의 부하들과 같은 자리에서 음식을 먹지 못했습니다(창 43:32). 애굽 사람들이 히브리 민족을 목동으로 간주하여, 그들을 비천하다고 인식하여 함께 식사하는 것을 치욕으로 여겼기 때문입니다.

신약성경에는 유대인들이 사마리아 사람들을 미워했다는 이야기가 나옵니다. BC 722년, 북 이스라엘 왕국을 점령한 앗수르는 전략상의 목적으로 이방인들을 북 왕국 이스라엘에 이주시켰습니다. 그렇게 세월이 흐르며 유대인들과 이방인들이 통혼(通婚)

그리스도의 사회혁명

그리스도와 초대교회는 당대의 사회 통념을 완전히 부수었습니다.
그리스도는 사회 계층 피라미드의 하부를 구성하고 있던 사람들을 존중하시고,
그들 편에 서셨습니다.
그리스도는 여자들을 중요히 여기셨습니다.
그리스도를 따르는 무리 가운데 여자들이 상당수 섞여 있었으며,
복음서에는 그들에 대해 특별히 언급하는 구절도 종종 발견됩니다.
디모데전서는 여성 직분자들에 대해 말하고 있으며,
고린도전서는 그들의 결혼 생활의 권익을 보호하고 있습니다.
노예들이 보호받았습니다.
사도 바울은 자기 친구들에게 사랑과 존중과 따스함으로
노예들을 대하라고 권하고 있습니다(빌레몬서).
사회의 벽이 허물어졌습니다.
그리스도 안에서 인종 집단의 우열과 차별은 존재하지 않습니다.
갈라디아서는 이렇게 말합니다.
"너희는 유대인이나 헬라인이나 종이나 자주자나 남자나 여자 없이
다 그리스도 예수 안에서 하나이니라"(갈 3:28).

하여, '사마리아 사람'이라 불려지는 혼합 인종이 형성되었습니다. 순수한 혈통을 자랑하는 남 왕국의 유대인들은 사마리아 사람들과 교통하기를 꺼렸습니다. 그들을 '잡종'(雜種)으로 간주했기 때문입니다.

초대교회에서의 직분자의 자격

초대교회에서는 교사, 집사, 장로, 설교자, 복음 전도자, 선교사, 관리자 등 많은 직분들이 있었습니다. 초대교회 지도자의 자격

요건에는 다음과 같은 항목들이 포함되어 있었습니다.

- 성령충만한 자
- 하나님을 믿는 믿음이 강한 자
- 도덕적으로 합당한 생활을 하는 자
- 열심히 섬기는 자
- 받기보다 주는 데 더 열심인 자
- 하나님 백성을 돌보는 것이 얼마나 중요한지 잘 아는 자
- 경건한 모범으로 다른 이들을 인도할 수 있는 자

초대교회 지도자들은 고대 유대 민족의 관례를 따라 '안수'(按手)를 받음으로 사역자의 사명을 위임받았습니다. 안수는 어떤 사람을, 하나님을 섬기는 사역과 특별한 사명을 위해 구별한다는 의미를 갖습니다(민 27:23 ; 신 34:9 ; 행 6:6).

성경시대의 직업

성경시대 유대인 어린이들에게 "이 다음에 커서 뭐가 되고 싶니?"라고 질문한다면, 배를 타고 외국으로 모험을 떠나고 싶다고 말할지도 모릅니다. 그러나 대부분의 경우, 그들은 아버지의 가업을 이어 농사를 짓거나 가내 수공업에 종사했습니다.

성경시대, 이스라엘은 농경 사회였습니다. 따라서 대부분의 일들이 농업 혹은 가내 수공업과 관련되어 있었습니다. 성경시대 중동 지방의 직업 형태들을 간략히 살펴보면 다음과 같습니다.

농부

가을비가 내린 후 토양이 부드러워지면, 농부들은 나무 쟁기로 땅을 일구어 농사 준비를 했습니다. 거기에 씨를 뿌린 후, 봄비가 내려 곡식들을 키워주기만을 바라며 기다렸습니다. 그들은 곡식을 직접 손으로 뽑거나 아니면 나무 낫으로 곡식 줄기를 잘라 수확했습니다. 수확 후에는 집 앞마당에서 곡식을 타작해 알곡과 쭉정이를 가려냈습니다. 곡식을 까부르는 과정에서는 둥글게 구부러진 거대한 도구를 이용해 알곡을 허공에 던져 부드러운 저녁 바람이 겨를 날려보내게 했습니다. 그렇게 해서 남은 알곡들로 밥을 짓거나 아니면 시장에 내다 팔았습니다.

어부

구약 시대 이스라엘 민족은 어업에 그리 의존하지 않았습니다. 그러나 신약 시대에 들어 갈릴리 바다를 중심으로 어업이 크게 발달했음을 볼 수 있습니다. 갈릴리 바다에는 어족과 어량이 풍족해 해변가에 서서 그물을 던져도 그럭저럭 고기가 잡힐 정도였습니다. 하지만 어업을 생업으로 하는 대부분의 어부들은 배를 타고 호수 깊숙이 나가 고기를 잡았습니다. 때로는 두 척의 배가 서로 협동, 양쪽에서 그물을 당겨 고기를 잡기도 했습니다.

특히 복음서 기사들은 당대의 어업 현황에 대해 많은 것을 이야기합니다. 우리는 예수님과 제자들의 대화를 통해 당시 어부들이 철야 작업을 하기도 했다는 것을 알 수 있습니다(요 21:3,4). 갈릴리 바다에서의 어업은 위험했습니다. 왜냐하면 예측할 수 없는 풍랑이 잦았기 때문입니다(마 8:23-27).

장인(匠人)

어떤 사람들은 공예품을 제조 판매함으로써 생계를 이어갔습니다. 옹기장이들은 진흙으로 가재 도구와 요리 도구를 빚었습니다. 목수들은 가정용 가구뿐 아니라, 농사에 사용할 쟁기와 알곡을 까부르는 거대한 도구와 타작 기구들을 만들었습니다. 가죽을 무두질하는 사람들은 소 가죽과 염소 가죽을 가공하여 샌들과 가방과 물 부대를 만들었습니다. 석공들은 석회암을 쪼아 건축에 소용될 벽돌을 만들었습니다.

목동

목동들은 양과 염소를 같이 돌봤습니다. 목동의 근무 수칙에는 짐승들을 푸른 목초지로 인도하기, 먹이기, 야생동물로부터 보호하기, 건강 상태 잘 살피기 등이 포함되어 있었습니다. 목동들은 풀밭을 찾기 위해 짐승 떼를 이끌고 먼 거리를 여행하곤 했습니다. 특히 더운 여름철에는 더 그랬습니다.

당시에는 염소와 양 모두 귀했습니다. 염소한테서는 젖, 고기, 털을 얻었고 양한테서는 털과 고기를 얻었습니다.

제사장

제사장이란 직무는 하나님과 이스라엘 민족 사이의 중보자 역할을 수행하는 것으로 하나님이 직접 제정하신 직무입니다. 그런데 오직 레위 지파 사람들만 이스라엘 최초의 대제사장 아론의 뒤를 이어 제사장 직무를 전담할 수 있었습니다. 성전 제사를 관장하고 백성들을 대신해 속죄제사를 드림은 물론, 일반 백성들이 하나님과 올바른 관계를 유지하도록 돕는 게 그들의 책무입니다.

레위인 가운데 제사장이 아닌 사람들(레위인 모두가 제사장이 된 것은 아님)은 제사장과 다른 역할을 수행했습니다. 비록 그들에게 제사장과 같은 권위와 책임은 없었지만, 그들은 제사 과정을 순조롭게 하고 성전을 유지 보존하는 데 중요한 역할을 했습니다.

성경시대의 주택과 종교 시설

주택

고대 중동 지방 사람들은 단단한 돌이나 석회석 위에 진흙 벽돌로 주택을 지었습니다. 집 밖에 설치된 계단은 옥상(지붕)으로 통했는데, 지붕은 앉아 이야기할 수 있는 공간과 여분의 저장 공간으로 활용되었습니다. 공기의 흐름을 원활하게 하고 외부의 침입을 막기 위해 창문은 상대적으로 작게 냈습니다. 대부분의 주택들은 간결한 모양새를 갖고 있었습니다. 부유한 사람들만 다락과 정원, 마당을 가진 넓은 집을 지을 수 있었습니다.

성막, 성전, 회당

비슷한 것 같으면서도 서로 다른 이런 용어들이 성경에 등장하는 까닭이 무엇일까요? 성막과 성전과 회당은 모두 예배하는 장소였지만, 그것들 사이에는 명백한 차이점이 있습니다.

이스라엘은 약속의 땅에 들어가기 전, 40여 년간 광야를 방황했습니다. 그들은 이곳저곳을 옮겨 다니는 유목민이었기 때문에 이동이 가능한 예배 장소가 필요했습니다. 성막(일종의 텐트)은 이러한 목적에 제대로 부합했습니다.

약속의 땅에 들어간 이스라엘은 얼마간 평화를 누릴 수 없었습니다. 그곳 거주민들과 전쟁을 치러야 했기 때문입니다. 마침내

※ 솔로몬 성전은 BC 960년경 완성되어 BC 586년 바벨론 군대에게 파괴될 때까지 이스라엘의 중앙 성소였다.

전쟁이 끝나고 오랜 평화가 찾아왔을 때, 솔로몬 왕이 성전을 건축했습니다. 하나님께 예배하고, 제사드리는 장소를 한 곳으로 특정화, 영속화시킨 것입니다. 그리고 솔로몬은 하나님의 임재를 상징하기 위해 언약궤를 성전에 안치했습니다.

회당은 신약 시대에 건축된 것으로, 마을 사람들이 모여 예배드리는 장소였습니다. 말하자면 성전과 회당이 주요 예배처소가 된 것입니다. 남달리 독실했던 유대인들은 절기 때마다 예루살렘 성전을 찾았습니다. 교통 수단이 그렇게 발달하지 못했던 당시로서는 먼 거리를 여행하는 게 그리 쉬운 일은 아니었겠지요. 그래서 성전을 방문하는 긴 여정에서 각 마을에 체류할 때마다 회당을 찾아 예배하곤 했습니다. 부녀자와 어린이들은 회당에 직접 들어갈 수 없었습니다. 성인 남자들만 회당 예배에 참석할 수 있었습니다.

회당 예배는 오늘날 우리의 예배와 무척 흡사했습니다. 예배는 보통 신앙고백, 기도, 율법서와 예언서 낭독, 설교, 질의응답, 토론 등의 순서로 진행되었습니다.

교회학교

예루살렘 성전 마당은 종종 교육의 장소로 이용되었습니다. 특히 유월절 같은 절기에는 전국 각지의 랍비들이 그곳에 모여 백성들을 가르치고, 서로 신학적인 토론에 열을 올리기도 했습니다.

신약의 몇몇 구절들도 일반 백성들 사이에 배움터로 널리 알려져 있었던 성전 마당에 대해 언급하고 있습니다. 어린 아들을 데리고 예루살렘 성전을 찾았던 마리아와 요셉은 아들이 없어져 깜짝 놀랐습니다. 하지만 그들은 나중에 성전 마당에서 어린 아들 예수를 찾았습니다. 소년 예수는 내로라 하는 종교 지도자들과 율법 교사들에게 둘러싸여 영적인 진리와 난처한 질문들에 대해 토론하고 있었습니다(눅 2:41-49). 사도 바울은 당대 최고의 존경받는 랍비 가말리엘 문하에서 교육을 받았습니다(행 22:3). 그도 분명 성전 마당에서 가르침받은 적이 있었을 것입니다.

연보궤는 어디에?

신약성경 누가복음의 가슴 저리게 하는 한 이야기(눅 21:1-4)는 우리를 성전의 또 다른 흥미로운 곳으로 안내합니다. 어느 날, 성전에서 부자들이 연보궤에 헌금을 넣고 있었습니다. 그들 틈에 초라한 행색의 여인 하나가 섞여 있었습니다. 그녀는 부자들에 비해 적은 돈을 바쳤습니다. 그런데 예수께서는 그녀가 생활비 전체를 자발적으로 바친 데 대해 주목하시며, 진정한 헌금에 대해 가르치셨습니다.

예루살렘 성전의 여자들의 마당 중앙 혹은 인접 통로에 십일조와 예물을 바치는 곳이 있었습니다. 거기에는 열세 개의 궤가 비치되어 있었는데 일곱 개는 성전 세를 바치는 용도로, 나머지 여섯 개는 자발적인 예물을 바치는 용도로 이용되었습니다.

교도소

성경시대에도 교도소가 있었습니다. 죄수들은 교도소라는 열악한 환경에 따로 격리되었습니다. 모든 죄수들은 결백이 입증되기 전까지는 일단 '유죄'로 간주되어 강제 노역에 동원되었고, 재판을 받기도 전에 목숨을 잃는 경우도 많았습니다.

처음 죄수로 들어온 사람들은 종종 옷이 벗겨져 채찍으로 매를 맞았고, 그 다음에는 무거운 차꼬에 채워져 감방에 수용되었습니다. 차꼬란 두 개의 널빤지를 꺾쇠로 연결한 것으로 죄수의 손목과 발목에 채우던 도구입니다. 교도소의 참혹했던 환경에 대해 더 알고 싶은 독자는 사도행전 16장 22,23절에 나오는 바울과 실라의 기사를 읽어보기 바랍니다.

그 말씀이 어디 있더라?

요즈음 나오는 대부분의 성경책들은 뒤에 간략한 성구사전을 부록으로 싣고 있습니다. 색인(索引) 같은 것이지요. 성구사전의 항목에는 인명, 지명, 사건들, 주요 단어들의 명칭과 그와 관련된 성경구절들이 수록되어 있습니다.

아래 내용은 성경에 등장하는 유명한 인물들, 그 인물들과 관련된 사건들, 그에 관한 성경구절을 간략히 요약한 것입니다. 참고하기 바랍니다(가나다 순서).

나아만 장군이 문둥병 고침을 받음(왕하 5:1-19).

나사로가 죽었다 살아남(요 11:1-44).

노아의 방주(창 6:1-9:17).

니고데모와 예수님의 대화(요 3:1-21).

다니엘과 세 친구(단 3:1-30).

다니엘이 사자굴에 들어감(단 6:1-23).

다윗이 왕으로 기름부음 받음(삼상 16:7-13).

다윗 왕과 밧세바(삼하 11:1-27).

다윗과 골리앗의 대결(삼상 17:1-58).

동방박사(마 2:1-12).

동생을 죽인 최초의 살인자 가인(창 4:1-15).

롯의 아내가 소금 기둥이 됨(창 19:15-26).

모세와 떨기나무(출 3:1-22).

모세와 금송아지(출 32:1-35).

모세가 바로의 공주에게 구원받음(출 2:1-10).

믿음 장(히 11장).

바벨탑(창 11:1-9).

바울의 회심(행 9:1-19).

바울이 난파당함(행 27:13-28:10).

바울과 실라가 옥에서 찬송함(행 16:16-40).

발람과 말하는 나귀(민 22:21-35).

베드로가 천사의 도움으로 옥에서 구출됨(행 12:1-19).

벽에 글씨가 써짐(단 5:5-28).

사랑 장(고전 13장).

삭개오가 예수님을 만남(눅 19:1-10).

산상설교(마 5:1-12).

삼손과 들릴라(삿 16:4-22).

성령의 아홉 가지 열매(갈 5:22,23).

세례 요한의 사역(마 3:1-6).

세례 요한의 죽음(막 6:14-29).

소돔과 고모라(창 19:1-28).

스데반 집사의 순교(행 7:54-60).

십계명(출 20:1-17).

아담과 하와의 생활(창 2:1-3:24).

아브라함이 이삭을 제사지낼 뻔함(창 22:1-19).

애굽에 재앙이 내림(출 7-11장).

엘리야의 불수레(왕하 2:9-15).

엘리야와 바알 선지자들의 대결(왕상 18:16-40).

에덴동산(창 2:4-3:24).

여리고 성이 함락됨(수 6:1-27).

예수님의 마지막 명령(마 28:18-20).

예수께서 세례 받으심(마 3:13-17).

예수께서 탄생하심(눅 2:1-20).

예수께서 죽임 당하심(마 27:33-50).

예수께서 부활하심(막 16:1-20).

예수께서 시험받으심(마 4:1-11).

예수께서 생명의 떡이심(요 6:35).

예수께서 문이심(요 10:7).

예수께서 선한 목자이심(요 10:11).

예수께서 세상의 빛이심(요 8:12).

예수께서 포도나무이심(요 15:1).

예수께서 길과 진리와 생명이심(요 14:6).

예수께서 변화되심(눅 9:28-36).

예수께서 물위로 걸으심(마 14:22-33).

오순절 성령 강림(행 2:1-13).

요나가 물고기 뱃속에 들어감(욘 1:1-2:10).

요단강이 갈라짐(수 3:1-17).

요셉이 애굽에 팔려감(창 37:1-36).

이삭의 아들 에서가 동생 야곱에게 상속권을 팜(창 25:27-34).

주기도문(마 6:9-13).

창조(창 1:1-2:3).

최초의 유월절(출 12:1-30).

최초의 죄(창 3:1-24).

출애굽(출 12:31-14:31).

태양이 멈춤(지구의 자전이 멈춤)(수 10:1-15).

홍수 후의 무지개(창 9:8-17).

홍해가 갈라짐(출 14:5-31).

황금률(마 7:12).

성경 인명 사전

가룟 유다 : 그리스도를 배신한 제자(마 26,27장).

가인 : 아담과 하와의 첫 아들(창 4장).

기드온 : 이스라엘의 위대한 사사. 하나님의 소명을 확인하기 위해
 두 차례에 걸쳐 양털로 표적을 구한 적이 있음(삿 6장).

나오미 : 모압 땅에서 남편과 아들들을 잃고, 며느리와 함께 베들
 레헴으로 돌아온 유대인 여성(룻 1장).

노아 : 하나님께서 홍수로 세상을 심판하기 전, 유일하게 믿음을
 지켰던 의인(창 5,6장).

다니엘 : 페르시아 왕국의 지도자가 된 이스라엘 청년. 사자굴에
 던져진 적도 있음(단 1장).

다윗 : 목자, 시인, 이스라엘의 두 번째 임금(삼상 17장).

드보라 : 유일한 여성 사사(삿 4장).

들릴라 : 삼손을 꼬여 머리를 자른 여인(삿 16장).

디모데 : 사도 바울의 제자(딤전 1장).

라합 : 여리고 성의 기생. 유대인 정탐꾼들을 도와 자신과 가족의
 목숨을 건짐(수 2,6장).

레아 : 야곱의 첫째 아내(창 29장).

라헬 : 야곱의 총애를 받던 둘째 아내(창 29장).

레위인 : 야곱의 셋째 아들 레위의 자손들. 제사장은 레위 지파 자

손들만 맡을 수 있었고, 제사장으로 임명되지 못한 나머지 레위 자손들은 제사를 돕는 직무를 수행함(민 1장).

롯 : 소돔 성에 살았던 아브라함의 조카(창 13,19장).

룻 : 나오미의 며느리. 시어머니 따라 베들레헴에 옴(룻 1장).

리브가 : 이삭의 아내(창 24장).

마리아 : 예수님의 모친(마 2장).

마리아와 마르다 : 예수님의 친구들, 나사로의 누이들(눅 10장).

모르드개 : 에스더의 사촌. 에스더에게 친아버지와 같은 역할을 함(에 2장).

모세 : 이스라엘 백성을 데리고 애굽에서 탈출한 민족의 지도자 (출 2장).

미리암 : 모세의 누이(출 2장, 민 12장).

바나바 : 사도 바울의 초기 사역 동역자(행 13장).

바울 : 원래 이름은 사울. 초대교회를 박해하다가 다메섹으로 가는 길에서 그리스도를 만나 회개하고, 사도로 부르심을 받음(행 8,9장).

밧세바 : 다윗 왕이 범했던 여인(삼하 11장).

보아스 : 모압 여인 룻의 남편(룻 2장).

브리스길라와 아굴라 : 사도 바울의 절친한 친구들(행 18장).

빌라도 : 유대 총독. 그리스도를 재판, 유죄 혐의를 찾지 못해 그리스도를 놓아주려 했으나 군중들의 반발이 두려워 마침내 예수님을 군중들에게 내어줌(마 27장).

사드락, 메삭, 아벳느고 : 페르시아에 포로로 끌려갔던 다니엘의 세 친구(단 1,3장).

사라 : 아브라함의 아내(창 11,17장).

사울 : 이스라엘의 초대 왕(삼상 9장).

삭개오 : 단신 세관원. 뽕나무 위에 올라가 예수님을 만난 것으로
　　　유명함(눅 19장).

삼손 : 긴 머리를 가진 나실인(신성한 종교적 의무를 수행하기 위
　　　해 술과 독주를 금하고 삭발하지 않을 것을 서약한 사람)
　　　의 언약으로 놀라운 힘을 발휘했던 사사(삿 13,14장).

셋 : 아담과 하와의 셋째 아들(창 4장).

세례 요한 : 예수님의 사촌 형제. 예수님의 오심을 세상에 선포했
　　　음(마 3장).

솔로몬 : 이스라엘의 3대 왕. 다윗과 밧세바 사이에서 출생. 지혜
　　　의 왕으로 불림(왕상 2장).

스데반 : 그리스도교 최초의 순교자(행 6,7장).

실라 : 바울의 후기 사역 동역자(행 15장).

아론 : 모세의 형. 최초의 대제사장(출 4장).

아벨 : 아담과 하와의 둘째 아들(창 4장).

아브라함 : 유대 민족의 아버지(창 8장).

아담 : 하나님이 창조하신 최초의 인간(창 12장).

야곱 : 아브라함의 아들 이삭과 리브가 사이에서 출생한 쌍둥이
　　　형제의 동생. 나중에 이스라엘이란 이름을 얻음(창 25장).

에스더 : 페르시아 왕국의 왕비가 된 유대인 여성(에 2장).

에서 : 아브라함의 아들 이삭과 리브가 사이에서 출생한 쌍둥이
　　　형제의 형. 나중에 에돔이란 이름을 얻음(창 25장).

엘리사 : 구약의 위대한 선지자. 엘리야의 제자임(왕상 19장).

엘리야 : 구약의 위대한 선지자(왕상 17장).

여호수아 : 모세 이후 이스라엘 민족을 이끌고 약속의 땅에 들어
간 지도자(민 13,14장).

열두 제자 : 예수님을 따르던 무리를 총칭함. 그러나 보통 예수님
의 12제자를 일컬음. 시몬 베드로, 안드레, 야고보, 요
한, 빌립, 바돌로매, 도마, 마태, 알패오의 아들 야고보,
다대오, 가나안인 시몬, 가룟 유다(마 10장).

예수님 : 하나님의 아들, 세상의 구세주(눅 2장).

요게벳 : 모세의 생모(출 1,2장).

요나단 : 사울의 아들. 다윗의 절친한 친구(삼상 18-20장).

요셉 : 야곱의 열두 아들 가운데 부친의 총애를 받던 아들. 나중에
애굽의 총리가 됨(창 37장).

이삭 : 아브라함이 백 살 때 얻은 외아들(창 20,22장).

하와 : 하나님이 창조하신 최초의 여인(창 2장).

한나 : 사무엘의 어머니(삼상 1장).

헤롯 : 예수님의 탄생을 두려워하여 모든 아기를 죽이라고 명령
했던 유대 왕(마 2장).

주목할 성경 속 여성들

나오미 : 모압 땅에서 남편과 아들들을 잃고 며느리 룻과 함께 베들레헴을 찾은 여인(룻기 전체).

도르가 : 빌립이 세운 욥바 교회의 헌신적인 여제자. 병들어 죽었다가 베드로에 의해 소생됨(행 9:36-42).

두 렙돈을 바친 과부(막 12:41-44 ; 눅 21:1-4).

드보라 : 이스라엘의 유일한 여자 사사(삿 4,5장).

라합 : 여리고 성의 기생. 이스라엘 정탐꾼들을 숨겨주어 자기뿐 아니라 온 가족이 구원받음(수 2:1 ; 6:17-25 ; 히 11:31).

라헬 : 야곱의 총애를 받던 부인. 요셉의 모친. 베냐민을 낳다 죽음(창 29-31장 ; 33:1,2).

로이스 : 디모데의 외할머니. 딸 유니게와 함께 손자를 믿음으로 양육함(딤후 1:5).

루디아 : 두아디라 성의 염료 상인. 유럽 최초의 회심자로 온 집안이 회개하고 그리스도를 믿음(행 16:11-15).

룻 : 모압 여인으로 남편을 잃고 시어머니 나오미를 따라 베들레헴을 찾음(룻기 전체).

리브가 : 이삭의 아내. 야곱과 에서 쌍둥이 아들을 낳음(창 24장 ; 25:20-28).

마르다 : 나사로의 누이로 평생 예수님을 따름. 육신적인 봉사가

말씀을 듣는 것보다 더 중요하다고 생각했음(눅 10:38-41 ; 요 12:1-3).

막달라 마리아 : 헌신적으로 예수님을 따름. 예수님의 부활을 최초로 목격한 여성(마 27:56 ; 요 20:1-18).

미리암 : 모세의 누이. 홍해를 건넌 후 소고 치며 하나님을 찬송함. 그러나 나중에 모세를 비방하여 문둥병에 걸리기도 했음(출 15:20,21 ; 민 12:1-15).

뵈뵈 : 겐그레아 교회의 여집사로 바울의 전도여행을 물질적으로 원조함. 바울의 서신을 로마인들에게 전달하기도 했음(롬 16:1,2).

브리스길라 : 고린도에 살던 유대인 천막제조업자 아굴라의 아내. 사도 바울도 천막제조를 생업으로 하고 있었으므로, 고린도에 체류하며 그들 부부와 함께 일함(행 18:2,18,26 ; 롬 16:3).

사라 : 아브라함의 아내. 자식이 없다가 90세에 아들을 낳을 것이라 약속을 받고 속으로 웃음. 마침내 이삭을 낳아 열국의 어미가 됨(창 11:29-31 ; 12:5-17 ; 24:36,37 ; 히 11:11).

사마리아 여인(요 4장).

수산나 : 예수님의 제자들을 정성껏 섬김(눅 8:3).

아비가일 : 지성과 아름다움을 겸비한 여인. 나중에 남편이 죽자, 다윗의 아내가 됨(삼상 25:1-42 ; 삼하 3:3).

안나 : 일찍 남편을 여의고 성전에서 봉사하던 중, 아기 예수를 만남(눅 2:36-38).

에스더 : 페르시아의 황후가 된 유대인 여성(에스더서 전체).

엘리사벳 : 세례 요한의 모친. 노년이었지만 하나님의 수태 약속
　　　　　을 굳게 믿음(눅 1:5-80).

예수의 어머니 마리아(마 1,2장 ; 눅 1,2장 ; 요 2장, 행 1:14).

유니게 : 디모데의 모친. 믿음으로 아들을 양육함(행 16:1-3 ; 딤후
　　　　1:5).

요게벳 : 모세의 모친(출 2:1-10 ; 6:20 ; 민 26:59).

죄 많은 여인 : 향유를 담은 옥합을 가져와 눈물로 그 발을 적시며
　　　　　　　자기 머리털로 씻고 그 발에 입맞추고 향유를 부었
　　　　　　　던 여인(눅 7:36-50).

하와 : 하나님이 창조하신 최초의 여성(창 2,3장 ; 고후 11:3).

한나 : 사무엘의 모친(삼상 1장 ; 2:1-21).

훌다 : 여선지자. 예복을 주관하는 살룸의 아내(왕하 22:14 ; 대하
　　　34:22).

예수님의 비유

예수께서는 '비유'라 불리는 독특한 유형의 이야기들을 통해 사람들을 가르치셨습니다. 비유 속에 담긴 영적 진리를 제대로 포착하는 것이 중요합니다. 때로 예수께서는 비유의 영적 의미를 직접 사람들에게 해석해주기도 하셨고, 때로는 비유 해석을 사람들의 몫으로 남겨두기도 하셨습니다.

예수께서 말씀하신 비유들을 복음서에 나온 순서대로 일목요연하게 정리해보았습니다.

씨 뿌리는 자의 비유 : 여러 가지 땅에 뿌려진 씨앗에 관한 이야기입니다. 이 비유에서 땅은 우리의 심령과 복음의 진리를 받아들이는 태도를 나타내고 있습니다(마 13:3-8 ; 막 4:2-8 ; 눅 8:4-8).

가라지 비유 : 농부의 원수 된 자가 그의 밭에 가라지를 뿌립니다. 하지만 농부는 가라지를 뽑지 말라고 명합니다. 잘못하다가 알곡마저 뽑게 될까 염려했기 때문입니다. 마지막날 하나님께서 참된 믿음을 판단하실 때 알곡과 가라지를 구별하실 것입니다(마 13:24-30).

겨자씨 비유 : 아주 작은 씨가 자라 무성한 나무가 됩니다. 믿음도 이와 같은 것입니다(마 13:31,32 ; 막 4:30-32 ; 눅 13:18,19).

누룩 비유 : 하나님나라는 누룩과 같습니다. 아주 적은 분량의 누

룩이 빵덩어리의 성질을 변화시킵니다(마 13:33 ; 눅 13:20,21).

감추인 보화 비유 : 하나님나라는 보화와 같습니다(마 13:44).

값진 진주 비유 : 하나님나라는 값진 진주와 같습니다. 세상 무엇보다 귀하고 소중합니다(마 13:45,46).

그물 비유 : 마지막 심판 때 선한 무리와 악한 무리가 구별되는 것을 암시합니다(마 13:47-50).

잃어버린 양의 비유 : 목자가 잃은 양 한 마리를 찾아 애쓰는 모습은 하나님께서 우리 각자를 찾아 애쓰시는 모습을 그대로 나타냅니다(마 18:12-14 ; 눅 15:3-7).

무자비한 종의 비유 : 큰 빚을 탕감받은 종이 정작 자기에게 약간의 빚을 진 사람을 용서하지 않았습니다. '서로 용서하라' 는 교훈을 주시는 비유입니다(마 18:23-25).

포도원의 품꾼 비유 : 몇 명의 일꾼들이 포도원에서 일을 합니다. 그들은 일을 시작한 시간이 각기 다릅니다. 그런데 주인은 일꾼들에게 동일한 품삯을 지불합니다. 하나님나라에서는 먼저 된 자와 나중 된 자의 차별이 없다는 말씀입니다. 먼저 믿었다고 으스댈 이유도 없고, 나중에 믿었다고 움츠러들 필요도 없는 것입니다(마 20:1-16).

두 아들의 비유 : 한 아들은 '싫어요' 라고 말한 뒤 순종했고, 다른 아들은 '네' 라고 말한 뒤 순종하지 않았습니다. 그들의 아비는 누구를 옳게 여길까요?(마 21:28-32)

악한 소작농에 관한 비유 : 어떤 사람이 포도원을 소작농들에게 맡기고 먼 나라로 떠났습니다. 소작농들은 포도원을 제대로 관리하지 않았습니다. 그래서 주인은 그들을 내쫓고 다른 사람들에게 포도원을 맡겼습니다. 하나님 앞에서 우리의 책임을 강조하는 비유입니다(마 21:33-46 ; 막 12:1-9 ; 눅 20:9-16).

혼인잔치의 비유 : 많은 사람들이 혼인잔치에 초대받았으나 정작 참석한 사람은 얼마 되지 않았습니다. 여기서 혼인잔치는 하나님나라를 나타냅니다(마 22:1-14).

충성된 종과 어리석은 종의 비유 : 주인이 종에게 집과 식솔들을 맡기고 멀리 떠났습니다. 충성된 종은 주인의 분부를 따라 집사람들에게 때를 따라 양식을 나누어주었지만, 어리석은 종은 주인이 더디 올 것이라 생각하여 술 취하고 방탕했습니다. 믿는 자들의 책임에 대해 교훈하는 비유입니다(마 24:45-51 ; 눅 12:42-48).

열 처녀의 비유 : 관습에 따라 신부들이 신랑을 기다리고 있었습니다. 그러나 몇몇 신부는 신랑을 맞을 준비가 되어 있지 않았습니다. 마지막 심판 때 우리의 책임에 대해 말하는 비유입니다(마 25:1-13).

달란트 비유 : 주인이 종들에게 달란트를 맡기고 멀리 떠났습니다. 달란트를 지혜롭게 활용한 종만이 보상을 받았습니다(마 25:14-30 ; 눅 19:11-27).

자라는 씨앗의 비유 : 하나님나라는 신비하게도 스스로 자라는 씨앗과 같습니다(막 4:26-29).

깨어 있는 종의 비유 : 주인이 집을 종에게 맡겨 놓고 멀리 떠났습니다. 주인은 언제 돌아오겠다고 말하지는 않았습니다. 그 종은 깨어 주인의 집을 지켜야 할 것입니다. 그리스도의 재림을 말하는 비유입니다(막 13:34-37).

빚을 탕감받은 두 사람의 비유 : 두 사람이 빚을 탕감받았습니다. 한 사람은 작은 빚을, 다른 한 사람은 큰 빚을 탕감받았습니다. 그렇다면, 누가 더 주인에게 고마움을 느낄까요? 하나님의 용서에 대해 말하는 비유입니다(눅 7:40-43).

선한 사마리아인의 비유 : 자신을 못마땅하게 여기는 사람일지라도, 남에게 진정으로 관심을 갖는 사람이 그의 진정한 이웃입니다(눅 10:30-37).

밤중의 친구 비유 : 기도에 대해 가르치는 비유입니다. 인내를 갖고 구하면, 반드시 응답을 받습니다(눅 11:5-10).

어리석은 부자의 비유 : 어리석은 부자는 계속 재물을 축적했지만, 결국 죽었을 때 아무것도 가져가지 못했습니다(눅 12:16-21).

열매 없는 무화과나무의 비유 : 무화과나무가 3년 동안 열매를 맺지 못했습니다. 주인은 나무를 찍어버리려 했으나 농장의 종이 간청해 1년의 시간을 연장받았습니다. 그리스도께서 우리에게 기회를 주신다는 내용을 교훈하고 있습니다(눅 13:6-9).

상석의 비유 : 상석에 앉기를 좋아하지 마십시오. 그랬다가는 당혹스러운 일을 당하게 될 것입니다. 대신 말석에 앉으십시오. 그러면 주인이 당신을 상석으로 인도할 것입니다(눅 14:7-11).

큰 잔치의 비유 : 어떤 사람이 큰 잔치를 배설하고 사람들을 초대했습니다. 그러나 초대받은 사람들이 참석하지 않자, 길거리에 지나다니는 사람들을 초대하여 잔치에 참석시킵니다. 하나님나라에 대한 비유입니다(눅 14:15-24).

잃어버린 동전의 비유 : 한 여인이 잃어버린 동전을 찾기 위해 애씁니다. 하나님도 우리를 찾기 위해 애쓰십니다(눅 15:8-10).

탕자의 비유 : 집을 떠나 방탕하다 다시 집으로 돌아온 탕자의 비

유는 우리의 인생 여정과 회개하는 자들을 반가이 맞아주시는 하나님의 사랑을 나타내고 있습니다(눅 15:11-32).

불의한 청지기의 비유 : 일자리를 잃게 될 위기에 처한 부정직한 청지기가 기지를 발휘해 주인에게 칭찬을 받습니다(눅 16:1-10).

종의 의무에 관한 비유 : 마땅히 수행해야 할 임무를 다한 종이 주인에게 칭찬받기를 기대하면 안 될 것입니다(눅 17:7-10).

불의한 재판관 비유 : 기도에 대해 가르치는 비유입니다. 불의한 재판관일지라도 인내로 간청하는 과부의 청을 들어주는데, 우리 하나님은 어떻겠습니까?(눅 18:1-8)

바리새인과 세리의 비유 : 바리새인은 교만한 기도를 드렸지만, 세리는 겸손한 기도를 드렸습니다. 하나님은 세리를 옳다고 여기셨습니다(눅 18:9-14).

◐ 예수님의 비유 대조표

비유의 명칭	마태복음	마가복음	누가복음
1. 씨뿌리는 자	13:3-8	4:2-8	8:4-8
2. 가라지	13:24-30		
3. 겨자씨	13:31,32	4:30-32	13:18,19
4. 누룩	13:33		13:20,21
5. 감추인 보화	13:44		
6. 값진 진주	13:45,46		
7. 그물	13:47-50		
8. 잃어버린 양	18:12-14		15:3-7
9. 무자비한 종	18:23-35		
10. 포도원의 품꾼	20:1-16		
11. 두 아들	21:28-32		
12. 악한 소작농	21:33-46	12:1-9	20:9-16
13. 혼인잔치	22:1-14		
14. 충성된 종과 어리석은 종	24:45-51		12:42-48
15. 열 처녀	25:1-13		
16. 달란트	25:14-30		19:11-27
17. 자라는 씨앗		4:26-29	
18. 깨어 있는 종		13:34-37	
19. 빚을 탕감받은 두 사람			7:40-43
20. 선한 사마리아인			10:30-37
21. 밤중의 친구			11:5-10
22. 어리석은 부자			12:16-21
23. 열매 없는 무화과나무			13:6-9
24. 상석			14:7-11
25. 큰 잔치			14:16-24
26. 잃어버린 동전			15:8-10
27. 탕자			15:11-32
28. 불의한 청지기			16:1-10
29. 종의 의무			17:7-10
30. 불의한 재판관			18:1-8
31. 바리새인과 세리			18:9-14

예수님의 이적

치유의 이적

문둥병자를 고치심(마 8:1-4 ; 막 1:40-42 ; 눅 5:12,13).

백부장의 종의 병을 고치심(마 8:5-13 ; 눅 7:1-10).

베드로의 장모를 고치심(마 8:14,15 ; 막 1:29-31 ; 눅 4:38,39).

중풍병자를 고치심(마 9:1-8 ; 막 2:1-12 ; 눅 5:17-26).

혈루증 앓던 여자가 예수님의 옷자락을 만짐으로 병 고침을 받음(마 9:20-22 ; 막 5:25-34 ; 눅 8:43-48).

손 마른 자를 고치심(마 12:9-13 ; 막 3:1-5 ; 눅 6:6-10).

소경을 고치심(마 9:27-31 ; 20:29-34 ; 막 8:22-25 ; 10:46-52 ; 눅 18:35-43 ; 요 9:1-7).

귀먹고 어눌한 자를 고치심(막 7:31-37).

귀신들려 꼬부라진 자를 고치심(눅 13:10-13).

고창병 환자를 고치심(눅 14:1-4).

열 명의 문둥병자를 고치심(눅 17:11-19).

어떤 사람의 귀를 붙여주심(눅 22:49-51).

왕의 신하 아들의 병을 고쳐주심(요 4:46-54).

38년 된 병자를 고치심(요 5:1-16).

먹여주신 이적

보리떡 다섯 개와 물고기 두 마리로 오천 명을 먹이심(마 14:15-21 ; 막 6:35-44 ; 눅 9:12-17 ; 요 6:5-14).

떡 일곱 개와 생선 두어 마리로 사천 명을 먹이심(마 15:32-38 ; 막 8:1-9).

제자들의 그물을 가득 채워주심(눅 5:1-7).

물로 포도주를 만드심(요 2:1-11).

부활 후, 제자들의 그물을 다시 한 번 가득 채워주심(요 21:1-14).

죽은 자를 살리신 이적

야이로의 딸을 살리심(마 9:18-26 ; 막 5:22,23,35-43 ; 눅 8:41,42,49-56).

과부의 아들을 살리심(눅 7:11-17).

나사로를 살리심(요 11:1-45).

귀신을 쫓아낸 이적

어떤 남자에게 들어갔던 귀신들을 내쫓아 돼지에게 들어가게 하심(마 8:28-34 ; 막 5:1-20 ; 눅 8:26-39).

귀신을 내쫓아 벙어리가 말을 하게 하심(마 9:32,33 ; 12:22 ; 눅 11:14).

가나안 여자 딸의 귀신을 쫓으심(마 15:21-28 ; 막 7:24-30).

귀신들린 소년을 고쳐주심(마 17:14-18 ; 막 9:14-27 ; 눅 9:37-42).

회당에서 귀신을 내쫓으심(막 1:23-27 ; 눅 4:33-36).

기타 이적

폭풍을 잠잠케 하심(마 8:23-27 ; 막 4:35-41 ; 눅 8:22-25).

풍랑 이는 물 위로 걸으심(마 14:22-33 ; 막 6:45-52 ; 요 6:16-21).

무화과나무를 저주하심(마 21:18-22 ; 막 11:12-14).

이럴 땐 이런 말씀!

피곤할 때 : 시편 23편
마음이 아플 때 : 히브리서 12장
말로 실수했을 때 : 야고보서 3장
시험받을 때 : 다니엘서 1장, 고린도전서 10장
옳은 일을 위해 분투할 때 : 로마서 7,8장
용기가 필요할 때 : 여호수아서 1장, 에베소서 6장
조언이 필요할 때 : 잠언
자신의 가치가 의심스러울 때 : 로마서 4,5장
우울할 때 : 시편 42편
하나님께 더 가까이 가고플 때 : 요한복음 3장
선과 악 사이에서 갈등할 때 : 마태복음 5~7장, 골로새서 2장
예수님이 누군지 궁금할 때 : 요한복음 6~10장
교회가 무엇인지 궁금할 때 : 고린도전서 12장
상처받았을 때 : 고린도전서 6장
죄책감을 느낄 때 : 요한일서 1,2장
의심이 몰아칠 때 : 히브리서 11장
사랑이 필요할 때 : 고린도전서 13장
낙심할 때 : 로마서 8장
하나님의 뜻을 구할 때 : 빌립보서 2장
두려울 때 : 시편 27편
인도하심을 구할 때 : 시편 25편
자포자기하려 할 때 : 디모데후서 2장
잘못된 출세욕이 생길 때 : 전도서
그리스도인이 무엇인지 궁금할 때 : 로마서 10장

2부 점심시간
구약의 흐름을
단숨에 조망하기

점심시간은 구약 각 권의 역사적 배경과 특성, 구원사의 스토리 전개 과정을 쉽고 친근하게 소개하고 있습니다. 구약 각 권의 핵심 사상 또한 누구나 쉽게 알아들을 수 있는 용어로 설명해주고 있습니다. 단숨에 구약성경의 맥을 잡는 데 큰 도움이 될 것입니다. 이 책의 내용을 도약대로 삼아 좀 더 깊고 높고 넓은 구약성경의 세계로 나아가십시오.

창세기

■■■ 창세기 기사가 포괄하는 연대

아담과 하와 태초		요셉의 죽음 BC 1800년경		다윗 BC 1000년경		예수님 탄생 BC 4년경
	아브라함 BC 2100년경		모세 BC 1500년경		에스라 BC 450년경	

창세기 진상조사 파일

이름	'창세기' (Genesis)는 '시작' 이라는 뜻.
기록연대	BC 1450~1410년.
기자	모세.
종류	모세오경의 하나. 실제 역사 속에서 발생한 일들을 기록한 이야기.
핵심내용	'모든 것이 어떻게 시작되었는가?' (세상, 인간, 죄, 민족 등) 하는 창조 기사, 아브라함의 생애, 노아와 홍수, 요셉의 생애.
인물들	아담, 하와, 가인, 아벨, 노아, 아브라함, 사라, 롯, 이삭, 리브가, 야곱, 라헬, 에서, 라반, 요셉 등.

이야기의 근원

창세기는 성경에 나오는 다른 모든 이야기들의 토대입니다. 성경의 모든 장소와 사람들과 사건들이 창세기에 그 뿌리를 내리고 있습니다. 창세기의 이야기들은 뚜렷한 줄기를 따라 흐르고 있습니다. 하나님께서 세상과 인간을 창조하셨습니다. 그러나 사람들이 하나님을 무시하고 따로 놀았으므로 하나님께서 '믿음' 을 위한 통로를 만들고 인간을 구원하기 위한 환경을 마련하십니다. 창세기는 하나님의 창조, 인간의 죄, 그리고 인간이 벌이는 사건들을 보여줍니다. 그리고 피조물인 인간과 창조주인 하나님과의 관계를 정립합니다.

창세기 한 번에 꿰뚫기

★ 1장 1절–2장 3절　하나님이 사람을 사랑하셔서 세상을 창조하시다.
★ 2장 4절–4장 26절　아담과 하와가 하나님을 버리고 뱀(사탄)을 선택하여 타락하다.
　　　　　　　　　　　　가인도 타락하여 동생 아벨을 죽이다.
★ 5장 1절–6장 8절　하나님이 아담에게 자손의 복을 주시다.
★ 6장 9절–9장 29절　홍수 심판으로 인간을 징벌하시더라도 노아를 구원의 백성으로 세우시다.
★ 10장 1절–11장 9절　인간이 다시 하나님을 대적하는 바벨탑을 쌓다.
★ 11장 10–26절　하나님의 백성인 셈의 후손에게 복을 주시다.
★ 11장 27절–25장 11절　셈의 후손 가운데서도 아브라함을 하나님의 백성으로 세우시다.
★ 25장 12절–35장 29절　아브라함의 자손도 언약의 자손인 이삭과 육신의 자손인 이스마엘로 나뉘다.
★ 36장 1절–37장 1절　비언약의 자손인 에서의 자손도 하나님께서 번창의 복을 주시다.
★ 37장 2절–50장 26절　하나님의 백성인 이스라엘의 구원자로 요셉을 선발대로 애굽에 보내시다.

창세기와 그리스도의 관계

성경은 전체적으로 보았을 때 예수 그리스도에 관한 책입니다. 구약성경은 '오실' 그리스도에 대한 책으로, 특히 '시작하는 책' 인 창세기가 그 내용의 기초가 됩니다. 아담과 하와가 하나님의 금지명령을 위반한 데는 뱀이 관련되어 있습니다. 우리는 이 뱀을 사악한 힘(악마, 사탄, 어둠의 권세 등)이라 믿고 있습니다. 하나님은 아담과 하와, 뱀의 행동의 죄과에 대해 설명하시며 뱀에 대해서 이렇게 말씀하셨습니다.

"네가 이렇게 하였으니 네가 모든 육축과 들의 모든 짐승보다 더욱 저주를 받아 배로 다니고 종신토록 흙을 먹을지니라 내가 너로 여자와 원수가 되게 하고 너의 후손도 여자의 후손과 원수가 되게 하리니 여자의 후손은 네 머리를 상하게 할 것이요 너는 그의 발꿈치를 상하게 할 것이니라"(창 3:14,15).

여기 언급된 '여자의 후손'은 악의 권세를 제압하러 오실 메시아(세상을 구원할 자, 예수 그리스도)를 지칭하는 말입니다.

창조주 하나님

창세기는 세상의 창조를 아주 구체적으로 묘사합니다. 하나님은 먼저 천체와 우주 등 주변 환경을 만드시고, 그 다음에 인간을 만드셨습니다. 하나님은 실로 오묘한 솜씨로 식물, 동물, 환경을 만드셨고, 그것들을 통해 사랑을 보여주셨습니다. 처음 하나님께서 세상을 만드셨을 때, 세상은 참 이상적인 곳이었습니다. 최초의 인간들인 아담과 하와는 에덴동산이라는 낙원에서 살았습니다. 그들은 순수한 '어른'으로 에덴동산을 거닐고 뛰놀며 하나님이 창조하신 세상을 마음껏 누리며 살았습니다. 그들은 동산을 돌보며 하나님과 애정 어린 관계를 쌓으면 되었고, 하나님께서 하지 말라 명하시는 경우 그 말씀에 순종만 하면 되었습니다. 하지만 그 다음에 어떤 사건이 일어났습니까?

죄가 죄를 낳고

아담과 하와는 하나님께 순종하지 않았습니다. 하나님께서 하지 말라고 명하신 일, 곧 선악과를 따먹지 말라는 명령을 기어이 어기고 만 것입니다. 그 결과 그들은 에덴동산에서 쫓겨나야 했습니다. 그때부터 고생과 수고, 고통과 좌절로 어둡게 물든 인간의 삶이 시작된 것입니다. 불행의 나날이 지속되었습니다. 그들은 처음 낳은 두 아들을 잃었습니다. 왜냐하면 형 가인이 사탄에게

속하여 아우 아벨을 살해했기 때문입니다(요일 3:12). 아벨을 죽인 후, 가인은 멀리 추방당했습니다. 아담과 하와가 하나님을 거역한 죄가 가인의 살인죄로 이어진 셈입니다. 이후 아담과 하와는 또다른 아들 셋을 낳았고 그 후손 가운데 '의인이요 완전한 자'(창 6:9)라 칭함받은 노아가 등장하게 됩니다.

하나님이 찾으신 의인, 노아

세대가 거듭되면서 아담과 하와의 후손들은 점차 하나님을 멀리하게 되었습니다. 세상은 엉망진창이 되었습니다. 세상이 얼마나 타락했던지 하나님은 인간을 위한 모든 계획을 파기하시고, 전면적으로 새로 시작하기로 작정하셨습니다. 하나님은 함께 새 출발을 할 만한 인간을 찾으셨습니다. 타락한 세상 가운데 딱 한 사람, 의로운 이가 있었습니다. 그 사람은 바로 노아였습니다.

하나님은 노아에게 큰 배를 건조(建造)하라고 명하셨습니다. 그때까지는 땅에 비가 내리지 않았다고 합니다. 따라서 노아로서는 큰 배를 건조하는 데 용기가 필요했습니다. 사람들은 그가 쓸데없는 짓을 한다고 조롱하고 비난했습니다. 하나님은 각종 동물들과 노아의 가족들을 배 안에 들어가게 하셨습니다. 마침내 엄청난 비가 내려 홍수가 시작되었습니다. 배에 탄 동물들과 노아의 가족들만 빼고, 세상에 있는 모든 것들은 물에 잠겼습니다.

홍수가 끝났을 때 세상은 깨끗하게 씻겨졌습니다. 하나님은 무지개를 언약의 증거로 말씀하십니다. 홍수 후에 노아의 아들 셈과 함과 야벳의 후손들은 땅의 열국 백성이 됩니다. 우리는 모두 노아 가족의 후손들입니다.

아담의 죄가 곧 나의 죄 (죄의 유전)

하나님은 선악과를 먹지 말라 명하시고 먹는 날에는 "정녕 죽으리라"고 말씀하셨다(창 2:17). 그런데 아담이 하나님의 명령을 어겼고 그 결과 사망이 온 것이다. 바울은 로마서에서 분명하게 인간의 원죄를 지적하고 있다. "한 사람(아담)으로 말미암아 죄가 세상에 들어오고 죄로 말미암아 사망이 왔나니 이와 같이 모든 사람(나)이 죄를 지었으므로 사망이 모든 사람(나)에게 이르렀느니라"(롬 5:12).

믿음의 조상, 아브라함

노아의 후손 가운데 '아브람'(나중에 하나님께서 '아브라함'이라고 이름을 바꾸어주심)이 있었습니다. 아브라함은 갈대아 우르에 살고 있었는데, 어느 날 하나님께서 다른 곳(오늘날 이스라엘 지역)으로 이사하라고 명하시자 그는 그 말씀에 순종했습니다. 하나님께 순종한 그의 모습 때문에 사람들은 그를 믿음의 조상이라 일컫습니다. 하나님은 아브라함과 특별한 관계를 맺으셨습니다. 하나님은 아브라함이 하나님의 백성의 조상이 될 것이라고 약속하셨고, 그는 그 약속을 그대로 믿었습니다. 그때 아브라함은 매우 늙었고 자식 또한 없었습니다. 그런데도 그 약속을 그대로 믿었다니, 보통 믿음으로는 어림도 없는 일입니다.

마침내 생식 능력을 상실한 지 오래된 아브라함과 그의 아내 사라가 하나님의 약속대로 아들 이삭을 얻습니다. 그리고 그들 노부부가 하나님의 약속을 믿었을 때 그들을 통해 하나님의 백성이 탄생하게 되었습니다.

민족의 계보

창세기는 일종의 가계 계보라 할 수 있습니다. 창세기를 읽다보면 족보도 많이 나옵니다. 아마 여성들은 불만을 토로할지 모르겠습니다. 왜냐하면 족보들에 여자들의 이름이 나오지 않기 때문입니다. 그런데 당시 사람들이, 아버지의 국적이 아니라 어머니의 국적에 따라 유대인 혈통 여부를 가늠했다는 사실을 고려해볼 때 이는 참으로 아이러니한 일입니다.

창세기는 하나님이 아브라함에게 하신 약속, 곧 그의 후손들이

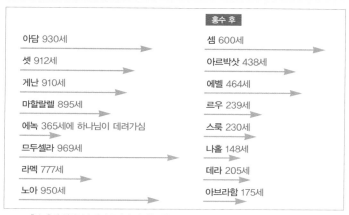

● 족장들의 수명

	홍수 후
아담 930세	셈 600세
셋 912세	아르박삿 438세
게난 910세	에벨 464세
마할랄렐 895세	르우 239세
에녹 365세에 하나님이 데려가심	스룩 230세
므두셀라 969세	나홀 148세
라멕 777세	데라 205세
노아 950세	아브라함 175세

※ 홍수 후에 인간의 수명이 급격히 감소한 것을 알 수 있다.

번성하는 과정에 초점을 맞추고 있습니다. 아브라함의 아들 이삭은 쌍둥이 아들 '에서'와 '야곱'을 낳았습니다. 그런데 장남 에서가 차남 야곱에게 팥죽 한 그릇에 장자 상속권을 양도하게 됩니다. 당시의 장자 상속권은 물질뿐 아니라 권력과 명예까지 포괄하는 것이었습니다. 따라서 야곱이 일가(一家)의 지도자가 되었습니다. 하나님은 '야곱'(발뒤꿈치를 잡음)의 이름을 '이스라엘'(하나님과 겨루어 이김)로 바꾸어주셨습니다. 이렇게 야곱이 이스라엘 민족(유대 혹은 히브리 민족)의 머리가 된 것입니다.

야곱은 12남 1녀를 두었습니다. 그리고 그의 열두 아들이 이스라엘 열두 지파의 수장(首長)이 되었습니다. 그들은 이스라엘 땅을 일구고, 대규모 목축장을 건설했습니다. 그런데 황금기 구가(謳

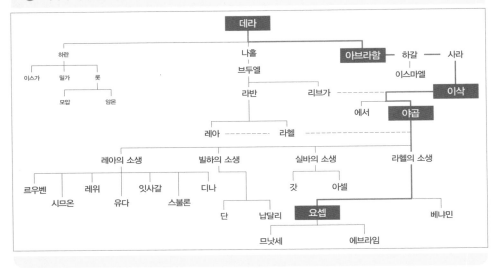

○ 데라와 아브라함 자손의 계보

歌)를 목전에 두고, 갑자기 몇 해 동안 연이은 흉년이 밀어닥쳐 그들의 운명이 완전히 뒤바뀌게 되었습니다.

하나님과 사람에게 신실한 모범, 요셉

야곱은 열한 번째 아들 요셉과 막내 베냐민을 끔찍하게 아꼈습니다. 총애하던 아내 라헬이 낳은 아들들이었기 때문입니다.

요셉은 단호한 성품을 지니고 있었는데, 그의 형들은 특히 그의 꿈과 열정을 못마땅히 여겼습니다. 요셉의 형들은 동생을 시기하고 미워한 나머지 어린 동생을 죽이기로 작당합니다. 그러나 그들 중 유다가 요셉을 죽이지 말고 노예로 팔자고 제안하여, 결

창세기 주요 어록(語錄)

"하나님이 주셔서 나와 함께하게 하신 여자 그가 그 나무 실과를 내게 주므로 내가 먹었나이다"
(타락 후 아담의 구차한 변명. 창 3:12).
"내가 그것을 지었음을 한탄함이니라"
(노아 시대 타락한 세상 사람들을 보시며 하나님이 하신 말씀. 창 6:7).
"백 세 된 사람이 어찌 자식을 낳을까?"
(후사를 주겠다는 하나님의 약속을 듣고 아브라함이 보인 반응. 창 17:17).
"당신들은 나를 해하려 하였으나 하나님은 그것을 선으로 바꾸사
오늘과 같이 만민의 생명을 구원하게 하시려 하셨나니"
(애굽에 노예로 팔려갔던 요셉이 총리 대신이 되어 그 형들을 위로한 말. 창 50:20).

국 요셉은 애굽에 노예로 팔려가게 됩니다.

요셉은 애굽의 극악한 환경에서 누명까지 쓰고 감옥에 갇혔지만 하나님에 대한 신실한 자세를 잃지 않았으며, 몇 가지 꿈 해몽을 통해 마침내 애굽의 왕이 가장 신뢰하는 신하가 되었습니다.

한편 가나안 땅에 모진 흉년이 들자, 야곱은 아들들에게 애굽에 가서 식량을 사오라고 명합니다. 그런데 애굽의 식량 창고 책임자가 요셉인 줄 누가 알았겠습니까? 형들은 요셉이 애굽의 총리 대신이 된 줄 알고 두려워합니다. 그러나 요셉은 형들에게 복수하지 않았습니다. 그는 자신이 겪은 힘겨웠던 일들이 오히려 가족들을 기근에서 구출할 수 있게 했다고 말하면서, 겁에 질린 형들을 안심시켰습니다. 이후 요셉의 아버지인 야곱을 비롯해 모든 가족들이 애굽으로 이사와 요셉과 함께 살게 되었습니다. 하나님은 요셉을 선발대로 애굽에 보내 하나님의 백성을 구원하도록 하여 아브라함에게 한 약속(창 15:13-16)을 성취하셨습니다.

출애굽기

■■■ 출애굽기 기사가 포괄하는 연대

아브라함 BC 2100년경		출애굽 BC 1440년경		에스라 BC 450년	
	모세 BC 1500년경		다윗 BC 1000년경		예수님 탄생 BC 4년경

출애굽기 진상조사 파일

이름	'출애굽' (Exodus)은 '나가다' (going out)라는 의미.
기록연대	BC 1441~1300년.
기자	모세.
종류	모세오경의 하나. 실제 역사 사건을 전하는 이야기.
핵심내용	애굽의 고된 노예 생활에 신음하던 이스라엘 백성들이 모세의 영도 아래, 하나님께서 그들의 조상들에게 약속하셨던 '가나안 땅' 근방까지 접근한다. 하나님께서 무서운 재앙과 홍해를 가르시는 이적을 통해 이스라엘 백성들을 애굽의 속박에서 구출하시는 이야기가 펼쳐진다.
인물들	모세, 바로(애굽의 왕), 미리암(모세의 누이), 아론(모세의 형), 여호수아(모세의 후계자).

창세기 이후

창세기 후반부에서 끝난 이야기는 출애굽기로 이어집니다. 이스라엘(야곱)의 열두 아들이 애굽에 내려와 살게 되었다는 것으로 창세기는 종결되었습니다. 이 모든 것은 이스라엘의 열한 번째 아들인 요셉이 애굽에서 정치적으로 신망받는 자리에 올라 그 형제들을 초대했기 때문에 가능한 일이었습니다.

야곱 일가(一家)는 애굽 땅에서 번영했습니다. 여러 세대가 흐르자, 그들은 숫자가 불어 애굽인들과 구별되는 하나의 민족을 이루게 되었고, 그것이 애굽 왕 바로의 신경을 거슬리게 했습니다.

★ 1장 1-22절   이스라엘 자손이 번성했으나 애굽의 압제로 고통받게 되어 하나님께 구원을 호소하다.
★ 2장 1절-4장 31절   하나님께서 모세를 이스라엘의 구원자로 예비하시다.
★ 5장 1절-6장 13절   이스라엘이 애굽에서 극심한 바로의 핍박을 받다.
★ 6장 14-27절   이스라엘의 지도자인 모세와 아론의 계보를 밝히다.
★ 6장 28절-15장 21절   하나님께서 열 가지 재앙으로 애굽을 항복시키시다.
★ 15장 22절-18장 27절   출애굽 후 시내산까지의 경로를 밝히다.
★ 19장 1절-24장 1절   이스라엘에게 율법을 주어 하나님의 말씀을 따라 살게 하시다.
★ 25장 1절-40장 38절   하나님이 임재하시는 성막의 지침을 주어 계시된 예배처소에서 하나님을 섬기게 하다.

만일 그들이 반란을 일으켜 애굽 정부를 전복시키기라도 한다면
어떻게 되겠습니까? 그래서 그는 이스라엘 민족을 노예로 부렸
습니다. 이스라엘 역사에 암울한 시기가 시작된 것입니다.
이스라엘 민족은 비록 노예의 신분이었지만 계속 번성했습니다.
오래전, 유대 민족의 조상인 아브라함에게 약속하신 그대로 되
어가고 있던 것입니다. 바로는 또 다른 인구 억제책을 쓰지 않을
수 없었습니다. 마침내 이스라엘 민족의 여아(女兒)는 살려두고
남아(男兒)는 죽이라는 극악 처방이 내려집니다. 이런 비극의 와
중에 하나님께서 이스라엘 백성들을 대변해 그들을 자유로 인도
할 지도자를 한 사람 세우셨는데, 그가 바로 모세였습니다.
따라서 출애굽기 기사 대부분은 애굽에서 광야를 지나 약속의
땅으로 향하는, 자유를 향한 여정에 관계되어 있습니다.

출애굽기의 주인공, 모세
모세는 모든 남아들을 죽이라는 바로의 명령이 퍼런 서슬을 세

모세의 족보(민 26:57-59 참조)

아브라함
↓
이삭
↓
야곱
↓
레위
↓
고핫
↓
아므람-요게벳
↓
아론-**모세**-미리암

우고 있을 때, 용기 있는 히브리 가정에서 태어났습니다. 모세의 모친은 갓난아기 모세를 3개월 동안 숨겼습니다. 아기가 조금 크자, 그를 갈대상자에 담아 나일강 강둑에 숨겼습니다. 아기의 누이 미리암이 망을 보았습니다.

마침 나일강에 목욕을 하러 나온 바로의 공주가 그 상자를 발견해, 반입 금지 대상이었던 이스라엘 아기를 양자로 들였습니다. 공주는 아기에게 모세('물에서 건져내었다'라는 뜻)란 이름을 지어주었습니다. 모세의 누이 미리암은 기회를 포착해, 아기를 발견한 공주에게 달려가 이스라엘 유모를 두는 게 어떻겠냐고 제안했고, 드디어 모세의 생모를 유모로 들이게 했습니다.

모세는 바로의 왕궁에서 성장했습니다. 그러나 청년 시절, 애굽 사람이 이스라엘 동포를 학대하는 장면을 보고 분개해, 애굽 사람을 쳐죽여 모래 속에 감추었습니다. 이 사건으로 모세는 바로의 수배를 받게 되었고, 결국 미디안 땅으로 피신했습니다. 이때 하나님께서 모세에게 평생의 사명을 맡기신 것입니다.

모세는 하나님이 맡겨주신 일생의 과업대로, 이스라엘 백성들을 애굽의 압제에서 해방시키는 데 앞장섰고, 하나님으로부터 받은 십계명을 절대불변의 법으로 제정했으며, 그들을 약속의 땅으로 인도했습니다. 모세가 백성들을 이끌고 가나안 변경지대에 이르는 데만도 무려 40년이 걸렸고, 그 과정에 시련과 고초도 많았습니다. 그러나 그는 정작 가나안 땅에 들어가지 못한 채, 하나님의 약속이 분명히 실현될 것을 믿으며 숨을 거두었습니다.

유월절

유월절은 유대인의 중요한 신앙 의식의 하나로, 모세가 애굽에 내린 열 번째 재앙에서 비롯되었습니다. 열 번째 재앙이 내려지는 동안, 하나님이 보낸 죽음의 사자(使者)가 애굽 전역을 휩쓸며 사람과 동물의 처음 난 것의 목숨을 앗아갔습니다. 이스라엘 백성들은 어린양의 피를 문설주에 바르라는 지침을 전달받았습니다. 이렇게 해서 이스라엘 민족의 장자(長子)는 목숨을 부지할 수 있었습니다. 이를 영원히 기념하기 위해 유월절이라는 절기가 생겨난 것입니다. 유대인들은 유월절에 특별한 식사를 합니다.

예수께서 십자가 죽음을 당하시기 전, 제자들과 마지막으로 나누셨던 식사(최후의 만찬)도 유월절 식사였습니다.

광야생활

이스라엘 민족은 광야를 방황하며 여러 가지 놀라운 일을 체험했습니다. 그중 몇 가지 특징적인 사건들을 소개하겠습니다.

만나 : 황량한 중동의 사막에는 200만 명의 무리가 먹을 음식물이 충분하지 않았습니다. 그러나 매일 아침, 하늘에서 내려온 떡 '만나'가 백성들 숙소 앞에 흰 눈처럼 쌓였습니다. 백성들은 광야를 유랑하는 동안 만나를 먹었습니다(출 16:2-4).

출애굽 연대 추정

전통적인 학설은 출애굽 후 480년 만에 솔로몬이 성전건축을 시작했다는 진술(왕상 6:1)에 근거를 두고 있다. 따라서 솔로몬의 연대로부터 산출하면 출애굽은 대략 BC 1440년에 일어났다고 추정한다. 이에 따르면 출애굽 당시의 파라오는 아멘호텝 2세이며 모세가 애굽에서 도망한 때는 그보다 40년 전인 투트모세 3세 때이다.

메추라기 : 이스라엘 백성들이 고기가 먹고 싶다고 원성을 높이자, 하나님께서 메추라기를 보내주셨습니다(출 16:13).

물 : 하나님은 바위에서 물이 나오게 하고(출 17:2-7), 쓴 물을 단 물로 바꾸어 백성들의 갈증을 해소해주셨습니다(출 15:22-25).

항법장치 : 낮에는 구름기둥, 밤에는 불기둥이 백성들의 진로를 인도했습니다. 이처럼 하나님이 인도해주셨으므로 그들은 방향을 물을 필요가 없었습니다(출 13:21,22).

십계명 : 하나님이 직접 돌판에 십계명을 새겨 모세에게 주셨습니다(출 20장).

모세의 광채 : 모세는 시내산에 올라가 40일 동안 하나님과 단둘이 지냈습니다. 그가 땅에 내려왔을 때 얼굴에 광채가 났습니다. 그는 백성들이 놀라지 않도록 수건으로 얼굴을 가리고, 백성들을 만났습니다(출 34:29-35).

레위기

레위기 기사가 포괄하는 연대

아브라함 BC 2100년경		출애굽 BC 1440년경		다윗 BC 1000년경		예수님 탄생 BC 4년경
	모세 BC 1500년경		광야 방황 종결 BC 1400년경		에스라 BC 450년경	

레위기 진상조사 파일

이름	야곱의 셋째 아들 '레위'(Levi)의 자손들이 제사장 임무를 맡았기 때문에 이 책의 이름도 그들의 이름을 따서 '레위기'(Leviticus)라 붙여짐.
기록연대	BC 1444년경 .
기자	모세.
종류	모세오경의 하나. 규례집. 구약의 예배 인도자들이 따라야 할 지침서.
핵심내용	'하나님은 거룩하시기 때문에 우리도 거룩해지기를 바라신다'는 것을 알려줌.

성결 지침서

이스라엘 민족(아브라함과 이삭과 야곱의 자손들)은 애굽의 노예 신분에서 가나안 이주민의 신분으로 이동하는 과정에서 각각 역할을 배당하고, 행정 보조자들을 훈련시키고, 제사장들을 임명하는 등 조직을 갖추었습니다. 제사장 직무는 레위 지파 사람들이 맡았습니다. 그들은 성막(이동식 텐트로 된 하나님의 임재장소 및 예배처소)을 관리했고, 각종 희생제사를 주관했으며, 자유를 향한 여정을 상기시키는 소중한 기물들을 돌보았습니다.

레위기는 제사장들을 위한 '직무 지침서'라 할 만합니다. 발생 가능성이 있는 모든 상황에 대처하기 위한 안내서인 셈입니다.

레위기 한 번에 꿰뚫기

★ 1장 1절-7장 38절   죄를 정결케 하고 하나님 앞에 서는 제사법을 규정하다.
　　　　　　　　　　　('피흘림이 없이는 죄사함이 없다'는 하나님의 원칙을 천명하다)
★ 8장 1절-10장 20절   흠 있는 아론의 자손들로 제사장을 세워 저들의 한계를 인식시키다.
★ 11장 1절-15장 33절   정하고 부정한 것을 가리도록 하여 하나님 백성의 성결 유지 책무를 가르치다.
★ 16장 1절-25장 55절   일상생활에서 하나님의 거룩성을 배워나가도록 가르치다.
★ 26장 1-46절   언약에 따른 축복과 저주를 선포하다.
★ 27장 1-34절   하나님의 백성이 하나님 앞에서 한 약속(서원)에 신실할 것을 가르치다.

당시 이스라엘은 유랑민이나 다름없었습니다. 그들은 천막을 치고 살았고, 아침이면 또 이동했습니다. 이러한 그들에게 공중 위생은 정말 중요한 문제였습니다. 제사장들은 백성들에게 '정결한 것'과 '부정한 것'을 가르쳐야 했습니다. 따라서 레위기에는 버짐, 문둥병 등의 각종 질병, 음식, 죄, 희생제사 등에 관한 규례들이 가득합니다.

레위기는 예배법, 공동체 생활법, 생존법 등에 관한 지침서로, 당시 상황에서 본다면 가장 실용적인 책이었습니다.

거룩하신 하나님

레위기에는 건강과 정결을 가르치는 내용만 들어 있는 게 아니라 하나님에 대해 가르치는 내용도 들어 있습니다. 레위기는 하나님이 거룩하시다는 것을 가르쳤습니다. 하나님이 거룩하시다는 말은 곧 하나님이 정결하시며, 결함이 없으시며, 세상의 다른 그 무엇과도 구별되는 속성을 지녔음을 의미하는 것입니다. 그

○ 이스라엘이 광야에서 드린 성막 제사의 상상도

리하여 하나님의 백성들도 하나님을 닮아 거룩해야 할 것을 가르치는 것입니다.

희생제사

고대의 역사 기록들은 동물 제사가 종교 생활의 일부를 구성했음을 알려주고 있습니다. 순결한 동물의 피를 뿌려 어떤 사람의 잘못된 행위를 속죄한다는 사상이 유대 역사와 이방 역사의 일부를 구성하고 있었습니다(창 4:4,5).

희생제사와 관련해, 레위기는 '어떤 동물을 잡을 것인가? 언제, 어떤 방식으로 잡아야 하는가?' 하는 매우 구체적인 지침을 제공하고 있습니다. 희생제사는 피와 약간의 잔혹성을 수반하지 않을 수 없었습니다. 당신은 희생제사라는 오싹한 제도를 보면서, 하나님께서 인간들의 죄를 얼마나 심각하게 여기셨는지를 실감할 수 있을 것입니다.

희생제사의 성취

구약의 희생제사는 장차 인간의 죄를 위해 돌아가실 예수의 희생을 예표하는 것이었다. 죄 없으신, 순결한 예수께서 인간의 죄를 사하시기 위해 피를 뿌리셨다.

민수기

아브라함 BC 2100년경		출애굽 BC 1440년경		다윗 BC 1000년경		예수님 탄생 BC 4년경
	모세 BC 1500년경		광야 방황 종결 BC 1400년경		에스라 BC 450년경	

민수기 진상조사 파일

이름	'민수기' (Numbers)는 '숫자' 라는 뜻으로, 민수기 1-3장, 26장의 인구조사에서 유래한 용어.
기록연대	BC 1450~1410년.
기자	모세.
종류	모세오경의 하나. 사실과 사건들을 기록한 일지.
핵심내용	이스라엘 백성들은 하나님께서 약속을 성취해주실 것을 믿지 못해 결국 하염없이 광야를 방황하게 된다.
인물들	모세, 아론, 미리암, 여호수아, 갈렙, 발람.

탐험 대장의 일지

민수기는 사실과 사건들과 숫자로 이루어진 책으로 모세가 광야를 방황하며 기록한 것입니다.

이스라엘 백성들이 애굽에서 나올 수 있었던 이유는 하나님께서 이적을 베풀어주셨기 때문입니다. 하나님은 이스라엘 백성들이 광야를 지나는 동안에도 매일 아침 백성들 진영 앞에 먹을 것을 내려주시고, 바위틈에서 샘물을 콸콸 솟게 하시는 등, 어김없이 이적을 베풀어주셨습니다. 결국 그들은 하나님의 이적을 힘입어 험난한 광야생활을 이겨낼 수 있었고, 마침내 여행의 종착지에

민수기 한 번에 꿰뚫기

★ 1장 1절-2장 34절   각 지파별 인구조사를 실시하고 성막 중심의 진영을 짜다.
★ 3장 1절-4장 49절   레위 지파를 가문별로 계수하다.
★ 5장 1절-6장 27절   정결하게 구별된 삶을 살 것을 규정하다.
★ 7장 1절-9장 14절   열두 지파가 성막에 드린 예물과 첫 유월절 준수를 밝히다.
★ 9장 15절-14장 45절   시내산에서 가데스까지 이스라엘 백성이 불평하며 행진하다.
★ 15장 1-41절   제사규례를 재환기시키다.
★ 16장 1절-19장 22절   이스라엘이 모세와 아론을 거역하는 것에 대해 하나님이 심판하시다.
★ 20장 1절-25장 17절   가데스에서 모압 평지까지의 여정에서 이스라엘이 음행하며 시험에 빠지다.
★ 26장 1절-36장 13절   가나안 땅 입성을 앞두고 이스라엘 민족을 재조직하고 땅 분배의 원칙을 밝히다.

다다를 수 있었습니다. 이제 그들은 광야 여행이 곧 끝날 것이라
고 생각했습니다.

그들은 가나안 변경지대에 이르러, 과연 그들이 하나님 약속대
로 가나안 땅을 점령할 수 있을지의 정보를 입수하기 위해 열두
명의 정탐군을 파견했습니다. 스파이들이 가나안 땅을 정탐하고
돌아왔을 때, 열두 명 가운데 열 명은 하얗게 겁에 질려 있었습
니다. 정탐군 가운데 하나님께서 그들에게 약속하셨던 말씀을
기억하고, "가나안을 차지할 수 있습니다. 하나님께서 도우실 것
입니다"라고 말한 사람은 여호수아와 갈렙 둘뿐이었습니다.

그러나 백성들은 하나님께서 그들을 위해 베푸셨던 놀라운 이적
들을 까맣게 잊고, 하나님을 의심하기 시작했습니다. 그들은 하
나같이 가나안 땅에 들어가기를 심히 두려워했습니다. 이처럼
하나님의 약속을 믿는 믿음이 부족했던 연고로, 그들은 40년 이
상 또 다시 광야를 배회해야 했습니다. 그래서 결국에는 출애굽

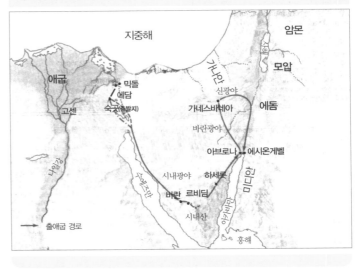

출애굽과 광야 방황 경로

당시 20세가 넘었던 성인들은 광야에서 다 죽고 말았습니다. 단 두 사람, 여호수아와 갈렙만 빼고 말입니다.

머저리 시상식

민수기는 인간의 실패에 관한 책이라 할 수 있습니다. 이 책에는 어리석음, 경솔한 행동, 판단력 결여, 서투른 선택, 구태의연한 죄악 등 각종 부문에서 두각을 나타낸 인물들이 북적거리고 있습니다. 그중에서 베스트로 꼽히는 인물 다섯을 소개할까 합니다.

제5위 고라(민 16장) : 고라는 두 명의 동지와 250명의 추종자들을 데리고 모세에게 반란을 일으켰던 인물입니다. 그 결과가 어땠

물에 빠진 사람 구해주니, 봇짐 내노라 한다!

이스라엘 백성들은 오랜 세월 동안, 애굽에서 노예생활을 했습니다. 그들은 자유를 갈구하며 간절히 기도했습니다. 마침내 하나님께서 그들에게 출애굽을 허락하자 그들은 기뻐 어쩔 줄 몰랐고, 광야에서 만나를 공급하시며 인도해주시자 감사하는 마음을 감추지 못했습니다. 그러나 그들은 점점 불평하고 원망하기 시작합니다.

"이스라엘 중에 섞여 사는 무리가 탐욕을 품으매 이스라엘 자손도 다시 울며 가로되 누가 우리에게 고기를 주어 먹게 할꼬 우리가 애굽에 있을 때에는 값없이 생선과 외와 수박과 부추와 파와 마늘들을 먹은 것이 생각나거늘 이제는 우리 정력이 쇠약하되 이 만나 외에는 보이는 것이 아무것도 없도다 하니"(민 11:4-6).

"이스라엘 자손이 다 모세와 아론을 원망하며 온 회중이 그들에게 이르되 우리가 애굽 땅에서 죽었거나 이 광야에서 죽었더면 좋았을 것을 어찌하여 여호와가 우리를 그 땅으로 인도하여 칼에 망하게 하려 하는고 우리 처자가 사로잡히리니 애굽으로 돌아가는 것이 낫지 아니하랴"(민 14:2,3).

"백성이 하나님과 모세를 향하여 원망하되 어찌하여 우리를 애굽에서 인도하여 올려서 이 광야에서 죽게 하는고 이곳에는 식물도 없고 물도 없도다 우리 마음이 이 박한 식물을 싫어하노라 하매"(민 21:5).

민수기는 한때 감사하는 심령을 지녔지만, 고난을 겪다가 하나님에 대한 믿음을 상실한 사람들이 결국 하나님께 어떤 반응을 보이는지 명확하게 보여주고 있습니다.

을까요? 갑자기 땅이 쩍 갈라져, 고라와 그 가족, 반란에 힘을 보탰던 모든 자들을 삼켜버리고 말았습니다.

제4위 발람 선지자(민 22-24장) : 모압의 발락 왕(머저리 시상식에서 특별 공로상 수상자)은 특별히 비싼 수임료를 지불하고 발람 선지자를 고용하여 이스라엘을 저주해달라고 부탁했습니다. 이에 하나님께서 적극적으로 개입하셔서, 발람이 타고 가던 나귀를 시켜 그의 잘못을 꾸짖으셨습니다. 오죽 했으면 하나님이 나귀를 시켜 말하게 하셨을까요? 정말 최악의 상황이었던 것입니다.

제3위 미리암과 아론(민 12장) : 언제나 가족들이 말썽인 모양입니다.

모세의 형 아론과 누이 미리암이 모세보다 더 큰 권력을 장악하기 위해 모세를 비방한 사건이 있었습니다. 그 결과, 미리암은 문둥병에 걸려 고생해야 했고 아론은 굴욕적인 자세로 모세에게 용서를 구해야 했습니다.

제2위 열 명의 겁쟁이 스파이(민 13,14장) : 사실 이들은 이스라엘 각 지파에서 선발된 지도자격 인물들이었습니다. 그들은 하나님의 놀라운 역사를 두 눈으로 똑똑히 목격했습니다. 그러나 가나안 족속들의 막강한 군사력 앞에, 하나님의 약속을 까맣게 잊고 병아리처럼 연약해졌습니다. 결국 그들은 백성들에 대한 영향력을 올바로 사용하지 못하고, 오히려 하나님 백성들의 믿음을 파괴하는 데 쓰고 말았습니다.

제1위 이스라엘 백성들(민 11,13,14장) : 그랑프리는 이스라엘 백성들이 받아야 마땅할 것입니다. 사실, 광야를 여행하는 것이 그리 쉬운 일은 아닙니다. 하지만 하나님은 이스라엘 백성들을 신실하게 돌보았습니다. 60만 명(아이들과 여자들까지 합하면, 총 수가 200만 명)의 백성 가운데 하나님 약속을 믿은 사람은 단 두 사람(여호수아와 갈렙)뿐이었습니다. 이스라엘 백성들은 우상을 섬겼고, 우상의 소굴이었던 애굽의 노예생활을 동경했습니다.

신명기

■■■ 신명기 기사가 포괄하는 연대

아브라함 BC 2100년경		출애굽 BC 1440년경		다윗 BC 1000년경		예수님 탄생 BC 4년경
	모세 BC 1500년경		광야 방황 종결 가나안 정복 시작 BC 1400년경		에스라 BC 450년경	

신명기 진상조사 파일

이름	'신명기'(Deuteronomy)는 '두 번째 율법'이라는 뜻. 광야의 새로운 세대들에게 하나님의 율법을 다시 들려주는 책.
기록연대	BC 1450년.
기자	모세. 모세의 죽음을 기술한 부분은 모세의 후계자 여호수아가 기록했을 것으로 추정됨(여호수아가 신명기 서론 부분도 기록했을 것으로 추정됨).
종류	모세오경의 하나. 일부는 '이야기'(실화), 일부는 '설교'.
핵심내용	이스라엘이 가나안 땅을 회복하기 전, 모세가 백성들에게 하나님께서 그들을 위해 베푸셨던 놀라운 역사와 하나님께서 그들에게 요구하시는 헌신을 상기시키고 있다.

유명한 유언

이스라엘 백성들은 이미 40년 동안 광야를 배회했습니다. 아브라함에게 주셨던 하나님 약속을 굳게 믿지 못했던 연고로 이토록 오랫동안 광야를 배회하게 된 것입니다. 그들이 애굽에서 노예생활을 하다가 도망쳐 나왔을 때, 20세 이상의 남자 성인만 60만 명 이상이었습니다. 그러나 신명기가 기록될 무렵, 그러니까 그들이 약속의 땅에 들어가기 직전에 생존한 사람은 딱 셋(모세, 여호수아, 갈렙)뿐이었습니다. 애굽과 광야에서 하나님의 놀라운 이적을 목격했고, 하나님의 율법을 직접 들었던 사람들이 40

신명기 **한 번에 꿰뚫기**

★ 1장 1절-4장 43절   가나안 입성을 앞두고 모세가 이스라엘 신세대들에게 과거 사건들을 회상하며 교훈을 주다.
★ 4장 44절-11장 32절   모세가 이스라엘 신세대들에게 십계명을 재상기시키며 하나님께 순종할 것을 권면하다.
★ 12장 1절-26장 19절   모세가 이스라엘 신세대들에게 예배에 대한 규례와 이스라엘을 거룩한 하나님나라로
                        유지하기 위한 시민법과 사회법을 상기시키다.
★ 27장 1절-30장 20절   가나안에 들어갈 신세대가 하나님과 언약을 맺도록 하다.
★ 31장 1절-34장 12절   모세가 이스라엘 백성들을 축복하고 여호수아를 후계자로 세운 다음 세상을 떠나다.

년의 광야생활을 하면서 모두 죽고 말았던 것입니다. 그들의 뒤를 이어 새 세대가 출생했지만 출애굽 2세대 혹 3세대는 이 모든 것을 간접적으로만 전해 들었을 뿐, 직접 눈으로 목격하지 못했습니다.

마침내 이스라엘은 또 다시 가나안 접경에 도달했습니다. 모세는, 자기가 약속의 땅에 들어가지 못하리라는 것을 잘 알고 있었습니다. 그러므로 그는 백성들을 떠나 하나님 곁으로 가기 전, 백성들에게 하나님의 약속과 율법을 단단히 일러두지 않을 수 없었습니다. 하나님께서 온갖 이적을 베풀어 이스라엘을 돌봐주셨다는 것과 이스라엘이 하나님의 약속을 믿지 않아 오랜 세월 동안 광야를 배회할 수밖에 없었다는 것을 백성들에게 상기시켜야 했습니다. 이처럼 모세의 마지막 유언이 신명기의 대부분을 차지하고 있습니다.

기억하라!

출애굽 당시 성인(成人)이었던 사람들은 40년 동안 광야를 방황

하다가 모두 죽었습니다. 잠시 상상의 날개를 펼쳐보겠습니다.

당신이 출애굽 당시 여덟 살 소년이었다고 가정해봅시다. 당신은 아마 조부모, 부모와 함께 애굽을 떠났을 것입니다. 그리고 열 살 즈음, 가나안 접경에 도착했겠지요. 그러나 모든 사람들이 겁에 질려 가나안 국경선을 넘지 못했습니다. 결국 당신은 정처 없이 떠도는 방랑자처럼 다시 광야를 배회해야 했습니다. 그렇게 10대가 지났고, 20대가 되었

신명기의 요절

"내가 오늘날 천지를 불러서 너희에게 증거를 삼노라 내가 생명과 사망과 복과 저주를 네 앞에 두었은즉 너와 네 자손이 살기 위하여 생명을 택하고 네 하나님 여호와를 사랑하고 그 말씀을 순종하며 또 그에게 부종하라 그는 네 생명이시요 네 장수시니 여호와께서 네 열조 아브라함과 이삭과 야곱에게 주리라고 맹세하신 땅에 네가 거하리라"(신 30:19,20).

을 때 당신은 결혼해 자녀를 낳았을 것입니다. 30대에 당신 조부모가 세상을 떠났고, 40대에 부모마저 세상을 떠났을 것입니다.

마침내 50대에 다다랐을 때, 당신은 또 다시 가나안 접경 지대에 도착합니다. 무려 40여 년 전, 열 살 앳된 소년으로 그 자리에 갔었지만 지금은 50의 나이가 되어 또 그 자리에 서게 된 것입니다. 이제 조부모와 부모의 실수가 또 다시 되풀이되는 일이 없어야만 했습니다.

그러니 모세가 신명기의 내용대로, 백성들에게 확실한 결단을 촉구하는 게 필요하지 않았을까요?

"여기가 바로 우리 조상들의 고향이다. 여기가 바로 우리의 목적지이다. 우리는 과거의 실수로 40년의 시간을 허비했다. 자, 이제 대열을 정돈하고 앞으로 전진하자!"

이스라엘의 문제점

이스라엘 백성들은 일평생 한 번 있을까 말까한 놀라운 이적을 늘 체험했습니다. 그들처럼 매일매일 하나님의 명백한 임재를 체험한 사람들은 아마 없을 것입니다. 낮에는 구름기둥이, 밤에는 불기둥이 그들을 인도했습니다. 매일 아침, 숙소 앞에 먹을 것이 내렸습니다. 어디선가 메추라기들이 날아왔습니다. 바위에서 샘이 솟았습니다. 순종하지 않는 자들에게는 심판과 형벌이 내려졌습니다. 하나님께서 분명 그들과 함께하셨고, 그들 속에서 역사하고 계셨습니다. 그러나 이스라엘의 의심은 한순간도 그치지 않았습니다.

어쩌면 그들이 하나님의 징벌을 받은 게 당연한 것이었는지도 모릅니다. 왜냐하면 징벌을 자초했기 때문입니다. 사실 그들에게는 대단한 믿음도 필요하지 않았습니다. 바로 눈앞에서, 그것도 매일매일 하나님의 놀라운 이적이 나타나고 있었으므로 하나님의 능력을 인정하기만 하면 되었습니다. 그러나 그들은 인간의 본성만을 드러냈습니다. 마치 우리의 모습을 보는 것 같습니다. 우리는 열심히 기도합니다. 그래서 응답받습니다. 그러나 그다음번에 시련이 닥칠 때 하나님께서 기도에 응답해주실까 의심하며 매우 괴로워합니다. 우리는 이적이든, 인도하심이든, 직관적 깨달음이든 여러 가지 형태로 하나님의 역사를 체험합니다. 그러나 역경이 닥치면, 하나님의 역사를 또 다시 체험할 수 있을 것이라 확신하지 못해 불안해하고 초조해합니다.

이스라엘 백성들을 볼 때, 인간들 모두 감히 하나님을 신뢰하려 하지 않는 것 같습니다. 하나님의 존재를 증명해달라고 계속 하나님께 요구하는 것 같습니다.

모세의 죽음

모세는 참으로 경이로운 인생을 살았습니다. 그는 이스라엘의 모든 아기들을 학살하라는 바로의 왕명이 시퍼런 서슬을 드리울 때 기적적으로 살아남았습니다. 그는 마땅히 노예의 신분으로 살아야 했지만 애굽의 왕궁에서 자랐습니다. 그는 하나님의 소명을 준비하며 광야에서 40년을 살았고, 소명을 받은 후에도 백성들을 이끌고 40년 이상을 광야에서 배회했습니다.

그는 하나님의 소명을 따르는 데 일생을 바쳤으며, 백성들을 애굽의 노예상태에서 끌어내 약속의 땅으로 인도하는 데 평생을 헌신했습니다. 그러나 인생 여정의 막바지에 이른 지금, 그는 약속의 땅에 들어갈 수 없었습니다. 모세는 자기가 약속의 땅에 들어가지 못하리라는 것을 알고 있었습니다. 왜냐하면 과거에 그가 하나님께 불순종했을 때, 하나님께서 일련의 꾸짖음을 통해 그 부분에 대해 암시하셨기 때문입니다. 이스라엘 백성들이 심히 목말라 하나님께 투정을 부린 적이 있었습니다. 하나님은 모세에게 "반석에게 명하여 물을 내라"라고 말씀하셨는데, 그가 백성들에 대한 분노를 참지 못하고 혈기를 부려 그만 바위를 내려치고 말았던 것입니다. 모세가 주제넘게, 오직 하나님만이 하실 수 있는 일들을 스스로 해버린 것입니다(민 20:1-13).

모세는 하나님의 소명을 받아 실로 놀라운 일들을 행했던 사람이었지만, 이처럼 단 한 번의 실수로 약속의 땅에 들어가지 못했습니다. 그는 하나님의 성품을 대변해야 하는 본연의 사명을 망각했던 것입니다. 하지만 모세는 평생 하나님께 충성된 삶을 살았습니다. 그는 존경을 받아 마땅한 사람이었습니다. 그래서 민

사려 깊은 충고

모세는 마지막 유언을 통해 백성들에게 매우 실제적인 충고를 해주었습니다. 그 가운데 몇 가지 중요한 내용들을 알기 쉬운 말로 요약해 간추려 보았습니다.

"너는 마음을 다하고 성품을 다하고 힘을 다하여 네 하나님 여호와를 사랑하라"(신 6:5).

"특별한 능력을 소유한 것처럼 보이는 사람이 있다 할지라도, 그들을 추종하지 말라. 그들은 하나님을 향한 너희의 신실한 마음을 파괴할 것이다"(신 13:1-4).

"무엇이든 자연사한 것은 먹지 말라"(신 14:21).

"십일조의 목적은 너희 인생에서 하나님을 제일 앞에 놓아야 한다는 것을 가르치기 위함이다"(신 14:23).

"가난한 사람들을 도와라. 다른 사람들을 돕는 데 일생을 헌신하는 사람들을 돌봐라"(신 14:29).

"큰 절기들을 기억하라. 한 마음으로 절기들을 기념하라. 그럼으로써 하나님께서 너희를 위해 베푸셨던 놀라운 일들을 기억하라"(신 16:1-4,16).

"가장 좋은 것이 아니면, 하나님께 드리지 말라"(신 17:1).

"뜬소문을 믿지 말라. 한 사람의 증언만 듣고서 피고에게 사형을 선고하지 말라"(신 17:4-7).

"서로의 재산을 관리하고 지켜주어라"(신 22:1-3).

"간통은 목숨을 좌우하는 중대한 문제이니, 결코 가벼이 여기지 말라"(신 22:22).

"형제나 이웃에게 이자를 취하지 말라"(신 23:19,20).

"정직한 마음으로 장사(사업)하라"(신 25:13-16).

수기 12장 3절은 모세를 일컬어 가장 온유한 사람이었다고 말합니다.

"이 사람 모세는 온유함이 지면의 모든 사람보다 승하더라."

여호수아서

아브라함 BC 2100년경		출애굽 BC 1440년경		다윗 BC 1000년경		예수님 탄생 BC 4년경
	모세 BC 1500년경		여호수아의 죽음 BC 1375년경		에스라 BC 450년경	

여호수아서 진상조사 파일

이름	모세의 후계자 여호수아의 이름을 따른 것.
기록연대	BC 1370년경.
기자	여호수아. 비느하스가 여호수아의 죽음에 대해 기록했을 것으로 추정됨.
종류	역사서. 실제 발생했던 사건들을 시간의 흐름에 따라 기록한 이야기.
핵심내용	이스라엘이 그들 원래 고향인 가나안 땅에 거주하던 족속들을 몰아내고 고향 땅을 되찾는 과정을 그리고 있다.

이스라엘의 고향 땅 회복전쟁

이스라엘이 애굽에서 노예생활을 하고 있었을 때, 그들 머리와 가슴속에는 오로지 애굽을 벗어나야 한다는 생각뿐이었습니다. 이에 하나님께서 엄청난 이적을 베푸셔서 그들을 애굽에서 이끌어내셨고, 광야를 거쳐 목적지로 인도하셨습니다. 하지만 2년의 여정 끝에 가나안 접경에 도달했을 때, 그들은 냉혹한 현실에 부딪혔습니다. 하나님이 약속한 땅은 임자 없는 공터가 아니었습니다. 이미 다른 민족들이 그곳에 거주하고 있었던 것입니다. 그들은 서로 수군거렸습니다.

"여기는 오래전 우리 조상들이 살던 곳인데 지금은 다른 민족들

여호수아서 한 번에 꿰뚫기

이 여기 살고 있다. 그러므로 우리 고향 땅을 다시 찾으려면, 이들을 몰아내는 수밖에 없다. 그러나 그들은 너무 강하다!"

결국 모든 백성들은 겁에 질렸고, 하나님께서 약속해주신 땅에 발도 들여놓지 못했습니다. 이 때문에 그들은 또 다시 광야를 배회해야 했습니다.

이번에는 2년이 아니라, 40년을 방황해야 했습니다. 40년이 흐른 뒤, 그들은 또 다시 가나안 접경 지대에 도달했습니다. 이제 그들에게는 예전과 다른 지도자가 있었습니다. 하나님께서 군인이자 전략가였던 여호수아를 이스라엘의 지도자로 세워주신 것입니다.

여호수아서는 한마디로, 이스라엘의 고향 땅 회복전쟁에 관한 책입니다. 그런 만큼, 여기저기 무력충돌과 유혈 장면들이 나오고, 오늘날 우리가 보기에 야만적이고 폭력적이라 할 만한 행위들도 등장합니다.

그런데 문화적인 차이를 넘어서 본다면, 여호수아서는 '믿음의 이야기'입니다. 이스라엘 백성들이 하나님의 힘을 의지하고 그

이스라엘 각 지파들에게 할당된 영토

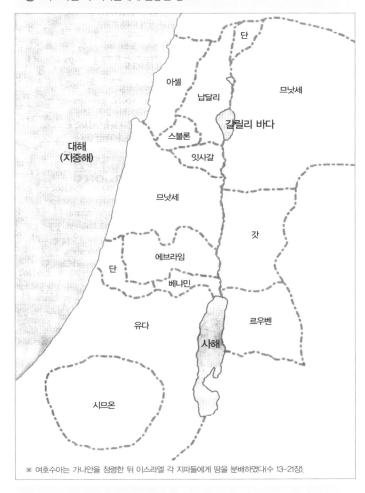

단

아셀
납달리
므낫세

스불론
갈릴리 바다

잇사갈

대해
(지중해)

므낫세

갓

에브라임

단
베냐민

유다
르우벤

사해

시므온

※ 여호수아는 가나안을 점령한 뒤 이스라엘 각 지파들에게 땅을 분배하였다(수 13-21장).

명령에 순종했을 때, 그들은 전쟁에서 승리할 수 있었습니다. 그러나 그 반대의 경우, 그들은 참혹하게 패배했습니다. 그런 점에서 여호수아서는 현재 우리가 매일 부딪치는 영적 전쟁과 깊은 관련성이 있습니다.

하나님의 도우심으로

결국 이스라엘은 가나안 족속들을 몰아내는 데 성공합니다. 그런데 그들의 승리는 뛰어난 전략에 의한 것이라기보다 하나님의 이적 덕택이었습니다. 하나님께서 그들을 위해 베푸셨던 이적 가운데 몇 가지를 꼽아보면 다음과 같습니다.

- 요단강 도하, 그것도 메마른 강바닥을 밟고 건넘(수 3:9-17).
- 백성들이 함성을 지르자 견고한 여리고 성벽이 힘없이 무너짐 (수 6:1-27).
- 하나님께서 백성들에게 퇴각하는 척하면서 매복조를 편성하라고 전략을 지시하심(수 8:15-29).
- 우박을 내려 적들을 패배하게 하심(수 10:6-11).
- 하나님께서 이스라엘이 적들을 완전히 분쇄하도록 태양을 제자리에 머물게 하심(수 10:13,14).

사사기

■■■ 사사기 기사가 포괄하는 연대

아브라함 BC 2100년경		출애굽 BC 1440년경		사울의 등극 BC 1050년경		에스라 BC 450년경	
	모세 BC 1500년경		여호수아의 죽음 BC 1375년경		다윗 BC 1000년경		예수님 탄생 BC 4년경

사사기 진상조사 파일

이름	이스라엘에 왕이 존재하기 전, 백성들을 통치하던 지도자를 '사사'(Judge)라고 일컬음.
기록연대	알 수 없음.
기자	사무엘이라는 견해도 있으나, 정확히는 알 수 없음.
종류	역사서. 하나님께서 사사들을 통해 이스라엘을 구원하신 이야기.
핵심내용	왕의 없음을 빙자해 이스라엘 백성들이 소견에 좋은 대로 행한 기사.
사사들	웃니엘, 에훗, 삼갈, 드보라, 기드온, 돌라, 야일, 입다, 입산, 엘론, 압돈, 삼손.

순종과 거역의 순환 시대

이스라엘 민족이 애굽에서 하나의 민족을 이루어 노예 생활을
하기 전, 그들은 '이스라엘'(야곱)이란 가장이 이끄는 한 가족이
었습니다. 이스라엘에게는 열두 아들이 있었는데, 애굽에 내려
올 당시 그의 식솔들 수가 70명이었습니다. 처음에 그들은 노예
가 아니었습니다. 그러나 점차 그 수가 불어나며 애굽에서 큰 민
족을 이루게 되자, 바로가 그들의 세 확산에 위협을 느껴 노예로
부리기 시작한 것입니다. 그렇게 430년을 지나며 이스라엘 민족
의 수는 20세 이상 남자 성인만 60만 명을 넘었고, 여자와 어린이
까지 합하면 그 수가 거의 200만에 육박했습니다. 모세가 그들을
이끌고 애굽에서 나왔고, 그들은 40년 동안 광야를 방황하다가

사사기 한 번에 꿰뚫기

★ 1장 1절–2장 5절 이스라엘 백성이 하나님의 말씀에 순종하지 못하고 가나안 원주민들을 온전히 쫓아내지 못하다.

★ 2장 6절–3장 6절 이스라엘 백성이 강력한 인간 지도자가 없음을 핑계로 배교하다.

★ 3장 7절–31절 옷니엘, 에훗, 삼갈 사사가 이방의 침략에서 이스라엘을 구원하다.

★ 4장 1절–5장 31절 드보라 사사가 가나안의 침략에서 이스라엘을 구원하다.

★ 6장 1절–8장 32절 기드온 사사가 미디안의 학정에서 이스라엘을 구원하다.

★ 8장 33절–9장 57절 기드온의 아들 아비멜렉이 이스라엘을 그릇된 길로 인도하려다 패망하다.

★ 10장 1–5절 돌라와 야일이 사사로서 이스라엘을 치리하다.

★ 10장 6절–12장 7절 입다 사사가 암몬 족속의 침략에서 이스라엘을 구원하다.

★ 12장 8절–15절 입산, 엘론, 압돈이 사사로서 이스라엘을 치리하다.

★ 13장 1절–16장 31절 삼손 사사가 블레셋의 압제에서 이스라엘을 구출하다.

★ 17장 1절–18장 31절 미가 집의 개인 우상숭배가 단 지파의 우상숭배로 전염되다.

★ 19장 1절–21장 25절 레위인 개인의 축첩 행위가 베냐민 지파의 음행과 이스라엘의 동족상잔의 전쟁으로 확산되다.

결국 약속의 땅에 도달했습니다. 모세가 죽자 강인한 군인이었던 여호수아가 지도자 위치를 승계했습니다. 여호수아는 가나안 민족들과의 전쟁을 승리로 이끌어, 이스라엘 백성들을 약속의 땅에 정착시켰습니다. 그런데 여호수아가 죽고 나자, 이스라엘에 마땅한 지도자가 없었습니다. 그렇게 얼마간 지도자 공백 상태가 지속되었습니다. 사사기는 바로 이 시대를 묘사하고 있습니다.

사사 시대는 한마디로, 순종과 거역, 삶과 죽음이 반복되는 '순환의 시대'였습니다. 지도자를 잃은 이스라엘 백성들은 하나님을 떠나 타락했고, 그럴 때마다 주변 민족들에게 가혹한 시련을 겪었습니다. 백성들은 더 이상 견딜 수 없을 즈음에 하나님을 찾았고, 그럴 때마다 하나님은 '사사'라 불려지는 지도자들을 세

사사에 대한 전반적인 이해

'사사'란 말의 뜻

'사샤'란 히브리어 '쇼페트', 즉 '판관'(判官)이란 말에서 비롯되었다. 우리말 성경의 '사사'(士師)란 중국 왕조시대의 관직명에서 비롯되었다. 공동번역에서는 사사기를 '판관기'로 표기했다. 어쨌든 '쇼페트'란 '판관' 곧 '재판관'을 말한다. 그러나 성경의 쇼페트(사사)는 민형사상의 판결을 담당하는 요즘의 재판관과는 기능이 다르다. 사사기의 쇼페트는 하나님의 율법(토라)에 근거한 공의를 회복시켜주는 기능을 담당한 사람이다. 특히 이스라엘이 외적의 침략을 당해 토라의 공의가 유린당했을 때 이스라엘을 구출하여 그 공의를 회복시켜주는 것이 사사(쇼페트)의 주된 책무였다.

사사의 특성

사사제도란 여호수아 사후 하나님께서 될 수 있는 대로 인간 왕을 세우려 하지 않고 하나님께서 그 백성을 직접 다스리려는 가운데서 생긴 일시적인 지도 체제이다. 이스라엘이 외적의 침략을 받을 때만 임시적으로, 일시적인 구출자 역할을 맡은 이가 사사이다. 이스라엘이 하나님의 말씀을 잘 순종하는 태평기에는 하나님은 사사조차 세우려고 하지 않으셨다. 신정정치로 족하기 때문이다. 이스라엘이 하나님께 불순종하여 외적의 침략을 받을 때만 구출자로 사사를 세우신 것이다(삿 2:6-23). 사사는 자기 임무를 수행하고 나면 다시 자기 고향과 자기 본래의 직업으로 돌아갔다. 행정적으로 수도를 정하고 보좌관의 보좌를 받으면서 군림하며 다스리지 않았다.

사사들은 이스라엘 전체 12지파를 통합했다기보다는 자기가 속한 지파와 그 인근 지역 지파들을 외적의 손에서 구출한 사람들이다. 즉, 일부 지역에만 영향을 끼쳤다. 드보라의 경우 가나안의 침략에 맞서기 위해 이스라엘 전체 지파의 협조를 얻으려 했으나 실패했다(삿 5장). 옷니엘은 유다 지파를 구원한 사사이며, 므낫세 지파의 기드온은 미디안의 침략에 대항하여 싸운 북부 지파 연합의 지도자이다. 삼손 또한 해안 지역의 블레셋과 접경한 유다 지파와 단 지파 일부, 에브라임 지파 일부에 군사적 승리를 안겨주었다.

사사 시대의 대략적 연대

사사 시대는 여호수아 사후에서 이스라엘의 초대 왕 사울의 등극 이전까지로 보는데, 사사기에서는 옷니엘에서 삼손까지를 이른다. 넓은 의미에서 엘리와 사무엘도 사사의 범주에 넣는 성경학자들도 있다. NBD(New Bible Dictionary)에서는 사무엘을 포함하여 사사시대를 BC 1382~1063년, 총 316년으로 계산한다(그러나 이것이 아주 정확한 것은 아니다).

● 사사들의 계보

사사	업적	평화의 기간(치리 기간)
옷니엘(3:7-11)	메소보다미아의 8년 압제에서 구출	40년
에훗(3:12-30)	모압 왕 에글론의 18년 압제에서 구출	80년
삼갈(3:31)	블레셋의 손에서 구출	
드보라와 바락(4:1-5:31)	가나안 왕 야빈의 20년 압제에서 구출	40년
기드온(6:1-8:35)	미디안의 7년 압제에서 구출	40년
돌라(10:1,2)		23년
야일(10:3-5)		22년
입다(10:6-12:7)	암몬과 블레셋의 18년 압제에서 구출	6년
입산(12:8-10)		7년
엘론(12:11,12)		10년
압돈(12:13-15)		8년
삼손(13:1-16:31)	블레셋의 40년 압제에서 구출	20년

위 백성들을 당면 위기에서 구출해주었습니다. 그런데 이런 과정이 한두 번으로 끝난 게 아니었습니다. 이런 과정은 계속 반복순환되었습니다. 왜냐하면 이스라엘 백성들이, 사사가 죽거나 강력한 영향력을 잃자마자 또 다시 하나님을 떠나 타락했기 때문입니다. 이스라엘의 사사가 열두 명이었다는 점을 고려해볼 때, 적어도 이런 과정이 열두 차례나 반복되었다는 것을 알 수 있습니다.

믿음과 용기를 지닌 여장부, 드보라

드보라는 유명한 여자 사사로 지혜로웠으며 분별력이 있었습니다. 또한 그녀는 종려나무 아래서 백성들의 분쟁을 해결하는 재판관이기도 했습니다.

어느 날, 그녀가 군대 지도자였던 바락에게 군사 일만 명을 징집하여 전쟁 채비를 하라고 지시했습니다. 바락은 그녀가 동행하지 않으면, 전장에 나가지 않겠다고 졸장부처럼 말했습니다. 그러자 그녀는 바락에게 이렇게 말했습니다.

"만일 내가 당신과 함께 전쟁에 나가면, 여자가 전쟁을 승리로 이끌었다는 소문이 무성하게 퍼질 것이오. 그래도 좋겠소?"

결국 드보라는 바락과 함께 참전했고, 마침내 전쟁을 승리로 이끌었습니다. 그들의 승리의 노래가 사사기 5장에 기록되어 있습니다.

겸허한 소명자, 기드온

기드온은 겉모습으로 보기에는 너무 초라한 사람이었습니다. 그의 가문은 별 볼일 없었으며, 그 또한 가문 내에서 그렇게 주목받던 인물도 아니었습니다. 그러나 하나님께서 그에게 지도자의 소명을 주셨고, 그는 겸허하게 순종했습니다.

그는 처음에 미디안 대군(大軍)을 상대하기 위해 3만 2천 명의 군사를 거느리고 전장에 나갔습니다. 그런데 하나님은 병력 규모를 1만 명으로 감축시키셨습니다. 그것도 모자라, 하나님은 한 가지 테스트를 통해 병력을 300명으로 대폭 감축시키셨습니다. 그러나 그는 소규모 병력만 보유하고서도 하나님의 뜻을 성취할 수 있었습니다.

전투에 돌입하기 전, 그는 하나님께서 인도하신다는 사실을 확신하고 싶었습니다. 그래서 양털을 마당에 놓고, 아침에 일어나면 양털만 이슬에 젖고 땅은 젖지 않게 해달라고 구했습니다. 하나님은 그대로 해주셨습니다. 그 다음 날에는 양털은 마르고 땅만 젖게 해달라고 구했습니다. 역시 하나님은 그대로 해주셨습니다. 이런 과정을 통해 그는 소명을 확신할 수 있었고, 말씀에 순종할 수 있었습니다. 하나님께서 300명의 군사만 갖고 전쟁을 승리로 이끄셨다는 사실은 인간의 힘과 의지로는 아무것도 할 수 없으며, 오직 하나님의 은혜로만 모든 게 가능하다는 중요한 깨달음을 줍니다.

힘센 나실인, 삼손

삼손은 아마도 가장 유명한 사사가 아닐까 생각됩니다. 그는 이스라엘에서 가장 힘센 사람이었습니다. 그의 힘은 '나실인'(신성한 소명을 감당하기 위해 독주를 금하고, 삭발하지 않을 것을 서원한 사람) 서약에서 나온 것이었습니다. 그는 이 서약에 따라 평생 머리카락을 자르지 않았습니다. 삼손이 이 약속을 지키는 한, 그의 힘은 사라지지 않았습니다.

그러나 그는 들릴라라는 블레셋 여인의 간교한 꾀에 말려들어 그만 머리를 깎이게 되었습니다. 동시에 강한 힘이 모두 사라졌고, 그 이후 삼손의 인생은 바닥으로 추락하기 시작했습니다. 블레셋 사람들은 삼손의 눈을 빼고, 감옥에 가두었습니다.

블레셋 사람들은 삼손의 힘을 무력하게 만든 것을 축하하며 성대한 잔치를 베풀었습니다. 신전 양쪽 기둥에 결박당한 채 희롱당하던 삼손은 마지막으로 힘을 달라고 하나님께 기도했고, 하나님은 그의 기도를 들어주셨습니다. 마침내 그는 신전 기둥을 쓰러트림으로써 수많은 블레셋 사람들과 함께 그 잔해에 묻혀 생을 마감하게 되었습니다.

사사 시대와 우리 시대

사사들이 활동하던 시대와 우리 시대의 문화는 매우 달랐습니다. 하지만 인간의 본성은 그렇지 않은 것 같습니다. 우리 인생이 평탄할 때, 우리는 종종 하나님을 망각하고 마음대로 행합니다. 그러나 문제가 닥치면, 하나님께 눈을 돌려 말씀을 청종하고 순종하여 문제 해결을 받습니다. 하지만 이내 하나님을 잊고, 우리 길로 행하기 바쁩니다.

우리는 이스라엘 백성들을 통해, 화를 자초하기보다는 하나님 말씀을 의지하고 순종하는 것이 더 합당하며, 구출해달라고 발버둥치는 것보다는 그에 앞서 하나님을 바라보고 따르는 것이 합당하다는 교훈을 얻을 수 있습니다.

룻기

아브라함 BC 2100년경		출애굽 BC 1440년경		사울의 등극 BC 1050년경		에스라 BC 450년경	
	모세 BC 1500년경		여호수아의 죽음 BC 1375년경		다윗 BC 1000년경		예수님 탄생 BC 4년경

룻기 진상조사 파일

이름	'룻' 이란 여자의 이름을 딴 것.
기록연대	BC 1375~1050년.
기자	정확히 알 수 없음.
종류	역사서. 다윗의 조상에 관한 이야기.
핵심내용	과부가 된 룻이 시어머니 나오미와 함께 베들레헴으로 돌아와 체험한 이야기.
인물들	룻, 나오미, 오르바, 보아스.

사랑에 관한 이야기

룻기는 다양한 차원의 사랑에 관한 이야기입니다. 이야기는 기근을 피해 이스라엘을 떠난 나오미란 여인과 그녀의 남편, 두 아들에게서 시작됩니다.

그들은 모압 땅에 정착했습니다. 거기서 두 아들이 모압 여인(각각 룻과 오르바)을 얻어 결혼했습니다. 그런데 두 아들이 결혼하기 전 나오미의 남편이 죽고, 아들들도 결혼한 지 얼마 지나지 않아 죽고 말았습니다. 나오미와 룻, 오르바 이렇게 여자 셋만 남게 된 것입니다. 졸지에 남편과 아들 둘을 잃은 나오미는 고향으로 돌아갈 결심을 했습니다. 더불어 그녀는 과부가 된 며느리들에게 자유를 주어 새출발을 하도록 권고했습니다.

룻기 한 번에 꿰뚫기

★ 1장 1-22절   룻이 모압 땅과 모압 신을 버리고 이스라엘 땅과 이스라엘 하나님 여호와를 선택하다.
★ 2장 1-23절   이스라엘 하나님 여호와를 택한 룻에게 기업 무를 자 보아스를 만나도록 하나님이 인도하시다.
★ 3장 1절-4장 17절   룻이 하나님의 구원제도인 기업 무르는 제도를 통해 구원을 받다.
★ 4장 18-22절   룻과 보아스 사이에서 다윗의 조부인 오벳이 태어나다.

하지만 두 며느리는 시어머니를 따라 유대 땅으로 가겠다고 고집했습니다. 한참 실랑이 끝에 오르바는 돌아갔으나, 룻은 뜻을 굽히지 않았습니다. 룻은 시어머니와 함께 여생을 함께하겠다는 뜻을 확고히 밝혔습니다. 그래서 두 사람은 베들레헴으로 돌아오게 됩니다. 두 여인이 베들레헴에 돌아와 체험한 삶의 이야기를 기록한 것이 바로 룻기입니다.

룻과 보아스의 결혼

룻과 나오미가 베들레헴에 정착한 이후, 룻이 어느 날 이삭을 주우러 남의 밭에 들어갔습니다. 그 밭은 나오미의 먼 친척, 보아스 소유의 밭이었습니다. 보아스는 룻을 주시했습니다.

유대 율법에 따르면, 보아스에게는 '기업 무를 자' 로서 룻과 결혼할 자격과 의무가 있었습니다. 나오미의 아들들이 자손이 없었기 때문에 친척 중 한 명이 대를 이어 가족의 의무를 다해야 했던 것입니다.

보아스는 율법에 명시된 의무를 충실히 이행했습니다. 나오미의 며느리 룻과 결혼했던 것입니다. 두 사람은 아들을 낳았고, 그를

룻과 보아스의 후손

룻 ┬ 보아스

오벳
↓
이새
↓
다윗
↓
솔로몬
↓
⋮
↓
예수 그리스도

사랑의 서약

고향에 남으라는 시어머니의 권고를 뿌리친 룻은 사랑의 서약 그 이상의 서약을 하고 있습니다. 그녀에게는 세상을 등진 남편에 대한 사랑보다 하나님에 대한 믿음이 더 컸습니다.

"룻이 가로되 나로 어머니를 떠나며 어머니를 따르지 말고 돌아가라 강권하지 마옵소서 어머니께서 가시는 곳에 나도 가고 어머니께서 유숙하시는 곳에서 나도 유숙하겠나이다 어머니의 백성이 나의 백성이 되고 어머니의 하나님이 나의 하나님이 되시리니"(룻 1:16).

통해 나오미 집안의 대를 잇게 했습니다. 그리고 다윗 왕과 예수 그리스도가 이 혈통을 타고 출생하게 되었습니다.

사무엘상

사무엘상 기사가 포괄하는 연대

아브라함 BC 2100년경		출애굽 BC 1440년경		사무엘 출생 BC 1150년경		에스라 BC 450년경	
	모세 BC 1500년경		여호수아의 죽음 BC 1375년경		사울의 죽음 BC 1010년경		예수님 탄생 BC 4년경

사무엘상 진상조사 파일

이름	이스라엘의 지도자 사무엘의 이름을 딴 것. '사무엘'이란 '하나님께서 들으신다'는 뜻.
기록연대	정확한 연대는 알 수 없음. 다윗 왕 시대일 것으로 추정됨.
기자	거의 대부분은 사무엘이 기록했음. 나머지는 나단 선지자와 갓 선지자가 기록한 것으로 추측됨.
종류	역사서. 실제 사건들을 연대기적 순서에 따라 기술한 이야기.
핵심내용	이스라엘의 마지막 사사인 사무엘과 초대 왕인 사울, 제2대 왕인 다윗에 대해 이야기하고 있다. 이스라엘의 정치형태가 신정(神政: 하나님께서 직접 통치하는 것)에서 왕정(王政: 왕이 통치하는 것)으로 바뀌고 있음을 보여준다.
인물들	한나, 사무엘, 엘리, 사울, 요나단, 다윗, 골리앗.

제사장 이야기 : 사무엘

사무엘의 어머니 한나는 불임이었습니다. 그래서 간절하게 아이를 달라고 주님께 기도했습니다. 마침내 하나님께서 한나의 기도를 들어주셔서 사무엘을 허락하셨습니다. 그녀는 아기가 하나님의 선물임을 누구보다 잘 알고 있었습니다. 그래서 사무엘이 어느 정도 성장했을 때, 성막에 보내 거기서 살게 했습니다. 사무엘은 엘리 제사장 밑에서 훈련을 받으며 성장했습니다.

사무엘은 훌륭한 젊은이로 성장했고, 마침내 이스라엘의 지도자가 되었습니다. 그런데 백성들은 인간 왕을 원하고 있었습니다.

★ 1장 1절–7장 17절　이스라엘의 영적 암흑기에 시대를 밝힐 사람으로 하나님이 사무엘을 예비하시다.
★ 8장 1절–12장 25절　하나님의 직접적인 다스림을 거부하는 이스라엘의 선호대로 그들의 표준에 부합하는 사울
　을 왕으로 세우다.
★ 13장 1절–15장 35절　이스라엘이 택한 왕 사울의 패역함이 드러나다.
★ 16장 1절–17장 58절　하나님이 택한 왕 다윗이 사울과 대조가 되다.
★ 18장 1절–31장 13절　이방의 왕처럼 되려고 했던 사울을 하나님이 심판하시다.

인간 왕을 원했다는게 무슨 의미였을까요? 그것은 이스라엘의
정치형태가 '신정'(神政)에서 '왕정'(王政)으로 바뀐다는 것을
의미했습니다. 그 전까지만 해도 이스라엘은 하나님의 직접적인
통치를 받고 있었습니다. 하지만 백성들은 주변의 다른 국가들
처럼 왕이 다스리기를 원하고 있었습니다. 마침내 하나님께서
왕정을 허락하셨고, 사무엘이 이스라엘의 초대 왕과 제2대 왕에
게 기름을 부었습니다.

왕 이야기 : 사울

사울이 이스라엘의 초대 왕이 되었습니다. 그는 용모가 준수했
을 뿐 아니라 매우 겸손했습니다. 그는 하나님께 헌신한 사람이
었습니다. 이스라엘을 위해 위대한 업적을 많이 남겼습니다. 그
런데 어느 순간 흔들리기 시작하더니 나중에는 타락했고, 그것
도 모자라 미쳐버렸습니다.

사울 왕이 정신적으로 큰 시련을 겪는 동안, 다윗이란 젊은 음악
가(다윗은 고대 이스라엘 최고의 수금 연주자였음)가 그의 정신

액션모험 영화 연출 노트

· 영화제목 : 사무엘상
· 등장인물의 성격

한나 : 신앙심 깊은 젊은 여인. 사무엘의 어머니, 불임으로 갈등함.
엘가나 : 한나의 남편. 불임으로 번민하는 아내에게 "내가 열 아들보다 낫지 않냐"고 말하는, 다소 둔감한 성격.
어린 사무엘 : 어머니의 사랑을 흠뻑 받았으나, 성막에 보내져 낯선 사람들과 살게 됨.
소년 사무엘 : 성막에서 제사장에게 견습교육을 받으며 자람. 밤에 하나님의 소명을 받음.
성인 사무엘 : 이스라엘의 지도자. 이스라엘과 하나님 사이의 의사 전달자. 왕의 조언자.
엘리 : 이스라엘의 지도자. 제사장. 사무엘을 양육함. 하지만 자기 아들들을 잘 훈육하지 못함.
사울 : 자기 내면의 사악한 영에 굴복 마침내 처참하게 무너진 이스라엘의 초대 왕.
이새 : 다윗 왕의 아버지. 자기 아들에게 내려진 특별한 축복을 깨닫지 못함.
다윗 : 이스라엘 왕국을 위해 하나님께서 예비하신 젊은이. 준수한 용모와 고결한 성품의 소유자.

을 안정시켜주었습니다. 다윗은 사울의 아들 요나단과 절친한 사이가 되었습니다. 하나님은 사울을 폐위시키고 다윗을 후계자로 삼을 작정이었습니다. 왜냐하면 사울이 지극히 교만해 하나님의 뜻에 순종하지 않았기 때문입니다.

시간이 흐를수록 다윗의 인기는 높아졌습니다. 그에 정비례하여 사울의 질투, 시기, 분노, 불안이 증대되었습니다. 사울은 다윗을 반역자로 몰아, 살해하라는 명령을 내리기도 했습니다. 결국 사울은 블레셋과의 전투에서 세 아들과 함께 참혹하게 전사합니다.

사무엘과 사울 비교	
사무엘(1~8장)	사울(9~31장)
신정	왕정
사사	왕
하나님께 순종	자기의존
사람들이 거부함	하나님을 거부함

또 다른 왕 이야기 : 다윗

다윗은 아주 어렸을 때, 미래 이스라엘의 왕으로 기름부음을 받았습니다. 평범한 목동 다윗이 왕위를 계승할 것이라고는 아무도 상상하지 못했습니다.

기름부음 받은 직후, 다윗은 왕 앞에서 수금을 연주할 영예를 얻습니다. 사울은 다윗의 용모와 기품이 마음에 들어, 그를 갑옷과 무기를 드는 시종으로 삼았습니다. 골리앗이 이스라엘을 조롱하며 도전했을 때, 다윗이 전장에 간 것도 형들의 안부를 확인하는 목적도 있었지만 왕의 무기를 대신 들어주는 직책과 무관하지 않았던 것으로 보입니다. 당신은 '다윗과 골리앗' 이야기를 잘 알고 있을 것입니다. 소년 다윗은 물맷돌 하나로 골리앗이란 거인을 단번에 때려 눕혔습니다.

이 사건은 이스라엘의 지도자로서 다윗의 위치를 견고히 굳히는 계기가 되었을 뿐 아니라, 사울 시대의 마지막을 고하는 신호이기도 했습니다. 다윗과 골리앗의 결투 소식이 입에서 입으로 전해지면서 사람들은 사울과 다윗을 비교하기 시작했습니다. 그에 따라 다윗에 대한 사울의 증오와 적개심은 극에 달했습니다. 결국 다윗은 반역자로 몰렸고, 사울의 분노와 군대의 칼을 피해 전전긍긍하며 도피생활을 해야 했습니다.

마침내 사울이 블레셋과의 전투에서 전사했을 때, 다윗은 그의 죽음을 진심으로 애도했습니다. 그리고 이후, 다윗이 사울의 왕위를 이었습니다.

사무엘하

■■■ 사무엘하 기사가 포괄하는 연대

아브라함 BC 2100년경		출애굽 BC 1440년경		사울의 죽음 BC 1010년경		에스라 BC 450년경	
	모세 BC 1500년경		여호수아의 죽음 BC 1375년경		다윗의 죽음 BC 970년경		예수님 탄생 BC 4년경

사무엘하 진상조사 파일

이름	앞 권(사무엘상)의 내용이 계속 이어지는 의미(본래 이 두 권은 하나의 책이었음).
기록연대	BC 930년. 다윗의 통치기.
기자	정확히 알 수 없음. 다만 나단 선지자와 갓 선지자의 글이 다수 포함되어 있음.
종류	역사서. 실제 사건들을 연대기적 순서에 따라 기술한 이야기.
핵심내용	다윗 왕국의 전개와 몰락 과정을 보여준다.

왕 통치 시대

사무엘하는 사무엘상 기사의 연속입니다. 사무엘상은 사울 왕의
전사 소식을 전하며 종결되었습니다. 사무엘하는 다윗이 왕으로
등극하는 장면으로 시작되고 있습니다.

다윗은 매우 흥미로운 인물이었습니다. 성경에서 가장 많이 거
론되는 인물을 꼽으라면 당연히 예수 그리스도입니다. 그리고
그 다음이 바로 다윗입니다. 그 정도로 다윗은 이스라엘 역사에
핵심적인 인물로 평가받고 있습니다. 다윗이 위대한 인물이었다
는 데 의심의 여지가 없지만, 그는 결코 완벽하지는 않았습니다.
그는 종종 의(義)를 대변하는 인물로 추앙받지만, 남편과 아버지
로서 성공한 사람은 아니었습니다.

★ 1장 1절-10장 19절   다윗이 이스라엘을 통일시키고 하나님나라의 기틀을 바로잡다.
★ 11장 1절-12장 31절   다윗도 하나님나라의 온전한 왕이 될 수 없음이 밧세바를 취한 범죄에서 드러나다.
★ 13장 1절-20장 26절   하나님께서 다윗의 범죄를 징치하심으로써 하나님나라로서의 이스라엘을 정화하시다.
★ 21장 1절-24장 25절   다윗과 다윗의 사람들에 대한 하나님의 평가 및 성전터 확보 기사를 제시하다.

사무엘하 처음 열 장은 다윗의 업적에 대해 말하고 있습니다. 그는 이스라엘 왕국을 부강하게 번영시켰습니다. 그는 블레셋이 탈취했던 하나님의 언약궤를 도로 찾아 성막에 안치했습니다. 그는 성전 건축 계획을 세웠습니다. 그는 평생의 친구 요나단과의 약속을 지켜, 신체가 온전하지 못한 요나단의 아들 므비보셋을 돌봐주었습니다.

다윗의 몰락

다윗은 인생에서 치명적인 실수를 저질렀습니다. 밧세바라는 기혼 여성과 불륜 관계를 맺은 것입니다. 다윗은 그녀에게 남편이 있다는 것을 알면서도 그녀를 꾀어 동침했고, 결국 임신을 하게 만들었습니다. 그러자 다윗은 전장에 나가 있던 밧세바의 남편 우리아를 즉시 불러들였습니다. 우리아에게 밧세바와 동침할 기회를 줌으로써 우리아로 하여금 밧세바의 뱃속에 있는 아기를 자기 아기로 생각하게 하고자 하는 술책이었던 것입니다. 그러나 가엾은 우리아는 왕의 은혜에 감격하여 특별 휴가를 반납하고 더욱 충성합니다.

그러자 다윗은 우리아를 죽이려는 음모를 꾸몄습니다. 그리고

액션스릴러 영화 연출 노트

- 영화제목 : 사무엘하
- 등장인물의 성격

다윗 왕 : 가장 훌륭한 왕이면서 가장 연약한 인간. 하나님에 대한 찬양으로 잔뜩 고양된 삶, 처절한 고뇌로 찢어진 삶 등 양 극단을 넘나드는 인물.

므비보셋 : 사울의 손자. 요나단의 아들. 어렸을 적 사고로 신체장애를 갖게 됨. 요나단이 사울의 뒤를 이었다면 이스라엘의 왕자가 되었을 인물. 패배자의 삶에 드리워진 두려움과 굴욕을 잘 알고 있음.

미갈 : 사울 왕의 딸. 다윗의 아내. 매사에 불만족했고, 자기에게 큰 은혜를 베풀어준 남편 다윗을 업신여김.

밧세바 : 다윗의 신하 우리아의 아내. 아름답고 순진함.

나단 : 하나님의 선지자. 목숨을 걸고 진리를 선포함.

암논 : 다윗의 아들. 무엇이든 원하는 것은 가져야 직성이 풀리는 성격. 이복 여동생을 강간하여 형제간에 유혈 복수극을 불러일으킴.

다말 : 다윗의 딸. 이복 오빠 암논에게 강간당한 당사자.

압살롬 : 다윗의 아들. 다말의 친오빠. 충동적이며 반항적인 성격. 암논을 대상으로 복수극을 벌이고, 나중에는 아버지 다윗의 왕권을 전복시키려고 반역을 주도함.

마침내 그를 최전방에 보내 죽게 합니다. 다윗은 간통죄로 모자라 살인죄까지 저질렀습니다. 이 모든 죄가 결국에는 목욕하는 여인을 보고 유혹에 굴복한 결과였습니다. 이게 과연 하나님나라인 이스라엘 왕의 모습입니까?

이후 다윗은 밧세바를 자기 아내로 삼았습니다. 불륜의 씨앗인 그들의 첫 아기는 죽고 말았습니다. 그들은 나중에 더 많은 아기들을 낳았는데, 그중 하나가 솔로몬이었습니다.

비교 체험 : 승리와 비극		
위대한 나라 (1-10장)	밧세바와의 죄 (11,12장)	혼돈에 빠진 나라 (13-24장)
승리		비극
하나님의 복		하나님의 징벌

다윗의 집안에 임한 하나님의 징계

많은 여인들과 자녀들을 둔 다윗의 인생에는 구름 걷힐 날이 없었습니다. 암논은 이복누이 다말을 강간했고, 다말의 친오빠 압살롬은 동생이 당한 치욕을 앙갚음하기 위해 암논을 죽였습니다. 더욱이 압살롬은 제 아비 다윗에게 반역을 일으켰습니다. 압살롬은 다윗의 군대를 피해 달아나던 중, 긴 머리카락이 나뭇가지에 걸려 그만 죽고 말았습니다. 노새를 타고 상수리나무 아래를 지나다가 머리카락이 나뭇가지에 걸린 것입니다. 노새는 노새대로 내달렸고, 압살롬은 나뭇가지에 대롱대롱 매달려 있었습니다. 다윗의 군대장관 요압이 창으로 압살롬의 심장을 깊이 찔렀습니다.

이후 다윗의 왕위는 솔로몬이 계승하게 됩니다.

열왕기상

열왕기상 기사가 포괄하는 연대

아브라함 BC 2100년경		가나안 정복 BC 1400년경		솔로몬 BC 970년경		엘리야 BC 853년경		예수님 탄생 BC 4년경
	모세 BC 1500년경		다윗 BC 1010년경		왕국 분열 BC 931년경		에스라 BC 450년경	

열왕기상 진상조사 파일

이름	'왕국 분열 이후, 역대 왕들의 치세에 관한 이야기'의 의미.
기록연대	정확한 연대는 알 수 없음.
기자	정확히 알 수 없음. 다만 몇 사람의 공동저작일 것으로 추정됨.
종류	역사서. 여러 왕들의 연대기.
핵심내용	다윗 이후, 남 유다와 북 이스라엘의 여러 왕들에 관한 기록. 특히 이스라엘 역사상 가장 지혜롭고 부유했던 솔로몬 왕의 이야기가 나온다.

분열 왕국 이야기

열왕기상은 이스라엘의 왕, 다윗의 죽음과 더불어 시작됩니다. 다윗은 죽기 전, 자기 아들 가운데 하나를 후계자로 지명했습니다. 그 사람이 바로 솔로몬이었습니다. 열왕기상 전반부는 왕국을 재정비하고, 성전을 건축하고, 엄청난 부(富)를 축적하는 등 이스라엘 왕국을 대내외적으로 견고하게 키워나갔던 솔로몬의 치세에 대해 말하고 있습니다.

열왕기상 후반부는 솔로몬 이후, 이스라엘 왕국의 상황에 대해 말하고 있습니다. 솔로몬이 죽은 후, 이스라엘은 도저히 풀어낼 수 없는 심각한 문제에 부닥쳤습니다. 하나였던 왕국이 둘(남 유다 왕국, 북 이스라엘 왕국)로 분열된 것입니다.

열왕기상 **한 번에 꿰뚫기**

★ 1장 1절–2장 46절 아도니야의 반역이 있었지만 다윗의 유지를 받들어 솔로몬이 왕으로 즉위하다.
★ 3장 1절–4장 34절 솔로몬이 하나님이 주신 지혜로 백성을 바르게 재판하고 이스라엘의 통치 체계를 확립하다.
★ 5장 1절–8장 66절 솔로몬이 하나님 예배처소인 성전을 먼저 건축하고 자신의 궁궐을 나중에 건축하다.
★ 9장 1절–11장 43절 솔로몬이 이방결혼과 우상숭배로 하나님의 질책을 받다.
★ 12장 1절–16장 34절 솔로몬의 범죄의 여파로 남북 왕조로 분열되고 영적 풍조가 혼란에 빠지다.
★ 17장 1절–22장 53절 엘리야 선지자의 사역을 통해 패역한 이스라엘에 하나님의 표준을 선포하여 회개와 회복의 기회를 주다.

남 유다 백성들과 북 이스라엘 백성들은 모두 하나님을 떠났고, 그럴 때마다 문제에 부닥쳤습니다. 그러면 다시 하나님께 돌아와 도움을 청했고, 하나님은 그럴 때마다 그들을 용서하고 도우셨습니다. 그러나 하나님은 그들에게 죄의 대가를 치르게 하셨습니다.

지혜의 왕, 솔로몬

솔로몬은 매우 지혜로운 사람이었습니다. 한번은 하나님께서 솔로몬의 꿈에 나타나 무엇이든 원하는 것을 들어줄 테니 소원을 말하라고 명하신 적이 있었습니다. 솔로몬은 하나님께 놀라운 것을 구했습니다. 백성들을 잘 다스릴 수 있도록, 옳고 그름을 분별할 수 있도록 지혜를 달라고 구한 것입니다. 하나님은 솔로몬이 간청한 대로 지혜와 총명을 허락하셨을 뿐 아니라, 그가 구하지 않았던 부와 명예까지도 풍성하게 허락하셨습니다.

솔로몬의 업적 가운데 으뜸을 꼽으라면, 아름다운 성전을 건축

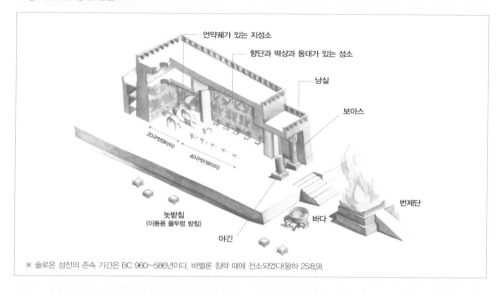

언약궤가 있는 지성소

향단과 떡상과 등대가 있는 성소

낭실

보아스

20규빗(9미터)

40규빗(18미터)

놋받침
(이동용 물두멍 받침)

야긴

바다

번제단

※ 솔로몬 성전의 존속 기간은 BC 960~586년이다. 바벨론 침략 때에 전소되었다(왕하 25:8,9).

한 일입니다. 그는 하나님의 성전을 건축하고 나서야 비로소 궁궐을 지었습니다.

솔로몬의 타락과 지파간의 갈등

솔로몬은 외국 여자와 결혼했습니다. 애굽 여인을 신부로 맞아들인 것입니다. 그런데 애굽 여인은 몸만 온 게 아니었습니다. 그녀는 애굽의 우상과 종교 풍습을 함께 갖고 왔습니다. 또한 솔로몬은 이방 우상을 섬기는 많은 이방 여인들과 정략 결혼을 했습니다. 그는 정략 결혼을 통해 자신의 권력 기반을 공고히 다질

수 있었지만, 그럴수록 우상숭배를 묵인할 수밖에 없었고 마침
내는 하나님을 떠나 이방 우상을 섬기는 지경에 이르게 되었습
니다.

그는 인생 말년에 이르러 자기가 살아온 삶에 환멸을 느꼈습니
다. 솔로몬이 하나님 앞에서 개인적으로 타락함으로 말미암아
이스라엘 왕국의 부귀와 번영 또한 깊은 낭떠러지 아래로 추락
하고 말았습니다.

솔로몬이 죽은 후, 다윗 가문(유다 지파)에 대한 다른 지파들의
반감이 첨예화되면서 지파들 간에 갈등이 빚어졌습니다. 그래서
결국, 북쪽의 열 지파가 솔로몬의 아들 르호보암의 통치에 반기
를 들고, 여로보암을 따르기로 하였습니다. 남쪽의 두 지파(유다
지파와 베냐민 지파)만 르호보암을 따랐습니다. 그들은 다시 통
일왕국을 이루지 못했습니다.

아합과 이세벨

아합은 북 이스라엘 왕국을 22년 동안 통치했습니다. 성경은, 아
합이 이스라엘 선왕(先王)들의 죄를 시시하게 여겼다고 말하고
있습니다. 또한 성경은, 이스라엘의 모든 선왕들이 하나님의 진
노를 촉발한 사례보다 아합 혼자 하나님의 진노를 촉발시킨 경
우가 더 많았다고 말합니다. 아합의 행위가 얼마나 사악했는지
미루어 짐작할 수 있을 것입니다. 아합과 그의 아내 이세벨은 바
알을 숭배하며 흥청거렸습니다. 그들 부부는 바알 숭배를 전파
하는 데도 남다른 열정을 보였습니다. 말 그대로, 두 사람은 최선
을 다해 악을 장려했던 것입니다.

정치 이야기

솔로몬은 매우 지혜로웠습니다. 그러나 그의 아들 르호보암은 지각이 없었습니다. 이스라엘 왕국이 분열된 것도 따지고 보면, 르호보암의 무분별함 때문이었습니다.

솔로몬이 죽고, 르호보암이 왕위를 계승했을 때만 해도 이스라엘은 통일 국가를 유지하고 있었습니다. 그런데 르호보암의 정적(政敵) 여로보암이 민중들을 선동해 젊은 새 왕에게 요청했습니다.

"왕의 부친이 우리의 멍에를 무겁게 하였으나 왕은 이제 왕의 부친이 우리에게 시킨 고역과 메운 무거운 멍에를 가볍게 하소서 그리하시면 우리가 왕을 섬기겠나이다."

르호보암은 삼일 후에 다시 찾아오면, 대답해주겠다고 약속한 후 백성들을 물리쳤습니다. 그는 즉시 부왕의 참모 역할을 했던 노인들에게 자문을 구했습니다. 참으로 현명한 처사였습니다. 노인들은 대답했습니다.

"왕이 만일 오늘날 이 백성의 종이 되어 저희를 섬기고 좋은 말로 대답하여 이르시면 저희가 영영히 왕의 종이 되리이다."

그러나 르호보암은 다시 젊은 자기 친구들에게 자문을 구했습니다. 그들은 이렇게 조언했습니다.

"내 부친이 너희로 무거운 멍에를 메게 하였으나 이제 나는 너희의 멍에를 더욱 무겁게 할지라 내 부친은 채찍으로 너희를 징치하였으나 나는 전갈로 너희를 징치하리라 하소서."

다시 말해서, "백성들에게 뜨거운 맛을 보여주라"는 뜻이었습니다.

젊은 르호보암 왕이 어느 편의 충고를 들었을지 짐작이 갈 것입니다. 결국 백성들은 여로보암을 주축으로 반란을 일으켰고, 이로 인해 통일 왕국이 분열되는 비극적인 결과가 초래되었습니다.

그러나 그들의 행보를 저지하는 한 사람이 있었으니, 그는 바로 엘리야였습니다. 엘리야 선지자는 어두운 시대를 비추는 등대였으며, 아합과 이세벨을 찌르는 날카로운 가시였습니다.

엘리야의 최후의 결전

엘리야는 믿음이 강한 사람이었습니다. 하나님은 그를 쓰셨고, 온갖 이적적인 방법으로 그에게 능력을 주셨습니다. 까마귀가 그에게 먹을 것을 물어다준 적도 있었습니다. 엘리야에게 먹을 것

세 가지 원칙

유다와 이스라엘 역대 왕들의 삶에는 세 가지 원칙이 있었습니다. 이 원칙은 오늘날 우리에게도 적용됩니다.

1. 하나님을 따르면 결국에는 승리한다.
2. 하나님을 따르지 않으면, 당장은 생활이 즐거울지 몰라도 결국에는 파멸에 이르고 만다.
3. 하나님이 말씀하실 때 귀 기울여 순종해야 한다. 그러면 자신의 과오와 교만을 직시하게 될 것이다.

을 대접한 과부의 집에는 밀가루와 기름이 바닥나지 않고 계속 채워졌습니다. 또한 엘리야는 어떤 여인의 아들이 죽었을 때 죽은 소년의 생명을 살려주기도 했습니다.

한번은 엘리야가 아합과 이세벨의 바알 선지자들에게 결전을 벌이자고 도전장을 보낸 적이 있었습니다. 결전 장소는 갈멜산 정상으로 정해졌습니다. 경기 규칙은 각각 제단을 쌓고 그 위에 제물을 놓은 다음, 자기가 믿는 신(神)에게 기도하여 불이 내려와 제물을 태우는 쪽이 이기는 것이었습니다. 엘리야도 바알 선지자들도 제단을 쌓았습니다. 특히 엘리야는 제단 주변에 도랑을 파고, 그곳을 물로 채웠습니다.

바알 선지자들이 먼저 기도했습니다. 그들은 괴성을 질러대며 춤을 추었습니다. 그래도 반응이 없자 바알에 대한 열심과 진실성을 입증하기 위해 창과 칼로 제 몸에 상처를 내 피를 뚝뚝 흘리며 바알을 불렀습니다. 그러나 여전히 반응이 없었습니다. 아무것도 아닌 것에게 기도했으니, 무슨 일이 일어날 턱이 없었던 것입니다.

그 다음 엘리야가 기도했습니다. 당연히 하나님께서 응답하셨습니다. 하늘에서 불이 내려와 제물을 살랐을 뿐 아니라, 도랑에 있던 물까지도 완전히 사르고 말았습니다. 하나님의 백성들에게는 승리의 날이었고, 바알의 선지자들에게는 패배와 죽음의 날(그날 바알 선지자들이 모두 엘리야에게 죽임을 당함)이었습니다.

열왕기하

열왕기하 기사가 포괄하는 연대

아브라함 BC 2100년경		다윗 BC 1010년경		엘리야/엘리사 BC 850년경		유다 멸망 BC 586년		예수님 탄생 BC 4년경
	모세 BC 1500년경		다윗의 죽음 BC 931년경		이스라엘 멸망 BC 722년		에스라 BC 450년경	

열왕기하 진상조사 파일

이름	'열왕기상'의 연속이라는 의미.
기록연대	정확한 연대는 알 수 없음.
기자	정확히 알 수 없음. 다만 몇 사람의 공동저작일 것으로 추정됨.
종류	역사서. 여러 왕들의 연대기.
핵심내용	여호사밧과 아하시야 왕 이후 남 유다와 북 이스라엘의 왕들에 관한 이야기. 엘리야 선지자와 엘리사 선지자 시대의 이야기.

왕국의 멸망

열왕기하는 열왕기상의 후편입니다. 이스라엘은 남 유다 왕국과 북 이스라엘 왕국으로 분열되어 정치, 경제, 외교, 예배 등 모든 면에서 두 나라가 완전히 분리된 것입니다.

그러나 두 나라에 공통점이 있었습니다. 그들이 한결같이 하나님께 등을 돌려 이방 우상을 숭배했다는 점입니다. 결국 하나님은 남 왕국과 북 왕국에 선지자들을 보내어 백성들에게 순종을 촉구해야 했습니다. 그러나 그들은 선지자들의 지적을 외면했고, 결국 두 나라 모두 외세에 의해 멸망당하게 되었습니다. 먼저 북 이스라엘 왕국이 앗수르(앗시리아)에 멸망당했고, 남 유다 왕국은 바벨론에게 멸망당했습니다.

★ 1장 1절-8장 15절 북 이스라엘이 크게 패역하였기 때문에 엘리사의 큰 이적의 사역이 있었다(악하고 음란한 세
　　　　　　　　　대가 표적을 구함).
★ 8장 16절-17장 41절 이스라엘과 유다가 배교의 길로 치달았기 때문에 하나님의 징계의 채찍을 피할 수 없었다.
★ 18장 1절-25장 30절 유다도 패역의 길을 갔으나 히스기야와 요시야가 하나님의 언약에 신실할 때는 하나님의
　　　　　　　　　심판이 지연되었다. 그러나 유다는 하나님을 배신함으로써 끝내 바벨론에 패망한다.

의로운 왕 : 히스기야와 요시야

두 왕국의 역대 왕들이 모두 다 악한 것은 아니었습니다. 남 유다
왕국에는 나라와 백성들을 하나님의 길에 세워놓기 위해 노력한
선한 왕이 두 명 있었습니다.

첫 번째 왕은 히스기야였습니다. 그는 우상의 제단과 신당들을
철저하게 파괴하는 동시에 성전 예배를 회복시켰습니다. 또한
그는 수로를 건설해 예루살렘 성내에 물이 흐르게 했습니다.

두 번째 의로운 왕은 요시야였습니다. 요시야는 8세 때 즉위했습
니다. 그 또한 히스기야와 마찬가지로 성전 예배를 회복시켰는
데 그 과정에서 성전 깊숙이 묻혀 있던 구약 율법서 사본(신명기
로 추정됨)을 발견했습니다. 이 책 덕분에 요시야 자신은 물론이
고 온 백성들이 율법을 새롭게 깨달을 수 있었고, 그 깨달은 말씀
에 순종할 수 있었습니다. 아쉽게도 요시야 왕은 39세의 나이에
전사하고 말았습니다.

선지자들의 공허한 외침

이스라엘과 유다가 하나님께 등을 돌리고 방황하던 시절, 선지

자들이 지속적으로 출현하여 그들의 과오를 지적하곤 했습니다. 선지자들은 때로 장래의 일을 예언하는가 하면, 단순히 진리를 대변하기도 했습니다. 선지자들은 주로 왕을 상대했습니다. 그래서 온 백성들이 그들의 존재를 잘 알고 있었습니다. 그러나 그들은 존경을 받기보다 모욕을 당하는 경우가 많았습니다.

선지자 가운데 가장 유명한 사람은 엘리야일 것입니다. 엘리야는 죽지 않았습니다. 그는 하나님의 불병거를 타고 하늘로 올라갔습니다.

엘리야의 수제자는 엘리사였습니다. 엘리사는 매우 고결한 인생을 살았을 뿐 아니라, 선지학교를 설립하기도 했습니다.

그 시대에 활동했던 여러 선지자들의 사역이 이사야, 예레미야, 미가, 호세아 등의 책에 자세히 기록되어 있습니다. 하나님은 택하신 백성들을 절대 포기하지 않으심으로써 백성들을 향한 사랑을 입증하셨습니다. 하나님은 선지자들의 메시지를 통해 백성들을 하나님께 돌아오라고 부르셨습니다. 그러나 백성들은 모두 선지자들의 말을 귓등으로도 듣지 않았습니다.

역대 왕들의 이름

유다와 이스라엘의 경우, 왕이 하나님께 순종하느냐 그렇지 않느냐에 따라 나라와 백성들의 운명이 좌우되었습니다. 여러 왕들 가운데 오직 두 사람, 히스기야와 요시야만 하나님을 신실히 섬겼습니다.

유다의 왕들	이스라엘의 왕들
여호람(왕하 8장)	요람(왕하 3장)
아하시야(왕하 8장)	예후(왕하 10장)
아달랴(왕하 11장)	여호아하스(왕하 13장)
요아스(왕하 11장)	요아스(왕하 13장)
아마샤(왕하 14장)	여로보암 2세(왕하 14장)
아사랴(왕하 15장)	스가랴(왕하 15장)
요담(왕하 15장)	살룸(왕하 15장)
아하스(왕하 16장)	므나헴(왕하 15장)
히스기야(왕하 18장)	브가히야(왕하 15장)
므낫세(왕하 21장)	베가(왕하 15장)
아몬(왕하 21장)	호세아(왕하 17장)
요시야(왕하 22장)	
여호아하스(왕하 23장)	
여호야김(왕하 23장)	
여호야긴(왕하 24장)	
시드기야(왕하 24장)	

역대상

■■■ 역대상 기사가 포괄하는 연대

아브라함 BC 2100년경		출애굽 BC 1440년경		다윗 등극 BC 1010년경		에스라 BC 450년경	
	모세 BC 1500년경		사사시대 BC 1375년경		다윗의 죽음 BC 970년경		예수님 탄생 BC 4년경

역대상 진상조사 파일

이름	역사 기록 혹은 역사 연대기의 의미.
기록연대	BC 430년경.
기자	유대 전승에 따르면, 에스라가 이 책을 기록했다고 함.
종류	역사서(족보도 일부 포함).
핵심내용	사무엘하의 내용과 거의 유사하다. 다만 정치 문제보다는 개인의 신앙 문제에 초점을 맞추고 있다.
인물들	사무엘, 다윗, 나단, 솔로몬.

뿌리를 찾아

역대상은 이스라엘 역사의 가장 암울한 시기에 기록된 책입니다. 앞에서 언급했듯이 북 이스라엘 왕국은 앗수르에 멸망당했고, 남 유다 왕국은 바벨론에 멸망당했습니다.

그런데 바벨론은 유다를 초토화시키는 대신, 인종 혼합 정책을 썼습니다. 바벨론은 이스라엘 민족의 정체성을 흐려놓기 위해 세 차례에 걸쳐 유대 민족을 포로로 끌고 갔는데, 페르시아가 바벨론을 점령하면서 다시 세 차례에 걸쳐 유대 민족을 본국으로 귀환시키게 됩니다. 이 책은 3차 포로귀환이 이루어진 후에 기록되었습니다.

★ 1장 1절–3장 24절   다윗 왕의 계보를 아담까지 소급해서 밝힘으로써 아담과 그 후손에게 약속한 구원이 다윗의 씨를 세우는 것과 긴밀히 연관됨을 보여준다.

★ 4장 1절–8장 40절   이스라엘 열두 지파의 계보를 밝힘으로써 바벨론 포로 귀환 후에 이스라엘의 정체성을 확립하려는 데 그 의의가 있다.

★ 10장 1절–29장 30절   다윗이 이스라엘을 하나님나라답게 세우기 위해 어떻게 여호와 예배 중심으로 그 나라를 정비했는지 보여준다.

유대인들이 70년 간의 포로생활을 마치고 본국에 돌아와보니, 그들 고향 땅에는 외국 사람들이 살고 있었습니다. 그들은 한 민족으로서 다시 결합해야 했고, 하나님과 다시 연결되어야만 했습니다. 그래서 역대상을 기록하여 그 백성들에게 이스라엘 역사의 뿌리를 인식시켜주려고 했던 것입니다.

족보, 또 족보

역대상 처음 여덟 장은 족보로 되어 있습니다. 이 족보들을 읽노라면 저절로 하품이 나오고 눈이 감깁니다. 재미가 없기 때문입니다. 하지만 적어도 당대 사람들은 그렇지 않았을 것입니다. 당시는 한 가족의 가족사에 따라 그 가족 구성원들의 정체성이 규정되던 시대였습니다.

그들은 가나안에 들어갔을 때도 각 지파별로(어떤 가족이 야곱의 열두 아들 가운데 어느 아들의 후손이냐에 따라) 영토를 분배했습니다. 가족사가 그들 개개인의 인격적 정체성을 규정하고 있었던 것입니다. 그들의 생활방식 또한 출애굽이라는 엄청난 사건에서 기원한 명절, 축제, 구전전승, 이야기들을 통해 대대로 전해진 것이었습니다.

당대 사람들에게 이 족보야말로 그들의 정체성을 확인할 수 있는 유일한 뿌리였습니다. 이 점을 이해해야 합니다. 그들은 온갖 고초 끝에 고향에 돌아왔습니다. 하지만 고향 땅은 이미 불법 거주자들에게 점유당한 상태였습니다. 따라서 그들에게는 뿌리가 필요했고, 역대상의 족보에 나오는 이름들과 그 이름들이 나타내는 삶의 방식이 그들을 같은 민족으로 규정하는 유일한 뿌리 역할을 한 것입니다.

역대상 기록의 관점

역대상의 가장 두드러진 특징은 과거의 역사를 다른 관점에서 보고 있다는 점입니다. 겉으로 보기에 역대상은 사무엘하와 열왕기상에 기록된 사건들과 거의 동일한 사건들을 기술하고 있는 듯 보입니다. 그러나 그 책들과 역대상 사이에는 상당한 관점의 차이가 드러나고 있습니다. 그것이 당연한 이유는 역대상이 실제 사건들이 발생한 지 한참 후에 기록되었기 때문입니다. 어떤 사건을 그 당시에 보는 사람과 세월이 한참 흐른 후에 보는 사람의 관점은 다를 수밖에 없습니다. 역대상은 역사를 세세하게 묘사하기보다 특정 주제를 부각시킵니다. 사건 자체를 바라보기보다 그 사건의 중요성에 초점을 맞춥니다. 역대상은 누가 얼마나 통치했는가에 대한 역사적 이해보다는 이스라엘의 예배 역사, 이스라엘과 하나님의 관계에 초점을 맞추고 있습니다.

다윗 왕의 치적

역대상의 주인공은 다윗이라 할 수 있습니다. 다윗은 일국의 왕으로서 놀라운 업적을 많이 남겼습니다. 그러나 이 책은 다윗의 '성전예배 준비' 치적에 대해 집중적으로 기술하고 있습니다. 다윗은 포로기 이전 이스라엘 백성들에게 하나님 예배를 특별히 강조했습니다. 그러므로 포로기 이후의 이스라엘 백성들이 또다시 하나님 예배를 최우선순위로 삼기 위해, 다윗이 이스라엘 역사에서 수행했던 중요한 역할을 돌아보는 것은 너무도 당연한 일이었습니다. 그들의 성전은 완전히 폐허가 되었습니다. 살던 집도 마찬가지였습니다. 그들은 역대상에서 일종의 행동 규범을 발견할 수 있었고, 그것을 따라 그들의 가족과 종교에 대한 뿌리를 확고히 다질 수 있었습니다.

우리는 어떤 사람의 과거의 삶을 돌아볼 때 그 사람이 성취한 삶의 궤적을 뚜렷하게 발견할 수 있습니다. 그러나 어떤 사람이 지금 특정한 일을 수행하고 있는 중이라면, 장차 그 사람이 이루게 될 업적을 미리 추정하기란 그리 쉽지 않습니다. 그런 점에서 당시에 다윗이 하나님 예배에 대해 어떤 생각을 갖고 있었는지 정확히 알아내기는 힘듭니다. 다만 그의 치적을 토대로 볼 때 아마 다음과 같은 계획을 갖고 있지 않았을까 추측해볼 수 있습니다.

- '여부스 족속에게서 예루살렘을 빼앗아 그곳에 하나님의 성전을 짓겠다.'
- '하나님의 언약궤를 되찾아 성막에 안치하겠다.'
- '성막에서 하나님을 예배할 때 부를 찬송시를 쓰겠다. 그리고

아삽을 찬양대 지휘자로 임명하여 하나님을 찬양하는 직무를 맡기겠다.'

- '제사장, 예배 봉사를 담당하는 음악가, 성막 경비원들의 편제를 조직하겠다.'
- '때가 이르렀을 때, 내 아들 솔로몬이 성전을 잘 건축하도록 성전 건축에 필요한 장비들과 물자들을 확보하겠다.'

다윗은 분명 이런 생각을 품고 있었을 것입니다. 왜냐하면 그가 실제로 이런 일을 이루었기 때문입니다.

역대하

■■■ 역대하 기사가 포괄하는 연대

아브라함 BC 2100년경		출애굽 BC 1375년경		왕국 분열 BC 931년경		유다 멸망 BC 586년		예수님 탄생 BC 4년경
	모세 BC 1500년경		다윗 BC 1010년경		이스라엘 멸망 BC 722년		에스라 BC 450년경	

역대하 진상조사 파일

이름	'역대상' 이야기의 연속을 의미함.
기록연대	BC 430년경.
기자	유대 전승에 따르면, 에스라가 이 책을 기록했다고 함.
종류	역사서(단, 족보는 없음).
핵심내용	솔로몬의 통치에서 바벨론 포로에 이르기까지 이스라엘 역사에 대해 자세히 말하고 있다.

민족에 대한 회고

역대하는 역대상 이야기의 연속입니다. 그러므로 역대하 역시 역대상과 마찬가지로 과거 이스라엘의 실제 역사를 매우 다른 관점에서 기술하고 있습니다. 역대하는 열왕기보다 훨씬 후대에 기록되었습니다. 과거 역사에 대한 복습이라고 할까요? 유대인들은 70년의 바벨론 포로생활을 마치고 방금 막 고향에 돌아왔습니다. 그들은 뿌리도 없이, 일체감도 없이 실로 오랜 세월을 상실감에 사로잡혀 방황했습니다. 역대기 기자는 그런 이스라엘 백성들에게 역사의식과 정체성을 심어주려고 노력했습니다. 이런 관점에서 역대기는 과거 역사 인물들의 긍정적인 모습을 유난히 강조하고 있습니다. 유다 왕국의 역사에는 실로 사악하고

역대하 **한 번에 꿰뚫기**

★ 1장 1절-9장 31절　솔로몬을 성전 건축자, 즉 여호와 신앙의 터전을 마련한 자로 부각시킨다.
★ 10장 1절-36장 16절　솔로몬을 계승한 유다 왕들의 행적을 열거하면서 여호와를 '구하는' 왕에게는 축복을,
　　　　　　　　　　　여호와를 '저버리는' 왕에게는 심판으로 하나님이 직접 개입하심을 보여준다.
★ 36장 17-23절　배교한 유다를 패망시킴으로써 심판하나 아브라함의 언약을 기억하여 포로에서 귀환시키신다.

어리석은 왕들이 많았습니다. 그러나 역대기는 이렇게 많은 왕들 가운데 최고만을 엄선하고 있습니다. 백성들에게 그들 역사에 자랑할 것이 있고, 간직할 것이 있음을 상기시키고자 하는 기자의 치밀한 의도가 드러나는 대목이 아닐 수 없습니다. 또한 역대기 기자는 그들 조상들이 어떻게 하나님을 섬겼고, 어떻게 예배했는지 상기시킴으로써 백성들이 제 발로 일어나 고향에서의 새 삶을 시작할 수 있도록 발판을 마련해주고 있습니다.

솔로몬 통치 시대

역대하는 솔로몬의 통치에 대해 전반부를 할애하고 있습니다. 솔로몬은 매우 지혜롭고 부유한 왕이었습니다. 국내외적인 영향력도 컸으며 아내도 여럿을 거느렸습니다. 세상에서 가질 수 있는 것은 모두 가진 사람이었습니다. 그의 젊은 시절, 이 모든 것들이 그의 삶을 풍요롭게 했습니다. 그러나 노년에 이르러 그는 이 모든 것에 환멸을 느꼈습니다. 그는 전도서를 기록하기도 했는데, 거기서 모든 것을 다 소유했어도 하나님이 없으면 그 모든 것이 '아무것도 아니다' 라고 고백하기도 했습니다.

역대기의 관점

성전에 관한 기사를 포함하여 열왕기상과 열왕기하에 기술된 사건들을 다른 관점, 즉 '여호와 예배 중심성' 에서 말하고 있다.

유다의 왕들

솔로몬 이후, 이스라엘 왕국은 남방 유다 왕국과 북방 이스라엘 왕국으로 분열되었습니다. 역대하는 특히 다윗의 직계인 유다의 통치자들에게 주목하고 있습니다. 역대하는 유다의 여러 통치자들에 대해 말하며, 왕들의 하나님에 대한 열심과 왕국의 번영 사이에 직접적인 상관관계가 성립한다는 점을 강조하고 있습니다. 하나님은 유다의 열왕들에게 말씀하셨습니다.

"너희가 나를 순종하면 축복을 받을 것이요, 순종하지 아니하면 넘어지고 말리라!"

역대하는 과거 역사를 회고하며, 하나님께서 말씀하신 모든 것이 진리였음을 밝히고 있습니다.

아니, 이런 일이!

신문 표제어

만일 역대하가 신문이라면, 당신은 아마 다음과 같은 표제어들을 읽을 수 있을 것입니다.

· 솔로몬 왕이 은의 가치를 돌같이 흔하게 만들다(대하 1장).
· 할머니가 자기 혈육들을 죽이고, 여왕의 자리에 오르다(대하 22장).
· 일곱 살 어린이가 왕으로 등극하다(대하 24장).
· 유다 왕 아하스가 어린이를 희생제물로 바치다(대하 28장).
· 여호아하스 왕, 최단 통치 기록을 갱신하다(대하 36장).

에스라서

■ 에스라서 기사가 포괄하는 연대

아브라함 BC 2100년경		출애굽 BC 1375년경		다윗왕조 BC 931년경		유다 멸망 BC 586년		에스라 귀환 BC 458년	
	모세 BC 1500년경		다윗 BC 1010년경		이스라엘 멸망 BC 722년		1차 포로귀환 BC 538년		예수님 탄생 BC 4년경

에스라서 진상조사 파일

이름	'에스라'는 이 책의 등장인물 이름. '하나님이 돕다' 라는 뜻.
기록연대	BC 440년경.
기자	에스라일 것으로 추정됨.
종류	역사서. 역사적 사실의 기록.
핵심내용	이스라엘이 포로생활을 마치고 귀환하는 이야기. 예루살렘 성전 재건축 이야기.

본국 귀환의 의미

역대하 끝부분에 보면, 유대 민족이 바벨론에 포로로 끌려가는 장면이 나옵니다. 나중에 페르시아가 바벨론을 점령했을 때, 페르시아의 고레스 왕은 칙령을 반포해, 유대 민족을 다시 본국으로 되돌려 보냈습니다. 유대인들에게 본국으로의 귀환은 한편으로 너무나 반가운 일이었지만 다른 한편으로는 또 하나의 시련과도 같았습니다. 왜냐하면 그들이 바벨론에 무려 70년이나 억류되어 있었기 때문입니다. 바벨론에 끌려갔던 포로 제1세대들은 벌써 세상을 떠났습니다. 따라서 새 세대들 대부분이 이국 땅에서 태어난 사람들이었습니다. 그들의 고국 예루살렘은 무려 1,500km나 떨어져 있었고, 당시에는 자동차도 없었습니다

에스라서 **한 번에 꿰뚫기**

★ 1장 1절-6장 22절   강력한 방해공작에 직면했던 성전 재건의 일을 회상한다.
★ 7장 1절-8장 36절   이스라엘의 영적 위기를 해결하기 위하여 하나님이 에스라를 예비하셨음을 보여준다.
★ 9장 1절-10장 44절   에스라가 이스라엘 백성들에게 만연한 이방혼을 탄핵함으로써 영적 혼합주의를 일소한다.

(1,500km라면 자동차로도 15시간 이상 걸리는 거리입니다. 서울에서 부산까지 거리의 약 세 배 반 정도 되는 거리를 도보로 여행한다고 상상해 보십시오). 그러므로 유대인 가운데 다수가 고레스의 칙령에 따라 고국으로 돌아갈지 말지 망설이고 있었습니다.

1차 포로귀환

바벨론에 포로로 잡혀갔던 유대인들의 수는 대략 2백만 명에 달했습니다. 그 가운데 약 5만 명만이 스룹바벨이란 지도자와 함께 귀환하기로 결단했습니다. 이를 1차 포로귀환이라 합니다. 그들은 고향에 돌아온 후, 성전 재건을 최우선순위로 삼았습니다. 사실 성전 재건은 단지 예배할 장소를 마련하는 것 이상의 중대한 의미를 지니는 큰 사건이었습니다. 그들과 하나님과의 관계를 재건축하는 의미가 있었기 때문입니다.

유다 백성들은 성전의 기초 공사를 완료하고 나서 성대한 잔치를 베풀었습니다. 여기저기에서 흥겨운 노래들이 울려 퍼졌고, 하나님을 찬양하는 소리도 드높이 울렸습니다. 그러나 슬퍼하는 무리들도 있었습니다. 과거 솔로몬 성전의 웅장하고 화려했던 위용을 목격했던 노인들이 초라한 새 성전의 모습을 보고서, 과

거의 영화를 떠올리며 그만 울음을 터뜨린 것입니다.

유다 백성들의 역사는 예배를 시작했다 중단하고, 또 시작했다 중단하는 반복 과정으로 점철되어 있었습니다. 지금 그들이 고향에 돌아와 성전을 재건했다는 사실은 그들이 그들 민족의 삶에서 하나님의 주권을 완전히 승인했음을 알리는 징표였습니다. 하나님께 확실하게 다가선 것입니다.

2차 포로귀환

성전 재건축 역사가 시작된 이후, 에스라가 약 2천 명(그들 대부분이 제사장이었음)을 데리고 추가로 귀환했습니다. 그러나 그의 눈에 보인 고향은 정말 실망스럽기 짝이 없었습니다. 성전도 예외가 아니었습니다. 과거의 화려했던 솔로몬 성전에 비해 새 성전은 너무나 초라했습니다.

하지만 에스라의 주요 관심사는 성전 재건축이 아니었습니다. 고향으로 돌아온 유다 백성들은 초라한 성전을 바라보며 더욱 의욕을 잃었고, 심령이 위축되었습니다. 에스라는 마음이 아팠습니다. 그래서 그는 백성들의 마음을 회복시켜야겠다고 결심했습니다. 그는 회개하는 심령으로 옷을 찢고, 마음을 다해 감동적인 설교를 했습니다. 확실한 효과가 나타났습니다. 백성들은 그의 독려에 힘입어 하나님과의 관계를 더욱 견고히 이루어가기 시작했습니다.

건축허가의 장애물

성전 건축 과정은 순탄하지 않았습니다. 평소 유다 백성들에게 반감을 품고 있던 무리들이 소위 '투서 플레이'를 통해 이스라엘의 성전 건축을 훼방놓았기 때문입니다. 에스라서 4장을 근거로 시나리오를 만들어보았습니다.

- 우선 당시에 전화도, 전자우편도, 팩시밀리도, 복사기도, 우편 서비스도 없었다는 점을 기억하고 시작합시다. 의사전달수단이라고 해야 인편, 낙타, 병거(마차)밖에 없었습니다. 성전 건축 현장과 페르시아 제국의 수도는 1,500km나 떨어져 있었습니다. 연락을 주고받는 데 상당한 시간이 걸렸겠지요.
- 유대 민족에 적대감을 품고 있던 이웃들이 성전 건축을 돕겠다고 제안했습니다. 이스라엘은 그들의 제안을 거절했습니다. 그러자 그들은 '어디, 두고 보자'라고 하며 이를 갈았습니다.
- 이웃들은 한편으로 이스라엘을 모함하는 거짓말을 꾸며 인편으로 페르시아 관리들에게 전했고, 다른 한편으로 관리들을 매수하여 고레스 왕과 그 다음 다리오 왕에 이르기까지 성전 건축 작업을 중단시켰습니다.
- 그들은 투서를 하기 시작했습니다. 처음에는 아하수에로 왕에게, 그 다음에는 아닥사스 왕에게 투서를 했습니다. 그들이 작성한 거짓 투서에는 이스라엘 민족에게 심각한 문제가 있으니, 만약 성전 건축을 지속시키면 그들이 세금을 바치지 않을 것이라는 내용이 적혀 있었습니다.
- 페르시아 왕은 이스라엘과 유다의 역사에 관한 보고서를 자세히 검토한 후, 유대 민족에게 반역의 기질이 있다고 결론 내렸습니다. 그는 어지간히 심기가 불편했습니다. 그래서 성전 건

축 역사를 당장 중단하라는 명을 내렸습니다.

- 그러나 이스라엘은 그냥 당하고만 있지 않았습니다. 그들은 상대와 같은 전법으로 대응했습니다. 그들은 다시 성전 건축을 시작했습니다. 그리고 왕에게 진실한 편지를 보냈습니다. 그 편지에는 이스라엘과 유다에 관한 보고서를 재검토할 것과 성전 건축을 허락한 고레스의 원래 칙령을 번복하지 말 것을 촉구하는 내용이 담겨 있었습니다. 왕의 서기관들이 양피지 문서와 서판을 뒤져 마침내 뿌얀 먼지가 내려앉은 고레스의 칙령을 발견했습니다.

- 이렇게 해서 드디어 성전 건축이 재개되었습니다.

| Nehemiah |

느헤미야서

▨▨▨ 느헤미야서 기사가 포괄하는 연대

아브라함 BC 2100년경		출애굽 BC 1375년경		다윗왕조 BC 931년경		유다 멸망 BC 586년		에스라 귀환 BC 458년	
	모세 BC 1500년경		다윗 BC 1010년경		이스라엘 멸망 BC 722년		1차 포로귀환 BC 538년		예수님 탄생 BC 4년경

느헤미야서 진상조사 파일

이름	'느헤미야'는 이 책의 등장인물 이름.
기록연대	BC 445년경.
기자	느헤미야와 에스라의 공동저작일 것으로 추정됨.
종류	역사서. 역사적 사실의 기록.
핵심내용	느헤미야가 포로생활에서 귀환하여 예루살렘 성벽을 재건한다(당시에는 적의 위협으로부터 자신을 지키기 위해 도시를 언덕 위에 건설했음).
인물들	느헤미야, 에스라, 산발랏, 도비야.

위험을 감수하다

느헤미야는 바벨론(페르시아가 바벨론을 점령함에 따라 페르시아의 지배를 받게 됨)에 포로로 잡혀간 유대인으로서, 페르시아 황제에게 잔을 받들어 올리는 일을 맡고 있었습니다. 물론 그는 전형적으로 시종들이 담당하던 일도 수행했습니다. 하지만 그에게는 중대한 임무가 있었는데, 그것은 바로 왕이 마실 음료를 미리 맛보는 것이었습니다. 여기에는 포도주의 품질을 가리는 의미뿐 아니라 독살의 위험으로부터 왕을 지키는 의미가 있었습니다. 하루에 세 번씩 죽음의 문턱을 넘나들어야 했던 것입니다.

그러나 느헤미야의 직업에 단점만 있는 것은 아니었습니다. 자

느헤미야서 한 번에 꿰뚫기

기의 관심사를 왕에게 직접 이야기할 기회가 많았기 때문입니다. 어느 날, 느헤미야는 예루살렘 재건을 위해 고국으로 돌아간 사람들이 시련을 겪고 있다는 소식을 들었습니다. 예루살렘 성벽이 완전히 파괴되어 적의 위협에 무방비 상태로 노출되어 있다는 소식이었습니다. 이때 느헤미야의 마음은 무너질 것만 같았습니다.

느헤미야의 표정이 어두워지자, 왕이 그에게 그 이유를 물었습니다. 느헤미야는 사정을 밝히고, 예루살렘 성벽 재건을 위해 얼마간 휴가를 달라고 왕에게 요청했습니다.

성벽을 재건하다

예루살렘에 당도한 지 이틀 후, 느헤미야는 야심한 시각에 숙소를 빠져나와 예루살렘 성벽을 둘러보았습니다. 성벽 전체가 완전히 궤멸되어 성한 데가 하나도 없었습니다. 느헤미야가 야심한 시각에 몰래 예루살렘 성벽을 시찰한 까닭이 무엇인지 이해하려면, 당시 예루살렘에 이미 많은 외국인들이 거주하고 있었으며 그들이 고향을 다시 찾아온 유대인들을 아니꼬운 시선으로

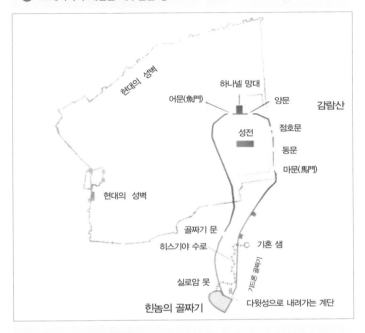

바라보고 있었다는 사실을 기억해야 합니다. 또한 유대 민족들이 다시 단결하여 독립을 선포하고, 페르시아에 반역을 일으켜 세금 납부를 거부하지 않을까 촉각을 곤두세우던 페르시아 정부 관리들의 예민한 시선도 무시할 수 없었습니다. 공연히 섣부르게 행동하다가 일을 그르치기 딱 맞는 상황이었습니다.

그는 성벽을 충분히 살펴본 후에야 비로소 유다 백성들을 모아 놓고 자기 계획을 밝혔습니다. 그는 성벽과 출입문을 구획별로

훌륭한 강연가, 느헤미야

만약 느헤미야가 지금 살고 있다면, 그는 아마 지도자 수련회의 명 강연가로 이름을 떨치고 있을 것입니다. 그는 유능한 지도자인 동시에 특출한 행정가였습니다. 만일 우리가 그의 강연을 들었다면, 우리의 수첩에는 다음과 같이 요점정리가 될 것입니다.

· 결정을 내릴 때, 기회가 왔을 때, 지혜를 달라고 기도하라.
· 행동을 시작하기 전에 자신의 과업을 면밀하게 분석하라.
· 명령계통과 지휘계통을 분명히 인식하라. 내 힘으로 하려 애쓰지 말고, 상관의 명령에 근거해서 일을 추진하라.
· 임무를 나누어 적임자에 할당하라.
· 훼방꾼들에게 굴복하지 말라.
· 간사한 자들에게 농락당하지 말고, 인품과 고결성을 지켜라.
· 문제를 회피하지 말고 당당히 맞서라.
· 성경이 뭐라고 말하는지 분명히 깨닫고, 그 말씀에 순종하라.

나누어 사람들에게 분배했습니다. 대부분의 사람들은 예루살렘 성벽을 재건하게 된 것을 큰 기쁨으로 여겼습니다. 그러나 성벽 재건 공사를 못마땅하게 여기는 사람도 있었습니다.

산발랏과 도비야, 두 인물이 그랬습니다. 그들은 이방인이었는데 유대인들이 예루살렘 성벽을 재건한다는 소식을 듣고 위협을 느꼈습니다. 유다 백성들이 다시 결집되면, 그들에 대한 통제력을 상실할까 매우 두려워하고 있었던 것입니다. 그래서 그들은 유대인들에게 겁을 주고 사기를 꺾어놓았습니다.

하지만 느헤미야는 하나님께 기도했습니다. 그러자 그들 두 사람은 백성들의 의욕을 꺾기 위해 더욱 더 애썼습니다.

하지만 느헤미야는 백성들에게 하나님께서 도우신다는 사실을 상기시켰습니다. 그러자 그들 두 사람은 백성들을 직접적으로 위협했습니다.

하지만 느헤미야는 백성들을 무장시켰고, 그들에 맞서 싸울 것을 독려했습니다. 한 손에 흙손을, 다른 한 손에 무기를 들고 성벽을 재건했던 것입니다. 그러자 산발랏과 도비야는 느헤미야를 암살하겠다고 으르렁거렸습니다.

느헤미야는 다시 기도했습니다. 그는 결코 물러서지 않았습니다. 정말 믿기 어려운 일이지만, 유다 백성들은 이런 시련 속에서도 성벽 재건을 완공했습니다. 총 공사기간은 약 2개월(52일, 7주)도 걸리지 않았습니다. 그들은 성벽 공사를 완공한 후, 성벽 위에 올라가 예루살렘을 행진하며 축하했습니다. 재건된 예루살렘 성벽이 그 정도로 견고하고 넓었다는 점을 감안해볼 때 단 2개월 만에 공사를 마쳤다는 것은 아무래도 인간의 힘만으로 된 것 같지는 않습니다.

민족 부흥회

예루살렘 성벽 낙성식을 마친 후, 에스라가 하나님의 율법을 백성들에게 읽어주었습니다. 거기서 백성들은 하나가 되어 죄를 고백했고, 하나님께 다시 헌신할 것을 다짐했고, 하나님을 따를 것과 하나님만 예배할 것과 성전을 보살피고 그들의 행위를 정결하게 할 것을 다짐했습니다.

이후 느헤미야는, 백성들이 하나님과의 관계를 새롭게 하고, 하나님이 가시는 길로 따라가도록 도우며 평생 사역했습니다.

에스더서

아브라함 BC 2100년경		출애굽 BC 1375년경		다윗왕조 BC 931년경		유다 멸망 BC 586년		에스라 귀환 BC 458년	
	모세 BC 1500년경		다윗 BC 1010년경		이스라엘 멸망 BC 722년		1차 포로귀환 BC 538년		예수님 탄생 BC 4년경

에스더서 진상조사 파일

이름	'에스더' 는 이 책의 등장인물 이름.
기록연대	BC 480년경.
기자	정확히 알 수 없음. 다만 에스더의 사촌 모르드개로 추정됨.
종류	역사서. 역사적 사실에 대한 기록.
핵심내용	에스더는 비록 소수 민족(이스라엘) 출신이었지만, 페르시아의 왕비 선발대회에 참가하여 우승한다. 그 덕택에, 이스라엘 백성들이 위험에 처했을 때 에스더가 왕에게 간청할 기회를 얻는다.

역사적 배경

에스더서는 하나님께서 우리의 평범한 일상 속에서 역사하신다는 것을 보여줍니다. 에스더서는 그리스도인의 삶에 '우연' 이란 게 없음을 확증해줍니다.

시대적 배경은 이스라엘(남방 유다 백성)이 바벨론에 포로로 잡혀갔을 때이고(바벨론이 페르시아에 패망하자 이스라엘은 페르시아의 속민이 됨), 공간적 배경은 페르시아입니다. 이스라엘은 페르시아에서 생업을 꾸리며 정상적인 생활을 했습니다. 이스라엘은 노예가 아니었지만 페르시아의 시민권이 없었습니다. 그들은 장차 고향으로 돌아가기를 고대하고 있었습니다.

에스더서 한 번에 꿰뚫기

에스더의 이야기는 아하수에로 왕과 와스디 왕후 사이의 갈등으로 시작됩니다. 어느 날, 아하수에로 왕이 친구들을 초청해 성대한 주연을 베풀었습니다. 왕은 빼어난 자태의 왕비를 친구들에게 자랑하기 위해 왕비를 불렀습니다. 그러나 와스디 왕후는 왕명을 거절했습니다. 왕명을 거절하다니? 요즈음이라면 그리 대단한 사건이 아니었을지 몰라도, 당시에 이는 정말 엄청난 사건이었습니다. 이 사건으로 와스디 왕비가 이혼당하고 폐위당했으며, 아하수에로 왕은 새 왕비를 간택하기 위해 소위 미인 선발대회를 개최했습니다.

새 왕비 에스더

에스더는 매우 아름다운 여성으로 유대인 고아였습니다. 그래서 '모르드개'라는 친척 아저씨가 아버지처럼 그녀를 보살펴주었습니다. 에스더는 왕후 선발 대회에 참가하여 당당히 일등을 거머쥐었고, 신분 급상승과 더불어 페르시아의 왕과 결혼하였습니다. 페르시아 왕은 새로 간택된 왕비가 유대인이라는 사실을 아

성경은 흥미진진한 책

성경이 따분한 책이라고 누가 말했던가요?
에스더서 한 권 안에만 해도 엄청난 화제들이 숨어 있습니다.

· 약자의 승리　　　　　　· 인종 분쟁
· 여성 해방운동　　　　　· 정치 음모
· 미인 선발대회　　　　　· 국왕 암살 음모
· 고대 페르시아 시대의 미용술
· 2,500년 이상이나 지속되어온 유대 민족 명절(부림절)의 기원
· 다른 사람을 매달기 위해 만든 교수대에 오히려 자기가 매달려 죽은 인간

직 모르고 있었습니다.

모든 일이 그렇게 평온하게 진행되고 있었습니다. '하만' 이란 사람이 등장하기 전까지는 그랬습니다.

하만의 음모

하만은 말하자면, 히틀러의 열성 팬과 같은 사람이었습니다. 그는 권력에 굶주려 있었을 뿐 아니라, 유대 민족을 페르시아 땅에서 멸절하는 것을 일생의 목표로 삼고 있었습니다. 그는 포악한 인종차별주의자요, 완력밖에 모르는 '깡패' 였습니다. 특히 그는 에스더의 사촌 모르드개를 끔찍하게 혐오하고 있었습니다. 모르드개가 '왕 암살 음모' 를 사전에 폭로하여 왕의 목숨을 구해준 일로, 왕의 총애를 한 몸에 받고 있었기 때문입니다. 하만은 모르드개가 누리는 명성이 매우 못마땅했습니다. 더욱이 모르드개는

하만에게 굽실거리는 비겁한 인물이 아니었습니다. 이 때문에 하만의 증오심은 날이 갈수록 깊어졌습니다. 마침내 하만은 모르드개와 같은 유대 민족을 인종청소하려는 음모를 꾸밉니다.

그러나 하만은 왕후가 유대인이었다는 사실, 그녀가 모르드개와 매우 가깝다는 사실을 전혀 알지 못했습니다. 모르드개는 에스더를 찾아갔고, 자기를 대신해 왕에게 이 모든 것을 이야기함으로써 유대 민족을 위험에서 구출해달라고 청했습니다. 그런데 왕후인 에스더로서도 왕에게 이런 이야기를 한다는 것은 실로 두려운 일이었습니다. 하지만 그녀는 목숨을 내놓고 왕에게 간청했습니다. 그리고 에스더는 하만과 함께한 자리에서 하만의 음모를 폭로해버렸습니다.

이야기의 결말

결국 하나님 백성이 승리했습니다. 하만은 자기가 만든 교수대에 달려 죽었습니다. 그의 계획은 수포로 돌아갔습니다. 그리고 모르드개는 왕에게 더욱 존귀히 여김을 받았습니다. 에스더는 여전히 왕후로 남아 있을 수 있었고, 이제 더 이상 자기 국적을 숨기지 않아도 되었습니다.

이 사건을 계기로 유대 민족은 '부림절'이란 큰 명절을 지키게 부림절이란?
(에 9:20-32 참조)

유대 민족이 하만의 음모로부터 구원받았음을 기념하기 위해 지키는 명절. '부림'은 '부르'(Pur, 페르시아어)의 복수형으로 '제비 뽑기들'이란 뜻이다. 하만이 유대 민족을 멸절시킬 날을 제비 뽑았다고 한 데서 유래한다.

되었는데, 그들은 오늘도 부림절을 지키며 에스더 이야기를 회상하는 동시에 에스더라는 여인을 통해 민족을 구원하신 하나님의 구원의 역사를 기념하고 있습니다. 또한 이것은 이스라엘 일개 민족의 구원에 그치는 것이 아니라 하나님께서 이스라엘의 후손으로 태어나는 '메시아'의 씨를 보존하셨다는 구원사적인 큰 의미를 가집니다.

욥기

■■■ 욥기 기사가 포괄하는 연대

아브라함 BC 2100년경		모세 BC 1500년경		에스라 BC 450년경	
	욥 BC 2000년경		다윗 BC 1000년경		예수님 탄생 BC 4년경

욥기 진상조사 파일

이름	이야기의 등장인물 '욥' 의 이름을 딴 것.
기록연대	알 수 없음.
기자	아마 욥이 기록했을 것으로 추정됨.
종류	시가서(운율을 갖추지 않았어도 시의 형태를 띠고 있음).
핵심내용	욥은 의로운 사람이었으나 고난을 받았다. 이 이야기는 '의' 와 '고난' 이라는 까다로운 주제에 대해 심오한 교훈을 준다.

하나님과 사탄의 대화

욥기는 하나님과 사탄이 대화를 나누는 장면으로 시작되고 있습니다. 사탄도 한때는 천사였습니다. 그러나 그가 하나님을 거역하고 반기를 들어 하나님의 원수가 된 것입니다.

먼저 사탄이 욥에 대해 말했습니다. 사탄은, 하나님께서 단지 욥을 축복해주셨기 때문에 그가 하나님께 신실한 삶을 사는 것이라고 욥의 믿음을 의심했습니다. 하나님은 사탄의 말을 부정하셨고, 그에게 욥을 시험할 기회를 주셨습니다.

그렇게 욥의 고난이 시작되었습니다. 그는 자식들을 잃었고, 재물을 잃었고, 몸마저 병들었습니다.

욥기 한 번에 꿰뚫기

★ 1장 1절-2장 13절 욥이 당한 시험은 우연히 겪은 것이 아니라 사탄의 개입으로 된 것이다.

★ 3장 1절-26절 욥은 자신의 고난에 대해 탄식하며 자신이 태어난 날을 저주한다.

★ 4장 1절-14장 22절 욥의 친구들이 권선징악적 논조에서 욥에게 고통의 이유를 말하자 욥의 고통은 심화된다.

★ 15장 1절-21장 34절 친구들의 공박에 대해 욥은 '악인이 항상 고통당하는 것은 아니다'라는 점을 지적한다.

★ 22장 1절-26장 14절 친구들이 하나님은 너무 위대하셔서 욥이 그분께 감히 의문을 제기할 수 없다고 공박한다.

★ 27장 1절-28장 28절 지혜의 근원에 대해 의문이 제기된다.

★ 29장 1절-37장 24절 욥의 변론에 대해 엘리후는 고난이 가진 훈련의 성격을 배워야 한다고 주장한다.

★ 38장 1절-42장 6절 하나님의 권능 앞에 인간은 자신의 무지를 깨달아야 한다.

★ 42장 7-17절 하나님은 욥에게 보상하시며 욥은 하나님을 신뢰한다.

욥의 친구들

욥의 친구들은 악한 사람들이 아니었습니다. 그들은 욥의 고난에 동참하기 위해 그를 방문합니다. 그들은 욥과 마주 앉아 그의 처지를 위로했습니다. 그러나 그들은 지독한 고난에 시달리는 욥을 보면서 대부분의 사람들이 그렇듯 한 가지 의문을 품게 되었습니다. 그들은 어째서 그렇게 의로운 삶을 살던 욥이 극심한 고난을 받게 된 것인지 알고 싶었습니다. 그래서 마침내 다음 질문에 도달하게 되었습니다.

"욥이 이런 고난을 받는 것은 고난받을 만한 짓을 했기 때문이 아닐까?"

욥은 자녀들과 재산을 하루아침에 잃고 병까지 걸렸습니다. 그래도 그는 조금도 흔들리지 않았습니다. 사실 그는 그렇게 극심하게 고난받을 만한 짓을 한 적이 없었습니다. 친구들은 이제 훨씬 더 어려운 문제에 봉착했습니다.

"만일 욥이 고난받을 만한 짓을 하지 않았다면, 도대체 이 모든 일이 왜 일어난 것일까?"

그들은 이 질문에 대한 대답을 찾을 수 없었으므로, 잘못을 저질렀거든 솔직하게 고백하라고 욥을 책망할 수밖에 없었습니다. 그러자 하나님께서 말씀하셨습니다.

왜 이 세상에 악과 고통이 존재하는가?

하나님 말씀의 핵심은 "너희는, 너희가 누구라고 생각하는가?" (사실 이 질문에 대한 대답은 "너희는 하나님을 누구라고 생각하는가?"라는 질문에 대답하기 전까지 불가능한 것인데)라는 것이었습니다. 하나님은 그들에게 하나님께서 세상을 창조하셨다는 것과 주권적으로 섭리하신다는 것과 권능으로 통치하신다는 것을 확증하셨습니다. 이 세상에서 하나님의 위치를 확고히 밝히신 것입니다.

하나님은 "왜 이 세상에 악과 고통이 존재하는가?" 하는 질문에 대답하지 않으셨습니다. 아마도 이 질문에 대한 대답은 창세기 처음 세 장에 이미 나와 있지 않나 생각됩니다. 그 대신 하나님은, 우리가 고통을 받을 때나 그렇지 않을 때나 하나님은 동일하다고 말씀하셨습니다. 우리가 축복을 받을 때에도 하나님은 우리를 사랑하십니다. 우리가 고통을 당할 때에도 하나님은 우리를 사랑하십니다. 그러므로 우리의 고난과 고통이 곧 하나님의 징벌의 결과물인 게 아닙니다. 우리를 향한 하나님의 마음이 변해서 우리가 고통을 당하는 게 아닙니다. 인생이란 본래 고통스러운 것입니다.

≫ 단서 포착

욥기는 철학책?

욥기는 시간과 공간을 초월하여 모든 인간들에게 심원한 의미를 제시하는 책입니다. 하나님이 만든 세상에서 "왜 인간들이 고통을 당하는 것일까?"라고 한 번쯤 고민하지 않은 사람은 없을 것입니다. 이 문제와 관련해, 욥기에 등장하는 몇 사람의 견해를 여기 소개하겠습니다.

"볼지어다 하나님께 징계 받는 자에게는 복이 있나니 그런즉 너는 전능자의 경책을 업신여기지 말지니라 하나님은 아프게 하시다가 싸매시며 상하게 하시다가 그 손으로 고치시나니"
(욥 5:17,18, 욥의 친구 엘리바스의 말).

"그런즉 하나님 앞에서 사람이 어찌 의롭다 하며 부녀에게서 난 자가 어찌 깨끗하다 하랴 하나님의 눈에는 달이라도 명랑치 못하고 별도 깨끗지 못하거든"
(욥 25:4,5, 욥의 친구 빌닷의 말).

"지혜의 오묘로 네게 보이시기를 원하노니 이는 그의 지식이 광대하심이라 너는 알라 하나님의 벌하심이 네 죄보다 경하니라"
(욥 11:6, 욥의 친구 소발의 말).

"진실로 하나님은 악을 행치 아니하시며 전능자는 공의를 굽히지 아니하시느니라"
(욥 34:12, 욥의 친구 엘리후의 말).

"당신이 그래도 자기의 순전을 굳게 지키느뇨 하나님을 욕하고 죽으라"
(욥 2:9, 욥의 아내가 한 말).

"그가 나를 죽이시리니 내가 소망이 없노라 그러나 그의 앞에서 내 행위를 변백하리라"
(욥 13:15, 욥이 고난 가운데 고백한 말).

하지만 우리로서는 이것을 온전히 이해하고 받아들이기가 쉽지 않습니다. 하나님께서는 직접 개입하셔서 우리의 고통을 막아주시기도 하고, 때로는 고통을 겪게 하시기 때문입니다. 그리고 결정적으로 중요한 것은 우리가 이것을 온전히 깨닫든 깨닫지 못하든, 하나님께서 주권적으로 그렇게 하실 수 있기 때문에 우리가 하나님을 하나님이라 부르고 섬기는 것입니다. 우리 인간의 지혜로는 하나님을 온전히 헤아릴 수 없습니다.

시편

▬▬ 시편 기사가 포괄하는 연대

아브라함 BC 2100년경		다윗 BC 1000년경		에스라 BC 450년경	
	모세 BC 1500년경		1차 포로귀환 BC 538년		예수님 탄생 BC 4년경

시편 진상조사 파일

이름	'노래' 혹은 '시'를 뜻함.
기록연대	BC 1490~500년.
기자	다윗, 아삽(성전의 음악 감독), 솔로몬, 모세.
종류	시가서(서정시).
핵심내용	하나님에 대한 찬양, 예배, 고백으로 이루어진 시와 노래들. 시편 대부분은 노래로 부르기 위해 지은 것이다.

하나님을 찬양하는 서정시

시편은 여러 개의 시를 모아놓은 시집입니다. 여기 수록된 시들 대부분은 노래로 부르기 위한 서정시입니다. 혹자는 헬라어로 '사모이'(Psalmoi, 현악기의 시위가 '윙' 하고 울린다는 의미)라고 부르기도 하고, 어떤 사람들은 '솔트리'(Psaltery, '하프로 연주하기 위한 노래'), 또 다른 사람들은 '솔로몬 성전의 찬송가'라고 부르기도 합니다.

시편에는 150편의 시가 수록되어 있습니다. 어떤 것들은 하나님에 대한 노래들이고, 또 어떤 것들은 직접 하나님을 향해 부르는 노래들입니다. 내용적인 면에서 어떤 시는 매우 경건하고 기쁨과

시편 한 번에 꿰뚫기

★ 1–41편　하나님과 인간의 관계에 초점을 맞춘다(개인적인 탄식과 창조주 찬양).
★ 42–72편　하나님과 이스라엘 민족의 관계에 초점을 맞춘다.
★ 73–89편　예배와 하나님의 거룩하심의 관계에 초점을 맞춘다(시온에 대한 소망과 찬양).
★ 90–106편　이 땅에 있는 모든 것에 초점을 맞춘다(하나님 백성의 거처가 되시는 여호와 찬양).
★ 107–150편　하나님 말씀에 초점을 맞춘다(하나님 백성의 회복과 새 시대 찬양).

행복이 넘치는 반면 어떤 시는 낙담과 분노의 소용돌이가 휘몰아칩니다. 시편은 여느 노래 책과 마찬가지로 인간 내면의 깊은 감정을 정제해놓은 시집입니다. 그렇기에 여기 나온 시들은 솔직 담백합니다. 그리고 실생활의 기도로 가득합니다.

분노를 드러내는 시

시편 5,7,28,35,54,55,83,109편 등에서 시편 기자는 복수를 하나님께 맡기며, 하나님이 공의를 집행해주시기를 간구한다.

시편의 주제

- ●하나님의 선하심
- ●하나님의 사랑
- ●후회
- ●기쁨
- ●애도
- ●하나님의 보호
- ●놀라움
- ●질투
- ●찬양
- ●분노

시편의 운율

시편의 시들은 정확한 운율에 따라 맞추어져 있지 않습니다. 만일 시라면 당연히 운율이 있어야 하지 않을까요? 당시 히브리 시의 형태는 지금 우리가 생각하는 것과 매우 달랐습니다. 그들의 예배 음악 또한 지금의 4화음의 합창과 많이 달랐습니다.

사실 그들은 시의 형태보다는 시가 표현하는 사상에 중점을 두었습니다. 외형률(外形律)보다 내재율(內在律)을 중요하게 여겼던 것입니다. 시의 첫 행은 시의 중심 사상을 표현했습니다. 둘째 행은 첫 행의 사상을 반복하거나 발전시켰습니다. 그 나머지 행들 또한 중심 사상에 기초하여 내용을 전개했습니다. 일례로 시편 27편은 다음과 같은 방식으로 전개되고 있습니다.

"여호와는 나의 빛이요 나의 구원이시니
내가 누구를 두려워하리요
여호와는 내 생명의 능력이시니
내가 누구를 무서워하리요
나의 대적, 나의 원수된 행악자가
내 살을 먹으려고 내게로 왔다가
실족하여 넘어졌도다
군대가 나를 대적하여 진 칠지라도
내 마음이 두렵지 아니하며
전쟁이 일어나 나를 치려 할지라도
내가 오히려 안연하리로다"(시 27:1-3).

구약의 악기들

오늘날의 관현악은 현악기, 목관악기, 타악기, 금관악기들로 구성되어 있고, 밴드는 드럼, 기타, 건반악기로 구성되어 있습니다. 유대인들 또한 예배를 드릴 때 각종 악기를 사용했습니다.

제금(심벌즈) : 양손에 큰 원판을 하나씩 쥐는 것, 엄지와 가운데 손가락에 작은 원판을 부착시키는 것, 이렇게 두 종류가 있음.

플룻(피리) : '목자의 피리'라고도 불리는데 오보에보다 작고 '리드'(입을 대는 부분, 뺏다 꼈다 할 수 있음)가 없음.

나팔(트럼펫) : 염소의 뿔이나 금속을 두드려 만듦. 예배를 드리기 위해 사람들을 소집하는 데 이용되었음.

비파(하프) : 열두 개의 현이 달린 악기. 수직으로 세워놓고 손가락으로 연주했음.

수금 : 비파보다 작음. 열 개의 현으로 되어 있고, 픽(pick)으로 뜯어 연주했음.

딸랑이(경쇠) : 흙으로 틀을 빚어 그 속에 돌을 달아 두들겨 소리를 냈음.

소고(탬버린) : 요즈음의 탬버린과 비슷함. 단, 동그란 틀 주변에 딸랑딸랑 소리를 내는 기구들은 부착되어 있지 않았음. 작은 북으로 이용되었음.

구약 시대의 춤

고대 이스라엘의 예배에 악기만 사용되었던 것은 아닙니다. 춤 또한 그들 예배와 의식의 일부로서 중요한 자리를 차지하고 있었습니다. 다윗 왕도 하나님 앞에서 춤을 추었고, 모세의 누이 미리암도 출애굽 후에 춤을 추며 하나님을 찬송했습니다.

물론 그들의 춤동작은 요즈음의 춤처럼 그렇게 관능적인 것은 아니었습니다. 하지만 춤이 생명을 주신 하나님을 찬송하는 데 중요한 역할을 했던 것만은 사실입니다.

잠언

아브라함 BC 2100년경		다윗 BC 1000년경	히스기야 BC 700년경	예수님 탄생 BC 4년경
	모세 BC 1500년경	솔로몬 BC 970년경	에스라 BC 450년경	

잠언 진상조사 파일

이름	'잠언' 이란 지혜의 말씀. 격언의 의미.
기록연대	BC 970~700년.
기자	대부분은 솔로몬이 지은 것. 하지만 아굴, 르무엘의 이름으로 된 것도 있음.
종류	시가서. 지혜의 말씀 수록집.
핵심내용	생활의 지침을 주는 지혜의 말씀들.

솔로몬의 지혜

잠언은 지혜의 말씀을 모아놓은 책입니다. 한마디로 잠언은 인생의 진정한 성공을 보장하는 '경건한 지혜의 보따리'라 할 수 있습니다. 또한 잠언은 히브리 시의 형태를 보여주는 훌륭한 예가 됩니다. 잠언 대부분의 내용들은 똑같은 사상을 두 가지 상이한 방식으로 표현하는 '2행 연구(聯句)'의 꼴을 취하고 있습니다. 2행 연구는 때로 앞에서 말한 것을 재진술하기도 하며 때로는 앞의 것과 대조되는 내용을 진술함으로써 예를 제시하기도 합니다. 참고로 다음 구절들을 보겠습니다.

"여호와를 경외하는 것이 지식의 근본이어늘
미련한 자는 지혜와 훈계를 멸시하느니라"(잠 1:7).

잠언 한 번에 꿰뚫기

★ 1장 1–7절   하나님 앞에서 의롭고 지혜로운 삶을 살게 하는 것이 잠언의 목적임을 제시한다.
★ 1장 8절–9장 18절   지혜로운 삶의 원리를 아버지가 청년인 아들에게 들려준다.
★ 10장 1절–22장 16절   솔로몬의 잠언으로 의인과 악인의 삶을 대조하고 경건한 삶에 대한 권면을 한다.
★ 22장 17절–24장 34절   익명의 현자들의 잠언으로 이웃과의 관계, 근면함에 대해 다루고 있다.
★ 25장 1절–29장 27절   솔로몬의 추가적인 잠언 모음집으로 통치자, 가난한 자들에 대한 정의 등을 다루고 있다.
★ 30장 1절–31장 9절   아굴과 르무엘의 잠언으로 인생에 대한 다양한 관찰 내용을 담고 있다.
★ 31장 10–31절   현숙한 아내에 대한 가르침으로 르무엘의 모친의 잠언으로 추정된다.

(둘째 행이 첫째 행과 반대되는 내용을 말하고 있습니다).
"내 말에 주의하며 나의 이르는 것에 네 귀를 기울이라
그것을 네 눈에서 떠나게 말며 네 마음속에 지키라"(잠 4:20-21).
(둘째 행이 첫째 행의 내용을 반복하고 있습니다).
"사람의 마음에는 많은 계획이 있어도
오직 여호와의 뜻이 완전히 서리라"(잠 19:21).
(둘째 행이 첫째 행과 반대되는 내용을 말하고 있습니다).

강의안
만약 당신이 잠언을 교재로 강의한다면, 아마 강의 내용에 다음
과 같은 주제들이 포함될 것입니다.

● 성(性)에 대한 하나님의 관점
● 세상을 사랑하는 것과 사람을 사랑하는 것
● 하나님을 아는 지식
● 지도력, 하나님의 방식

- 친구 관계
- 결혼과 가정문제
- 금전관리
- 도덕과 인성
- 시간관리
- 지혜로운 언어 사용
- 생계문제

>> 단서 포착

잠언을 이렇게 이용하면

어떤 사람들은 잠언을 하루에 한 장씩 읽습니다. 잠언이 31장으로 구성되어 있기 때문에 하루 한 장씩 읽으면 한 달에 끝낼 수 있는데, 매달 이런 과정을 반복하는 것이지요. 그러면 매일 잠언 말씀만 읽냐고요? 그것은 아닙니다. 다른 말씀도 묵상하되, 잠언 한 장은 필수적으로 묵상한다는 뜻입니다.

잠언은 진리로 뒤범벅되어 있어, 이 말이 그 말이고, 그 말이 이 말처럼 들리지만, 주의 깊게 묵상하면, 매일매일의 선택과 결단에 영향을 줄 귀중한 말씀들을 발견할 수 있습니다. 잠언은 복잡하게 얽힌 인생을 '어떻게 살 것인가'에 관한 책입니다.

전도서

아브라함 BC 2100년경		다윗 BC 1000년경		에스라 BC 450년경
	모세 BC 1500년경		솔로몬 BC 970년경	예수님 탄생 BC 4년경

전도서 진상조사 파일

이름	'설교자'를 가리키는 말.
기록연대	BC 930년경.
기자	솔로몬으로 추정됨. '다윗의 아들'이란 말은 분명 솔로몬을 지칭함.
종류	시가서, 지혜문학.
핵심내용	재산, 명예, 여자, 권력 등 모든 것을 소유했던 사람의 고백이다. 전도서는 결국 이 모든 것이 하나님이 없다면 아무것도 아니라고 가르친다. "천하에 범사가 기한이 있고 모든 목적이 이룰 때가 있나니"(전 3:1)라고 가르친다.

모든 것을 가졌지만

솔로몬이란 이름을 기억하십니까? 그는 다윗 왕의 아들이었습니다. 그가 어린 나이에 보위에 올랐을 때, 하나님께서 그에게 원하는 게 무엇이냐고 물었습니다. 그때 솔로몬은 '지혜'를 원한다고 대답했습니다. 하나님은 그에게 지혜뿐 아니라 부(富)와 권력까지 덤으로 주심으로써 솔로몬의 분별력 있는 기도에 넘치도록 보상해주셨습니다. 그렇게 솔로몬은 하나님을 영화롭게 여기며 오랜 세월을 살았습니다.

그러나 솔로몬은 마무리가 좋지 않았습니다. 통치 말엽, 실족하고 말았던 것입니다. 너무 자족한 나머지 마음을 풀어놓았던 것

★ 1장 1–11절   전도서의 주요 주제를 열거하는 가운데 하나님 앞에서 인간의 유한성을 전면에 제시한다.
★ 1장 12절–3장 15절   만족할 수 없는 세상에서 전도자는 참삶의 태도를 탐색한다.
★ 3장 16절–7장 29절   좌절을 피할 수 없는 세상에서 그 극복방안이 무엇인지를 모색한다.
★ 8장 1절–12장 8절   불의한 세상에 대한 자세가 어떠해야 할지를 전도자가 조언한다.
★ 12장 9–14절   하나님을 경외하고 하나님의 계명을 지키는 것이 참삶의 지혜임을 전도자는 결론적으로 조언한다.

입니다. 그는 궁궐에 우상을 들여놓았고, 정말 환멸을 느낄 만큼
타락했습니다. 대부분의 성경학자들은 솔로몬이 바로 이때 즈
음, 전도서를 기록한 것이 아닌가 추측하고 있습니다.

전도서에 가장 많이 등장하는 구절은 "해 아래"라는 구절입니
다. 그 다음으로 많이 나오는 구절은 "모든 것이 헛되니"라는 구
절입니다. 해 아래의 모든 것은 헛되나, '해 위의' 하나님을 보면
삶의 의미를 깨닫게 됩니다.

솔로몬은 한 가지 교훈을 얻었습니다. 그는 당대 문화와 문명이
제공하는 모든 것을 누렸습니다. 그러나 그에게 하나님이 없었
으므로, 결국에는 그 모든 것이 그에게 손톱만큼의 유익도 주지
못했던 것입니다.

제한된 때와 기한

솔로몬은 전도서에서 "세상만사가 정해진 때가 있는 법이다"라
고 가르쳤습니다. 이제 전도서 본문에서 빈칸 넣기 문제를 풀어
볼 텐데, 기억을 되살리며 빈칸을 채워보도록 합시다.

인생의 행복에 이르는 길

ONE WAY

전도서는 한편으로 인생이 허망하다고 이야기하지만 다른 한편으로는 행복에 이르는 길에 대해 이야기하고 있습니다. 다음 구절들을 묵상해봅시다.

"사람이 사는 동안에 기뻐하며 선을 행하는 것보다 나은 것이 없는 줄을 내가 알았고"(전 3:12).

"어떤 사람에게든지 하나님이 재물과 부요를 주사 능히 누리게 하시며 분복을 받아 수고함으로 즐거워하게 하신 것은 하나님의 선물이라"(전 5:19).

"형통한 날에는 기뻐하고 곤고한 날에는 생각하라

하나님이 이 두 가지를 병행하게 하사 사람으로 그 장래 일을 능히 헤아려 알지 못하게 하셨느니라"(전 7:14).

"청년이여 네 어린 때를 즐거워하며 네 청년의 날을 마음에 기뻐하여 마음에 원하는 길과 네 눈이 보는 대로 좇아 행하라 그러나 하나님이 이 모든 일로 인하여 너를 심판하실 줄 알라"(전 11:9).

전도서는 허망한 인생을 행복하게 사는 법을 말해줍니다. 우리에게 진지한 묵상 거리들을 제공해줍니다.

"천하에 범사가 기한이 있고 모든 목적이 이룰 때가 있나니 ☐ 때가 있고 죽을 때가 있으며 ☐☐ 때가 있고 심은 것을 뽑을 때가 있으며 죽일 때가 있고 ☐☐☐☐ 때가 있으며 헐 때가 있고 ☐☐ 때가 있으며 ☐ 때가 있고 웃을 때가 있으며 슬퍼할 때가 있고 ☐ ☐ 때가 있으며 돌을 던져버릴 때가 있고 돌을 ☐☐ 때가 있으며 ☐☐ 때가 있고 안는 일을 멀리할 때가 있으며 찾을 때가 있고 ☐ ☐ 때가 있으며 지킬 때가 있고 ☐☐ 때가 있으며 찢을 때가 있고 ☐☐ 때가 있으며 잠잠할 때가 있고 ☐☐ 때가 있으며 ☐☐☐ 때가 있으며 미워할 때가 있으며 ☐☐☐ 때가 있고 평화할 때가 있느니라"(전 3:1-8).

정답

빈칸 넣기 문제의 답입니다. 자신이 작성한 답과 비교해보고, 지혜의 말씀을 다시 한 번 묵상해보기 바랍니다.

"천하에 범사가 기한이 있고 모든 목적이 이룰 때가 있나니 날 때가 있고 죽을 때가 있으며 심을 때가 있고 심은 것을 뽑을 때가 있으며 죽일 때가 있고 치료시킬 때가 있으며 헐 때가 있고 세울 때가 있으며 울 때가 있고 웃을 때가 있으며 슬퍼할 때가 있고 춤출 때가 있으며 돌을 던져버릴 때가 있고 돌을 거둘 때가 있으며 안을 때가 있고 안는 일을 멀리할 때가 있으며 찾을 때가 있고 잃을 때가 있으며 지킬 때가 있고 버릴 때가 있으며 찢을 때가 있고 꿰맬 때가 있으며 잠잠할 때가 있고 말할 때가 있으며 사랑할 때가 있으며 미워할 때가 있으며 전쟁할 때가 있고 평화할 때가 있느니라"(전 3:1-8).

아가서

■■■ 아가서 기사가 포괄하는 연대

| 아브라함 BC 2100년경 | | 다윗 BC 1000년경 | | 에스라 BC 450년경 | |
| 모세 BC 1500년경 | | 솔로몬 BC 970년경 | | 예수님 탄생 BC 4년경 |

아가서 진상조사 파일

이름	솔로몬의 노래. '노래 중의 노래' 라는 의미.
기록연대	BC 970~950년.
기자	솔로몬.
종류	시가서(사랑의 시).
핵심내용	두 사람의 연인이 애정 어린 마음을 서로 나눈다. 성경 가운데서 유일하게 연인의 사랑을 다룬 낭만적인 책이다.
인물들	솔로몬, 술람미 여인, 예루살렘의 여인들.

미성년자 관람불가?

언뜻 보기에 성경은 매우 딱딱하고 졸린 책 같습니다. 하지만 실제로 성경은 매우 실용적이고 재미있는 책입니다. 그것이 일상의 문제들을 다루고 있기 때문입니다. 아가서가 그 대표적인 예입니다. 아가서는 낭만적인 사랑 이야기입니다. 그래서 때로는 고혹적인 분위기가 감돌기도 합니다.

다윗은 훌륭한 음악가요 유능한 전사(戰士)였습니다. 다윗은 시편의 대부분을 기록했습니다. 다윗의 아들인 솔로몬에게는 아버지의 창의적이고 문학적인 피가 흐르고 있었던 모양입니다. 그래서 솔로몬은 보석처럼 귀하게 여겼던, 한 아름다운 여인과의

아가서 한 번에 꿰뚫기

★ 1장 1–6절   솔로몬은 술람미 여인을, 술람미 여인은 자신을 자랑스럽게 소개한다.
★ 1장 7–3장 5절   솔로몬과 술람미 여인 사이의 만남과 그리움을 아름답게 묘사한다.
★ 3장 6–11절   솔로몬의 재물과 화려한 생활을 묘사한다.
★ 4장 1절–5장 1절   솔로몬이 연인인 술람미 여인의 아름다움을 자세히 묘사한다.
★ 5장 2절–6장 3절   꿈속에서 술람미 여인은 연인인 솔로몬을 찾는다.
★ 6장 4절–8장 4절   연인 상호간에 사랑의 즐거움을 노래한다.
★ 8장 5–14절   모든 반대를 뚫고 사랑은 죽음보다 강할 것임을 노래한다.

사랑을 시로 표현합니다.

아가서는 그 독특한 내용 때문에 해석상에 논란의 대상이 되어
왔습니다. 사실 아가서의 내용 대부분이 잠자리에서나 나눔직한
정담(유대인들은 자녀가 15세 될 때까지 아가서를 읽지 못하게
금지함)입니다. 그런 이유로 아가서에 대한 신학적 해석이 분분
합니다.

해석상의 논란을 넘어

아가서가 말 그대로 인간적인 사랑의 찬가라고 주장하는 학자도
있고, 아가서가 교회를 향한 예수 그리스도의 사랑을 나타낸다
고 주장하는 학자도 있습니다. 이는 신약성경이 교회를 가리켜
'예수 그리스도의 신부' 라고 지칭하고 있는 데 근거를 둡니다.
술람미 여인을 향한 솔로몬의 열정과 욕구가 그리스도께서 그
몸 된 교회, 즉 우리를 향해 보이시는 열정과 욕구와 유사하다고
해석하는 것입니다.

달콤한 사랑의 속삭임

만일 당신이 지금 사랑에 빠졌다면, 연인에게 달콤하게 속삭일 말을 찾을 것입니다. 그렇다면 다른 문학 책보다 아가서의 한 구절을 인용하면 어떨까요?

"나의 누이 나의 신부야 네가 내 마음을 빼앗았구나 네 눈으로 한 번 보는 것과 네 목의 구슬 한 꿰미로 내 마음을 빼앗았구나"(아 4:9).

"너는 나를 인(印)같이 마음에 품고 도장같이 팔에 두라 사랑은 죽음같이 강하고 투기는 음부같이 잔혹하며 불같이 일어나니 그 기세가 여호와의 불과 같으니라"(아 8:6).

"이 사랑은 많은 물이 꺼치지 못하겠고 홍수라도 엄몰하지 못하나니 사람이 그 온 가산을 다 주고 사랑과 바꾸려 할지라도 오히려 멸시를 받으리라"(아 8:7).

아가서를, 우리를 향한 예수 그리스도의 사랑이라고 본다면, 우리는 정말 귀한 존재입니다. 우리는 남들의 부러움을 살 만한 존재들입니다. 우리는 그리스도의 사랑과 욕구의 대상입니다. 그러므로 우리도 그리스도께 날마다 기쁨을 선사할 수 있어야 합니다.

이사야서

■■■ 이사야서 기사가 포괄하는 연대

아브라함 BC 2100년경		다윗 BC 1000년경			유다 멸망 BC 586년		예수님 탄생 BC 4년경
	모세 BC 1500년경		이스라엘 멸망 BC 722년			에스라 BC 450년	

이사야서 진상조사 파일

이름	이사야 선지자의 이름을 딴 것. 이사야는 '하나님이 구원하시다' 라는 뜻.
기록연대	BC 700~680년.
기자	이사야 선지자.
종류	예언서(대선지서). 하나님께서 선지자에게 주신 설교, 메시지 모음집.
핵심내용	구약 예언서(선지서) 가운데 신약성경이 가장 많이 인용하는 성경으로, 이사야 선지자는 이스라엘 백성들에게 죄를 떠나 하나님께 돌아가야 한다는 것, 메시아가 오셔서 그들을 용서하시고 위로하실 것을 상기시킨다.

이사야서 전반부 : 심판

이사야서 전반부 39장은 심판에 대해 말하고 있는데, 내용상으로는 이사야 당시에 현존하던 사건들뿐 아니라, 오늘날까지도 성취되지 않은 일들에 대해 언급하고 있습니다. 성경의 예언 가운데 아직도 성취되지 않은 예언들이 상당히 많기 때문입니다. 이사야의 예언 가운데는 그 당시, 그곳에 살았던 사람들에게 해당되는 내용도 있지만, 아주 먼 장래에 발생할 엄청난 사건들을 비추는 내용도 있습니다.

하나님은 이사야를 통해 유대인들에게 말씀하셨습니다. 하나님은 그들의 죄를 정면으로 지적하셨지만, 그 음성에는 백성들을

★ 1장 1절–6장 13절   영적 암흑기에 이사야가 선지자로 소명을 받았음을 보여준다.
★ 7장 1절–12장 6절   아람과 이스라엘의 동맹군 앞에 흔들리는 유다의 아하스 왕에게 임마누엘의 약속, 메시아 예언을 상기시킴으로써 대적을 치고 유다를 구원해주실 것을 약속한다.
★ 13장 1절–27장 13절   메시아의 계열인 하나님의 백성 유다를 대적하는 주변 이방 족속들에게 하나님은 심판을 경고하신다.
★ 28장 1절–39장 8절   애굽을 의뢰하는 에브라임과 유다를 경고하며, 바벨론에 대해서 여호와를 신뢰하지 못한 히스기야의 실패를 책망한다.
★ 40장 1절–55장 13절   이스라엘에게 두 번째 출애굽을 약속한다.
★ 56장 1절–66장 24절   메시아로 인한 새 하늘과 새 땅의 복을 약속한다.

향한 사랑과 자비가 배어 있었습니다.

특히 이사야서 내용 가운데 죄를 지적하는 부분은 당시 바벨론에서 포로생활을 하던 이스라엘 백성들에게뿐 아니라, 오늘날의 우리에게도 그대로 적용됩니다. 우리는 하나님의 길을 택할 수도 있고, 우리의 길을 택할 수도 있습니다. 그러나 오직 하나님의 길만이 우리 삶을 풍요롭게 이끌 것입니다.

이사야서 후반부 : 위로

이사야서 후반부 27장(40장에서 66장까지)은 종종 '위로의 책'이라 불립니다. 이 부분은 예수께서 신약에 나타나실 것을 직접적으로 말하고 있습니다. 그리스도는 미래의 구원자요 메시아였습니다. 이사야서 53장은 예수님의 출생과 죽음, 생애에 대한 예언 가운데 하나입니다.

"그가 곤욕을 당하여 괴로울 때에도 그 입을 열지 아니하였음이

영감 받은 음악

헨델의 '메시야'를 들어본 적 있으시죠? 헨델의 메시아는 성탄절마다 공연되는 고전적인 명작입니다. 메시아 전곡(全曲) 가운데 가장 유명한 곡은 물론 '할렐루야' 합창일 것입니다. 성탄절 주간이 되면, 교회에서뿐 아니라 TV 연속극, 상업 광고에서도 할렐루야가 울려 퍼집니다.

아무튼 메시아 합창을 들어보았다면, 이사야서의 구절들이 그 노랫말 일부를 구성하고 있다는 것을 발견할 수 있습니다. 헨델이 메시아를 작곡할 때 다음 구절들로 노랫말을 지었기 때문입니다.

"골짜기마다 돋우어지며 산마다 작은 산마다 낮아지며 고르지 않은 곳이 평탄케 되며 험한 곳이 평지가 될 것이요" (사 40:4, 이 구절은 예수 그리스도 안에 계시된 하나님의 진리를 묘사하고 있습니다).

"여호와의 영광이 나타나고 모든 육체가 그것을 함께 보리라 대저 여호와의 입이 말씀하셨느니라"(사 40:5, 여기서 여호와의 영광은 그리스도를 나타냅니다. 왜냐하면 그리스도는 우리에게 계시된 하나님이기 때문입니다).

"그러므로 주께서 친히 징조로 너희에게 주실 것이라 보라 처녀가 잉태하여 아들을 낳을 것이요 그 이름을 임마누엘이라 하리라"(사 7:14, 구약이 예수님의 여러 가지 이름 가운데 하나를 직접 지어주었습니다).

"이는 한 아기가 우리에게 났고 한 아들을 우리에게 주신 바 되었는데 그 어깨에는 정사를 메었고 그 이름은 기묘자라, 모사라, 전능하신 하나님이라, 영존하시는 아버지라, 평강의 왕이라 할 것임이라"(사 9:6, 헨델은 이 구절 하나를 기초로 여러 곡을 작곡했습니다).

"그는 멸시를 받아서 사람에게 싫어버린 바 되었으며 간고를 많이 겪었으며 질고를 아는 자라 마치 사람들에게 얼굴을 가리우고 보지 않음을 받는 자 같아서 멸시를 당하였고 우리도 그를 귀히 여기지 아니하였도다"(사 53:3, 예수의 형제들조차 그를 받아들이지 않았습니다. 사람들은 그가 누구인지 알지 못했습니다).

"그가 찔림은 우리의 허물을 인함이요 그가 상함은 우리의 죄악을 인함이라 그가 징계를 받음으로 우리가 평화를 누리고 그가 채찍에 맞음으로 우리가 나음을 입었도다"(사 53:5, 예수께서는 우리의 죄를 위해 돌아가셨습니다. 채찍은 예수께 내려졌던 '태형'을 가리킵니다).

"우리는 다 양 같아서 그릇 행하여 각기 제 길로 갔거늘 여호와께서는 우리 무리의 죄악을 그에게 담당시키셨도다" (사 53:6, 복음의 핵심입니다. 예수께서는 우리 죄를 위해 자기 몸을 희생제물로 바치셨습니다).

여 마치 도수장으로 끌려가는 어린 양과 털 깎는 자 앞에 잠잠한
양같이 그 입을 열지 아니하였도다 그가 곤욕과 심문을 당하고
끌려갔으니 그 세대 중에 누가 생각하기를 그가 산 자의 땅에서
끊어짐은 마땅히 형벌 받을 내 백성의 허물을 인함이라 하였으

리요 그는 강포를 행치 아니하였고 그 입에 궤사가 없었으나 그 무덤이 악인과 함께 되었으며 그 묘실이 부자와 함께 되었도다" (사 53:7-9).

이사야는 그리스도께서 세상에 오실 때 "우리를 고통으로부터 해방시키기 위해 몸소 가혹한 고통을 받으실 것이다" 라는 것을 이미 확실하게 알고 있었던 것입니다.

예레미야서

아브라함 BC 2100년경		다윗 BC 1000년경		요시야 BC 640년경		에스라 BC 450년경	
	모세 BC 1500년경		이스라엘 멸망 BC 722년		유다 멸망 BC 586년		예수님 탄생 BC 4년경

예레미야서 진상조사 파일

이름	예레미야 선지자의 이름을 딴 것. 예레미야는 '하나님이 던지신다' 라는 의미.
기록연대	BC 625~575년.
기자	예레미야 선지자.
종류	예언서(대선지서). 하나님이 주시는 메시지.
핵심내용	예레미야가 백성들에게 죄의 길에서 돌이켜 하나님께 돌아오기를 간곡히 부탁함.

눈물의 선지자, 예레미야

예레미야는 사람들에게 모진 멸시와 천대를 받았습니다. 그는 자기 민족이 저지른 참혹한 실수를 통탄하며 생애 대부분을 보냈습니다. 그는 영광과는 거리가 먼 슬픔의 선지자였습니다.

예레미야는 생애 대부분을 남 유다 왕국에서 하나님의 메시지를 전하며 보냈습니다. 그때는 아직 유다가 바벨론에 멸망당하기 전이었습니다. 이스라엘 모든 백성들이 그랬듯이, 남 왕국 백성들 역시 하나님의 길을 떠나 제멋대로 방황하고 있었습니다. 예레미야는 백성들에게 준엄하게 경고했습니다.

"하나님을 따르지 않을 때 너희에게 무슨 일이 일어났는지 너희는 두 눈으로 목격했다. 이렇게 나가다가는 우리가 날로 쇠약해

예레미야서 한 번에 꿰뚫기

★ 1장 1-19절　바벨론의 예루살렘 침략이 임박한 가운데 예레미야가 선지자로 소명을 받는다.
★ 2장 1절-25장 38절　유다의 위선적인 신앙에 대해 경계하고 회개하지 않으면 패망하여 바벨론에 포로로 잡혀갈 것을 선포한다.
★ 26장 1절-29장 32절　바벨론 포로생활을 통하여 소망을 찾을 수 있다는 예레미야와 그것을 반대하는 거짓 선지자 하나냐와 스마야의 갈등을 다룬다.
★ 30장 1절-36장 32절　하나님의 백성이 회복되어 하나님과 새 언약을 세워 그 구원이 견고해질 것을 예언한다.
★ 37장 1절-45장 5절　예레미야가 친바벨론주의자로 취급되어 개인적으로 심한 고초를 당한다.
★ 46장 1절-52장 34절　유다 인근 이방 국가들(블레셋, 모압, 암몬, 에돔, 다메섹, 하솔, 엘람)에 대한 징계와 유다를 패망시킨 바벨론에 대해 하나님이 심판을 예언한다.

져 마침내 다른 나라의 지배를 받게 될 것이다!"

"너희는 추악한 죄와 우상숭배로 쇠약해져 이제 그 누구하고도 싸우지 못할 것이다. 곧 불길한 일이 발생할 것이니 각오하라!"

그러나 그는 백성들에 대한 희망을 포기하지 않고 궁극적인 구원에 대해 예언하기 시작했습니다.

"한 국가로서 우리의 운명은 이제 다했다. 그러나 마지막 희망이 있다. 하나님께서 메시아를 약속하셨기 때문이다. 그분은 우리가 자초한 혼란스러운 상황에서 우리를 구출해주실 것이다!"

예레미야의 예언대로 이스라엘은 바벨론의 포로가 되었습니다. 그의 예언대로 메시아가 오셔서 그들과 우리에게 희망을 주셨습니다. 우리는 지금 당시 이스라엘 백성들과 마찬가지로 혼란을 자초하고 있습니다. 오직 하나님만이 엉망진창으로 뒤얽힌 문제들을 말끔히 해결하실 수 있습니다. 예레미야 선지자는 오늘날의 우리에게도 끊임없이 경고하고 있습니다.

예레미야 시대 주요 사건 연대

BC 628년　요시아의 개혁 시작 (대하 34장)
BC 626년　예레미야 소명
BC 622년　성전에서 율법 발견 (왕하 22,23장)
BC 609년　므깃도에서 바로 느고에게 요시아 전사
BC 605년　유다, 바벨론에 첫 번째 사로잡혀 감
BC 597년　여호야긴 투옥
BC 593년　시드기야 바벨론 방문
BC 586년　성전 전소 (유다 패망)

토기장이와 진흙

요즈음 복음성가나 설교에 보면, 하나님을 토기장이로, 우리를 진흙으로 묘사하는 것들이 많습니다. 그런데 이런 표현법은 예레미야서 18장에서 비롯된 것입니다. 확인해볼까요?

"여호와께로부터 예레미야에게 임한 말씀에 가라사대 너는 일어나 토기장이의 집으로 내려가라 내가 거기서 내 말을 네게 들리리라 하시기로 내가 토기장이의 집으로 내려가서 본즉 그가 녹로로 일을 하는데 진흙으로 만든 그릇이 토기장이의 손에서 파상하매 그가 그것으로 자기 의견에 선한 대로 다른 그릇을 만들더라 때에 여호와의 말씀이 내게 임하니라 가라사대 나 여호와가 이르노라 이스라엘 족속아 이 토기장이의 하는 것같이 내가 능히 너희에게 행하지 못하겠느냐 이스라엘 족속아 진흙이 토기장이의 손에 있음같이 너희가 내 손에 있느니라"(렘 18:1-6).

예레미야가 이 글을 기록할 즈음, 하나님은 오랫동안 이스라엘 백성들과 언약의 관계를 맺어오고 있었습니다. 그들은 매번 하나님께 등을 돌려 제 길로 행했고 그럴 때마다 파멸을 맛보았지만, 그런 모습을 벗어던지지 못하고 죄악된 삶을 되풀이했습니다. 그들은 토기장이의 녹로에 있는 진흙과도 같았습니다. 토기장이가 애써 그릇을 빚었건만, 진흙 자체의 결함으로 인해 그릇은 번번이 땅에 떨어져 일그러지곤 했습니다. 이는 결코 유쾌한 일이 아니었습니다. 그러나 기쁜 소식이 있었는데 그것은 바로 토기장이가 진흙을 다시 빚어 새로 시작한다는 것이었습니다. 하나님은 이스라엘을 그냥 방치하지 않으셨습니다. 그들과 새로 시작하셨고, 그들이 깨지면 또 새로 빚으셨습니다.

예레미야애가

예레미야애가 기사가 포괄하는 연대

아브라함 BC 2100년경		다윗 BC 1000년경		유다 멸망 BC 586년		예수님 탄생 BC 4년경
	모세 BC 1500년경		이스라엘 멸망 BC 722년		에스라 BC 450년경	

예레미야애가 진상조사 파일

이름	'애가'란 슬픈 노래, 애도가(哀悼歌)라는 뜻.
기록연대	BC 600년경.
기자	예레미야 선지자.
종류	예언서. 노래 형태로 된 예언 혹은 설교.
핵심내용	이스라엘의 죄에 대해 한탄하는 다섯 편의 애도가.

세상에서 가장 슬픈 노래

우리는 죄에 대해 걱정하면서 인생 대부분을 보내지는 않습니다. 그래서인지 몰라도 우리는, 예레미야가 일평생 죄의 문제로 고심했다는 것을 잘 이해하지 못합니다. 사실, 당시 이스라엘 백성들 역시 예레미야를 이해하지 못했습니다. 오히려 그들은 그를 비웃었고, 그의 메시지를 거부했습니다. 예레미야는 백성들을 향해 만일 그들이 마음을 곧게 하지 않으면 나라를 잃게 될 것이고, 바벨론에 포로로 잡혀갈 것이라고 엄중히 경고했습니다.

예레미야가 백성들에게 그토록 경고했건만, 그들은 그의 경고를 귓등으로도 듣지 않았습니다. 그래서 그는 장차 바벨론에 포로로 잡혀가게 될 백성들에게 들려주기 위해 슬픈 노래를 기록했

예레미야애가 한 번에 꿰뚫기

★ 1장   시온이 자신의 파멸을 탄식하는 노래를 부른다.
★ 2장   시온의 파멸이 하나님의 진노에서 비롯되었음을 밝힌다.
★ 3장   예레미야는 예루살렘의 절망을 자신의 것으로 삼고, 자신의 절망은 예루살렘의 절망이 된다.
★ 4장   바벨론에 포위된 예루살렘의 처참한 상황을 슬퍼하고 두려워한다.
★ 5장   예루살렘의 남은 자를 위하여 하나님께 간구한다.

습니다. 가슴 찡한 메시지를 전달하는 이 노래가 바로 예레미야
애가입니다.

예레미야는 죄로 인해 참혹한 결과가 발생할 것이라 경고했습니
다. 그러나 그는 "거봐, 내가 뭐랬어?"라고 질책하기보다 백성들
이 하나님께 불순종하여 결국은 먼 타국에서 고생하게 될 것을
슬퍼하는 마음을 담았습니다. 도대체 우리는, 하나님의 길을 무
시하고 우리 길로 걸을 때 돌이킬 수 없는 결과가 초래된다는 것
을 언제쯤 깨닫게 될까요?

>> 잊지 맙시다!

예레미야 선지자의 심정

예레미야애가는 유대인들이 바벨론에 포로로 잡혀가기 시작했을 때에 기록된 것으로 보입니다. 그
들은 그들 행위의 결과로 타국에 포로로 끌려가고 있었습니다. 예레미야 선지자는 물론, 이스라엘
백성들의 마음이 얼마나 침통했을지 충분히 알 수 있을 것 같습니다.

"내 죄악의 멍에를 그 손으로 묶고 얽어 내 목에 올리사 내 힘을 피곤케 하셨음이여 내가 당할 수 없
는 자의 손에 주께서 나를 붙이셨도다"(애 1:14).

"살아 있는 사람은 자기 죄로 벌을 받나니 어찌 원망하랴 우리가 스스로 행위를 조사하고 여호와께
로 돌아가자"(애 3:39,40).

"우리 머리에서 면류관이 떨어졌사오니 오호라 우리의 범죄함을 인함이니이다 이러므로 우리 마음
이 피곤하고 이러므로 우리 눈이 어두우며"(애 5:16,17).

에스겔서

■■■■ 에스겔서 기사가 포괄하는 연대

아브라함 BC 2100년경		다윗 BC 1000년경		에스라 BC 450년경	
	모세 BC 1500년경		유다 멸망 BC 586년		예수님 탄생 BC 4년경

에스겔서 진상조사 파일

이름	에스겔 선지자의 이름을 딴 것. 에스겔은 '하나님께서 강하게 하실 자' 라는 뜻.
기록연대	BC 550년경.
기자	에스겔 선지자.
종류	예언서(대선지서). 설교 혹은 예언. 환상.
핵심내용	하나님의 심판과 구원을 예언한다. 바벨론에 잡혀간 유대인들에게 쓴 것이다.

환상을 본 사람

에스겔은 환상을 보았습니다. 그것도 단 한 개가 아니라 여러 개의 환상이었습니다. 그래서 이 책에는 회화적 요소가 풍부합니다. 또한 이 책은 심판과 저주를 포함하고 있습니다. 그는 고향에서 추방당하고 있는 이스라엘 백성들을 향해 그들의 잘못을 지적하고 있습니다. 그러나 에스겔 선지자의 예언이 그것으로 끝난 것은 아닙니다. 그의 예언에는 천국의 환상과 장래의 소망이 포함되어 있습니다.

에스겔서가 이처럼 '환상적인 요소' 들을 포함하고 있기 때문에 때로는 그 내용을 완전히 소화하기가 어렵게 느껴지기도 합니다. 그것은 당연합니다. 왜냐하면 하나님께서 에스겔에게 눈부

에스겔서 **한 번에 꿰뚫기**

★ 1-24장　하나님을 배신한 예루살렘에 대해 바벨론의 포위공격을 예언한다.
★ 25-32장　유다를 배신한 암몬, 모압, 에돔, 두로와 시돈, 애굽에 심판을 선고한다.
★ 33-48장　포로로 잡혀간 하나님의 백성들에게 땅의 회복과 여호와의 영광의 회복을 약속한다.

신 장면을 직접 보여주셨고, 에스겔이 그것을 책으로 기록했기 때문입니다. 그래도 에스겔은 천국의 환상과 하늘의 것들을 인간의 용어로 기술하려고 무진 애를 쓰고 있습니다. 기본적으로, 그것은 불가능한 일입니다. 따라서 에스겔은 "~같더라"는 식으로 대부분의 이야기를 진행하고 있습니다. 결국 우리가, 에스겔이 보았던 환상의 의미를 정확히 깨달으려면, 하나님을 볼 때까지 기다려야 할 것입니다.

우리가 에스겔의 환상을 이해하느냐 그렇지 못하느냐 하는 것은 중요한 문제가 아닙니다. 하지만 우리 눈에 보이는 것 이면에 실체가 있고 현재 봉착하는 난관의 이면에 소망이 있다는 그의 메시지만큼은 충분히 이해할 수 있을 것입니다.

하나님의 형상

때로 우리는 어린이들에게 눈높이를 맞추어 "하나님이 어떻게 생겼다고 생각하니?" 라고 질문하곤 합니다. 아이들의 여러 대답은 우리를 즐겁게 하기도 합니다. 하지만 에스겔만큼 하나님의 모습을 구체적으로 묘사한 이는 없을 것입니다. 선지자의 말을 들어보겠습니다.

마른 뼈가 일어난다!

에스겔서에 나오는 가장 강력한 영상 가운데 하나는 마른 뼈들의 골짜기일 것입니다. 여기서 뼈들은 희망도 소망도 없는 이스라엘 백성을 나타냅니다. 하나님은 마른 뼈들에게 생기를 불어넣으심으로써, 이스라엘에 희망이 있으며 그들이 장차 고향으로 돌아갈 것임을 에스겔 선지자에게 보여주셨습니다.

"이에 내가 명을 좇아 대언하니 대언할 때에 소리가 나고 움직이더니 이 뼈 저 뼈가 들어맞아서 뼈들이 서로 연락하더라 내가 또 보니 그 뼈에 힘줄이 생기고 살이 오르며 그 위에 가죽이 덮이나 그 속에 생기는 없더라 또 내게 이르시되 인자야 너는 생기를 향하여 대언하라 생기에게 대언하여 이르기를 주 여호와의 말씀에 생기야 사방에서부터 와서 이 사망을 당한 자에게 불어서 살게 하라 하셨다 하라 이에 내가 그 명대로 대언하였더니 생기가 그들에게 들어가매 그들이 곧 살아 일어나서 서는데 극히 큰 군대더라"(겔 37:7-10).

"그 머리 위에 있는 궁창 위에 보좌의 형상이 있는데 그 모양이 남보석 같고 그 보좌의 형상 위에 한 형상이 있어 사람의 모양 같더라 내가 본즉 그 허리 이상의 모양은 단 쇠 같아서 그 속과 주위가 불 같고 그 허리 이하의 모양도 불 같아서 사면으로 광채가 나며 그 사면 광채의 모양은 비오는 날 구름에 있는 무지개 같으니 이는 여호와의 영광의 형상의 모양이라 내가 보고 곧 엎드리어 그 말씀하시는 자의 음성을 들으니라"(겔 1:26-28).

에스겔은 하나님 보좌 주변에 있는 천사들의 모습을 다음과 같이 묘사하고 있습니다.

"그 속에서 네 생물의 형상이 나타나는데 그 모양이 이러하니 사람의 형상이라 각각 네 얼굴과 네 날개가 있고"(겔 1:5,6).

"그 다리는 곧고 그 발바닥은 송아지 발바닥 같고 마광한 구리같이 빛나며"(겔 1:7).

"그 사면 날개 밑에는 각각 사람의 손이 있더라"(겔 1:8).

"그 얼굴들의 모양은 넷의 앞은 사람의 얼굴이요 넷의 우편은 사자의 얼굴이요 넷의 좌편은 소의 얼굴이요 넷의 뒤는 독수리의 얼굴이니"(겔 1:10).

"또 생물의 모양은 숯불과 횃불 모양 같은데 그 불이 그 생물 사이에서 오르락내리락 하며 그 불은 광채가 있고 그 가운데서는 번개가 나며"(겔 1:13).

"내가 그 생물을 본즉 그 생물 곁 땅 위에 바퀴가 있는데 그 네 얼굴을 따라 하나씩 있고 그 바퀴의 형상과 그 구조는 넷이 한결 같은데 황옥 같고… 행할 때에는 사방으로 향한 대로 돌이키지 않고 행하며 그 둘레는 높고 무서우며 그 네 둘레로 돌아가면서 눈이 가득하며"(겔 1:15-18).

하나님의 약속

"내가 그들에게 일치한 마음을 주고 그 속에 새 신을 주며 그 몸에서 굳은 마음을 제하고 부드러운 마음을 주어서 내 율례를 좇으며 내 규례를 지켜 행하게 하리니 그들은 내 백성이 되고 나는 그들의 하나님이 되리라"(겔 11:19,20).

| Daniel |

다니엘서

■■ 다니엘서 기사가 포괄하는 연대

아브라함 BC 2100년경		다윗 BC 1000년경		유대인들을 귀환시킨 고레스 BC 538년		예수님 탄생 BC 4년경
	모세 BC 1500년경		바벨론 포로 다니엘 BC 605년경		에스라 BC 450년경	

다니엘서 진상조사 파일

이름	다니엘의 이름을 딴 것.
기록연대	BC 530년경(유대 민족이 바벨론의 포로로 잡혀 있을 때).
기자	다니엘. 유대인으로서 바벨론에 포로로 잡혀갔지만, 이후 바벨론과 페르시아의 유력한 정치 지도자의 위치에 오른 인물.
종류	예언서(대선지서). 예언적 요소가 가미된 역사 이야기.
핵심내용	다니엘이 국외 추방자로서 자신의 체험과 미래에 대한 환상에 대해 이야기하고 있다. 사자굴에 던져진 다니엘, 풀무불에 던져진 그의 친구들 이야기가 나온다.

다니엘서 전반부 : 이야기

유대 민족이 바벨론에 포로로 끌려갈 당시, 다니엘은 소년이었습니다.

다니엘은 바벨론 궁정에서 왕을 시중드는 사람으로 선발되었습니다. 그래서 그들은 맛있고 기름진 음식으로 다니엘을 먹이려 애썼습니다. 하지만 바벨론의 진미가 유대 율법에 위배되었기에, 그는 '뜻을 정하여' 그들이 주는 진미를 거부하고 채식만 먹었습니다. 열흘 후 왕의 진미를 먹었던 모든 소년보다 얼굴이 아름답고 윤택해집니다.

하나님이 그에게 지식과 명철을 주셨으며 모든 이상과 꿈을 해

다니엘서 한 번에 꿰뚫기

석하게 하십니다. 그는 왕의 시종으로서 왕의 꿈을 해몽해주게 됩니다. 이후 그는 바벨론의 모든 박사들을 주관하는 자리에 올랐습니다.

다니엘의 능력이 인정받았다고 해서 다니엘과 친구들이 타국에서 평안하게 신앙생활을 할 수 있었던 것은 아닙니다. 느부갓네살 왕이 금신상에 절하지 않는 자는 풀무불에 던진다고 했을 때, 다니엘의 친구들은 왕명을 어기고 우상에게 절하지 않았습니다. 극렬히 타는 풀무 속에서 그들은 죽기는커녕 살결조차 그을리지 않고 살아 남았습니다.

바벨론이 페르시아에게 패망한 후 페르시아 권력자들은 다리오 왕을 부추겨, 한 달 동안 하나님께 기도하지 못하게 하는 조서를 반포하게 합니다. 왕의 신임을 얻은 다니엘이 정치적인 영향력을 갖는 게 두려웠기 때문입니다. 물론 다니엘은 그에 굴하지 않고 계속 하나님께 기도했습니다. 결국 그는 왕의 명령을 어긴 벌로 굶주린 사자들이 들끓는 사자굴에 던져졌습니다. 그러나 다니엘은 털끝 하나 상하지 않았습니다.

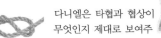

외교와 타협

다니엘은 타협과 협상이 무엇인지 제대로 보여주고 있습니다. 다니엘은 낯선 땅에 잡혀온 외국인 포로였습니다. 그는 왕의 시종으로 선발되어 산해진미를 제공받았지만, 신앙적인 이유로 그것들을 거부했습니다. 그렇다고 해서, 그가 굶어 죽기로, 바벨론 관리들에게 반항하기로, 도망치기로 마음먹은 것은 아니었습니다. 그는 "이러면 어떨까요?"라고 하면서 타협안을 제시했습니다.

"청하오니 당신의 종들을 열흘 동안 시험하여 채식을 주어 먹게 하고 물을 주어 마시게 한 후에 당신 앞에서 우리의 얼굴과 왕의 진미를 먹는 소년들의 얼굴을 비교하여 보아서 보이는 대로 종들에게 처분하소서"(단 1:12,13).

다니엘은 이런 식의 외교적 접근 방식을 통해, 하나님의 길이 최선의 길임을 입증해 보였습니다.

다니엘서 후반부 : 예언

다니엘의 후반부 절반은 예언으로 구성되어 있습니다. 다니엘의 예언 가운데 상당 부분이 이미 성취되었지만 몇몇 예언은 신약의 요한계시록에 묘사된 예언과 마찬가지로 세상의 종말에 관한 것입니다.

호세아서

호세아서 기사가 포괄하는 연대

아브라함 BC 2100년경		다윗 BC 1000년경		유다 멸망 BC 586년		예수님 탄생 BC 4년경
	모세 BC 1500년경		이스라엘 멸망 BC 722년		에스라 BC 450년경	

호세아서 진상조사 파일

이름	호세아 선지자의 이름을 딴 것. 호세아는 '하나님은 구원이시다' 라는 뜻.
기록연대	BC 715년경.
기자	호세아(북 이스라엘 왕국의 선지자).
종류	예언서(소선지서). 호세아의 예언 모음집.
핵심내용	이스라엘 백성들이 지속적으로 하나님을 멸시했지만, 하나님께서 그 백성들을 지극히 사랑하신다는 것을 보여준다.

창녀와 결혼한 선지자, 호세아

선지자가 창녀와 결혼하다니 그게 말이 됩니까? 그런데 말이 됩니다. 왜냐하면 하나님께서 호세아에게 그렇게 하라고 명하셨기 때문입니다.

그러면 하나님은 왜 그런 명령을 내리셨을까요? 호세아의 삶을 통해 이스라엘 백성들을 향한 하나님의 지극한 사랑을 보여주시려고 그런 것입니다.

그러면 하나님은 왜 이스라엘을 창녀에게 비유하신 것일까요? 이 질문에 대한 대답이 바로 호세아서를 이해하기 위한 기초입니다. 사실 이스라엘 백성들은 창녀와 다를 바 없었습니다. 왜냐하면 그들은 하나님께 신실하지 않았기 때문입니다. 하나님은

호세아서 한 번에 꿰뚫기

★ 1장 1절 호세아 활동 시기가 유다 왕 웃시야, 아하스, 히스기야와 이스라엘 왕 여로보암 2세의 치세기임을 밝힌다.
★ 1장 2절-3장 5절 음란한 아내 고멜에 대한 호세아의 사랑은 이스라엘에 대한 하나님의 사랑을 상징한다.
★ 4장 1절-14장 9절 우상을 섬기는 음란한 이스라엘은 회개를 거부한다. 하나님의 심판을 받고 결국은 하나님께로 돌아선다.

그들에게 거짓된 신과 우상들을 섬기지 말고, 오직 하나님만을 섬기라고 요구하셨습니다. 때로 그들은 하나님께 순종하기도 했습니다. 하지만 그들은 약삭빠르게도, 하나님의 도움이 필요할 때만 순종하는 척했습니다. 그리고는 문제가 해결되면, 하나님을 까맣게 잊고, 당시 인기 있던 우상들을 섬겼습니다.

이런 과정들이 오랫동안 되풀이되었습니다. 그들은 집을 잃었고, 행복을 박탈당했으며, 전쟁에서 매번 참패를 당했습니다. 그리고 이제는 나라가 멸망해서 다른 나라에 포로로 잡혀갈 위기에 직면했습니다. 그래서 하나님이 호세아에게 요청하십니다.

"너는 가서 창녀와 혼인하라. 그래서 '남편인 너를 대하는 그녀의 비루한 행실'을 통해 이 백성들이 어떻게 나를 대했는지 알게 하라!"

그래서 호세아는 하나님이 시키는 대로 했습니다. 창녀와 결혼한 것입니다. 그들 부부는 세 아이를 낳았습니다. 하지만 호세아의 아내는 옛날의 생활 습관을 버리지 못했고, 그것이 호세아의 마음을 아프게 했습니다. 아무리 아내를 사랑해도, 아내에게 잘해주어도 소용없었습니다.

아마도 이스라엘 백성 가운데 몇 사람은 호세아 선지가가 삶으

호세아가 활동한 시대의 역사적 정황

호세아는 여로보암 2세 말기부터 선지자의 사역을 감당하였는데, 여로보암 2세 때는 북왕국 이스라엘이 경제적으로 번성할 때였다. 그러나 이스라엘의 번영은 여로보암 2세의 죽음 후에 갑자기 쇠퇴했다. 호세아서 4,5장에 묘사된 호세아의 매우 자신감에 차 있는 모습으로 미루어볼 때 호세아 사역 초기, 즉 여로보암 2세의 말기로 추정된다.

앗수르의 디글랏 빌레셀 3세의 통치 기간 동안(BC 745~727년) 앗수르의 군대는 이스라엘을 점점 더 압박해왔고 BC 743년에 이르자 다메섹은 앗수르에 공세를 바치지 않을 수 없었다. BC 742년 이스라엘의 므낫세 왕이 죽기 전에 디글랏 빌레셀이 이스라엘에게서 공세(貢稅)를 받았다. 이후 이스라엘의 각 사람은 국외 추방을 면하기 위해 종의 값을 내야 했다(왕하 15:19,20).

이스라엘 왕 베가는 수리아와 동맹하여(사 7장) 앗수르에 대한 모반을 시도했다(BC 740~732년). 유다도 이 동맹에 가담했지만 이러한 시도는 무익하게 끝났다. BC 732년 이스라엘은 앗수르의 침공을 받아 갈릴리 지역을 빼앗기고 많은 백성이 포로로 끌려갔다(호 7:8,9).

앗수르의 멍에로부터 자유를 얻으려는 시도로(호 9:3 ; 11:5 ; 12:1) 애굽에 호소를 했던 때(왕하 17:4)는 호세아 왕의 통치 기간이었다(BC 732~722년). 이 시도가 실패로 끝나 호세아 왕은 포로로 끌려가고 BC 722년에 북 이스라엘의 수도 사마리아가 3년의 포위 공격 끝에 멸망했다. 이렇게 악화되는 대외적 상황 속에서도 이스라엘은 회개하지 않았고 호세아 선지자의 말에 귀를 기울이지도 않았다.

로 전하는 메시지를 알아들었는지도 모릅니다. 그러나 그들은 종교적인 음행을 회개하지 않았습니다. 그들은 우상숭배를 중단하지 않았고, 그들의 종교적 음행은 국가로서 그들의 운명이 다할 때까지 계속되었습니다.

혹시 우리도 그와 같은 짓을 자행하고 있는 것은 아닐까요? 평소에는 하나님을 망각하고 다른 것들을 섬기다가, 정작 필요할 때만 하나님을 찾는 것은 아닌지요? 비록 이스라엘 백성들은 호세아 선지자의 말을 듣지 않았지만, 우리는 그가 전하는 메시지에 귀를 기울여야 할 것입니다.

| Joel |

요엘서

■■■ 요엘서 기사가 포괄하는 연대

아브라함 BC 2100년경		다윗 BC 1000년경		에스라 BC 450년경	
	모세 BC 1500년경		이스라엘 멸망 BC 722년		예수님 탄생 BC 4년경

요엘서 진상조사 파일

이름	요엘 선지자의 이름을 딴 것. 요엘은 '여호와는 하나님이다' 라는 뜻.
기록연대	BC 800년경.
기자	남 유다 왕국의 초기 선지자 요엘.
종류	예언서(소선지서). 요엘의 예언 모음집.
핵심내용	하나님께서 남 유다 왕국 백성들의 죄를 심판하실 것이다.

심판의 경고장

구약 시대에 하나님의 심판은 여러 형태로 나타났습니다. 일례로, 애굽에 내려졌던 재앙에서 하나님의 심판은 죽음, 벌레, 질병, 기후 등의 형태로 나타났습니다.

요엘서는 하나님께서 유다 백성들의 죄를 충분히 참으셨음을 고지하는 '여호와의 날'에 대한 일종의 경고입니다. 그래서인지 몰라도, 이 책은 매우 구체적입니다. 그는 백성들을 향하여 하나님께서 메뚜기 떼를 보내 그들을 심판할 것인데, 메뚜기가 전국의 농산물들을 모두 쓸어버릴 것이라고 말했습니다.

아마 당신은 메뚜기 재앙이 뭐 그리 심각한 것이냐고 반문할지도 모릅니다. 그것은 당시 생활을 몰라서 하는 말입니다. 당시

여호와의 날

역사를 향한 하나님의 심판의 날. 요엘서에서 이 날은 '크고 심히 두려운 날'(2:11,31)로 표현되었다. 이사야서(2장), 아모스서(5장), 스바냐서(1,2장)에도 이 날이 언급되었다.

216 하루만에 꿰뚫는 성경관통

요엘서 **한 번에 꿰뚫기**

★ 1장 1-20절　메뚜기 재앙과 가뭄이 닥칠 여호와의 날을 예고한다.
★ 2장 1-17절　유다에 대한 침략 예고와 구원을 약속한다.
★ 2장 18-32절　여호와의 날에 영적 풍년과 성령의 은혜가 남녀노소 신분의 차별 없이 임할 것이 예언된다(오순절 예언).
★ 3장 1-21절　하나님 백성의 대적들은 심판받고 하나님 백성은 회복될 것이다.

사람들은 전적으로 농업에 의존했습니다. 그들은 농작물을 경작했고, 그것으로 생계를 잇는 한편 가축들을 먹였습니다. 메뚜기 떼가 몰려와 농작물들을 초토화시킨다는 것은 곧 그들에게 아무것도 남지 않는다는 것을 의미했습니다. 모두가 굶어 죽는다는 것을 의미했습니다.

사실 요엘이 이처럼 암울하고 처절한 예언을 했을 때만 해도, 유다는 모든 것이 형통했습니다. 먹을 것이 풍족하고 만사가 태평했던 유다 백성들은 선지자의 경고가 귀에 들어오지 않았습니다. 그래서 유다 백성들은 죄가 결국 그들을 파멸에 이르게 할 것이라는 하나님의 경고와 선지자의 예언을 외면했습니다.

한편으로 요엘은 좋은 소식을 전하기도 했습니다. 다른 선지자의 예언과 마찬가지로 그의 예언에도 장래의 소망을 밝히는 내용이 포함되어 있었습니다. 그는 남 유다 왕국이 죄로 인해 멸망할 것임을 예언했을 뿐 아니라, 하나님께서 모든 것을 용서하심으로써 결국에는 유다가 구원받을 것을 예언하기도 했습니다.

아모스서

■■■ 아모스서 기사가 포괄하는 연대

아브라함 BC 2100년경		다윗 BC 1000년경			에스라 BC 450년경	
	모세 BC 1500년경			이스라엘 멸망 BC 722년		예수님 탄생 BC 4년경

아모스서 진상조사 파일

이름	아모스 선지자의 이름을 딴 것. 아모스는 '짐을 지우다', '짐을 진 자'라는 뜻.
기록연대	BC 750년경.
기자	남 유다 왕국 출신이지만 북 이스라엘 왕국에서 예언했던 선지자 아모스.
종류	예언서(소선지서). 설교 혹은 예언.
핵심내용	하나님께서 이스라엘의 우상숭배와 사회 불의를 엄히 심판하실 것이다.

공허한 예배에 대한 경고

아모스 선지자는 여러 면에서 물을 떠난 고기와 같은 사람이었습니다. 왜냐하면 그가 남 유다 왕국 출신이면서 북 이스라엘 왕국에서 예언을 했기 때문입니다. 그는 비천한 목동이었지만, 부유한 사람들에게 말씀을 전했습니다. 그의 메시지는 다소 부정적인 면이 강했습니다.

아모스가 전한 메시지의 골자는 하나님께서 이스라엘 백성들의 예배를 흡족해 하지 않으신다는 것이었습니다. 그들은 성전에 올라가 예배했습니다. 하지만 그 길로 내려와 가난한 사람들을 압제했습니다. 그들은 율법의 규정대로 의식을 행했지만 마음과 삶으로 하나님을 예배하지 않았습니다. 이 때문에 하나님께서

아모스서 한 번에 꿰뚫기

★ 1장 1,2절 아모스는 유다 왕 웃시야와 이스라엘 왕 여로보암 2세 치세기에 선지자로 사역했다.
★ 1장 3절–2장 16절 이스라엘 원근의 이방 족속과 이스라엘에 대한 심판을 선고한다.
★ 3장 1절–6장 14절 이스라엘의 거짓 종교와 불의에 대해 계속 경고한다.
★ 7장 1절–9장 15절 황충, 가뭄, 다림줄에 대한 환상과 임박한 이스라엘의 파멸에 대해 경고한다.

아모스를 통해 그들의 잘못을 지적하신 것입니다.

하나님은 아모스에게 이스라엘 백성들을 향해 경고하라고 명령하시며 그에게 다림줄을 보여주셨습니다. 다림줄이란 추가 달린 줄인데, 집을 짓는 사람들이 작업이 곧바르게 되었는지 측량하는 데 이용했습니다. 하나님은 아모스에게, 그의 손에 다림줄이 들려 있으니 그것을 갖고, 백성들의 행실이 올바른지 굽었는지 확인하라고 말씀했습니다. 하나님의 다림줄로 측량한 결과, 이스라엘 백성들은 하나님의 기준에 도달하지 못했습니다.

아모스가 당시 이스라엘 백성들에게 전달했던 메시지는 오늘날의 우리에게도 그대로 적용됩니다. 혹시 우리의 예배가 공허한 형식으로 끝나고 있는 것은 아닙니까? 우리가 사리사욕을 채우기 위해 약한 자들을 착취하면서 짐짓 경건한 체하고 있는 것은 아닙니까?

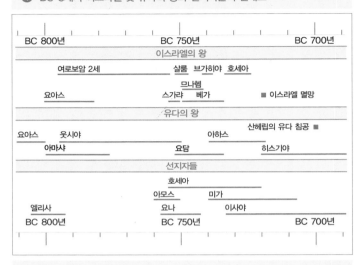

BC 8세기 이스라엘 및 유다의 왕과 선지자들의 연대표

BC 800년	BC 750년	BC 700년

이스라엘의 왕

여로보암 2세　　　　　　　살룸　브가히야　호세아

요아스　　　　　　　　　스가랴　베가　　　■ 이스라엘 멸망
　　　　　　　　　　　므나헴

유다의 왕

　　　　　　　　　　　　　　　　산헤립의 유다 침공 ■
요아스　　웃시야　　　　　　　아하스
　　아마샤　　　　　　　요담　　　히스기야

선지자들

　　　　　　　호세아
　　　　　아모스　　미가
엘리사　　　　요나　　이사야
BC 800년　　　　BC 750년　　　　BC 700년

오바댜서

아브라함 BC 2100년경		다윗 BC 1000년경		에스라 BC 450년경	
	모세 BC 1500년경		유다 멸망 BC 586년		예수님 탄생 BC 4년경

오바댜서 진상조사 파일

이름	오바댜 선지자의 이름을 딴 것. 오바댜는 '주님의 종', '여호와를 예배하는 자' 라는 뜻.
기록연대	BC 850년경.
기자	오바댜.
종류	예언서(소선지서). 예언적 설교.
핵심내용	오바댜 선지자가 하나님 백성들의 원수인 에돔 족속에게 예언한다.

에돔 족속을 향한 예언

오바댜는 매우 독특한 선지자입니다. 왜냐하면 그가 유다 왕국에서도 이스라엘 왕국에서도 예언하지 않았기 때문입니다. 그 대신 그는 에돔 족속을 향해 예언했습니다.

잠시 이야기의 배경을 살펴보겠습니다. 에돔 족속이란 에서(이름이 나중에 에돔으로 바뀜)의 후손들로 구성된 민족입니다. 에서는 야곱(이름이 나중에 이스라엘로 바뀜)과 쌍둥이 형제였습니다. 하지만 에서와 야곱 사이에 분쟁이 그치지 않았듯이(창 25-27장), 그들 두 민족 사이에도 분쟁과 다툼이 그치지 않았습니다.

오바댜 예언의 핵심은 한마디로 에돔 족속에 대한 저주라 할 수

★ 1–9절   에돔은 다른 민족들의 연합군에게 참혹하게 멸망당할 것이다.
★ 10–14절 에돔이 심판받는 이유는 바벨론이 유다를 침공할 때 유다의 뒷덜미를 쳤기 때문이다.
★ 15–21절 에돔에 대한 심판은 하나님의 대적을 치는 여호와의 날의 한 부분이다.

있습니다. 에돔이 이스라엘을 돕지 않고, 오히려 이스라엘을 괴롭히는 데 선봉에 섰기 때문입니다. 오바댜는 에돔이 완전히 멸망할 것이라고 예언했습니다. 그의 예언대로 에돔은 AD 70년에 로마에 의해 완전히 멸망했습니다.

창세기로 거슬러

이스라엘과 에돔 족속의 관계를 이해하려면 창세기의 내용(창 25:19-34)으로 거슬러 올라가야 합니다. 야곱과 에서는 쌍둥이 형제로, 그들은 어머니의 태중에 있을 때부터 누가 먼저 세상을 볼 것인지 다투었습니다. 결국에는 에서가 먼저 세상에 나왔습니다. 이는 에서가 가족의 장자 상속권을 갖는다는 것을 의미했습니다.

에서는 거친 활동가였습니다. 야곱은 그 반대였습니다. 어느 날, 에서가 몹시 지쳐 사냥에서 돌아왔습니다. 야곱은 에서에게 맛있는 음식을 해줄 테니 자신에게 장자 상속권을 팔라고 요청했습니다.

사실 장자 상속권이란 그들 형제의 부친이었던 이삭의 축복기도 없이는 무용지물이었습니다. 그래서 에서는 별 생각 없이 야곱의 거래에 응했습니다. 마침내 부친의 축복기도를 받을 시점이 되자, 야곱은 에서의 옷을 입고 형처럼 위장하여 아버지의 축복기도를 받았습니다. 노년의 이삭은 눈이 어두워 에서와 야곱을 분간하지 못했고, 결국 야곱에게 축복했습니다. 이삭은 야곱에게 가산의 상당 부분을 물려줄 것을 약속하는 동시에 야곱이 가족 내에서 지도적인 위치를 수행할 것이라 축복했습니다.

밖에 외출했다 돌아온 에서는 가족의 지도권과 재산권을 동생에게 모두 빼앗겼다는 것을 알았습니다. 그는 이후 이방인들과 함께 생활하며 그곳에서 터를 잡았습니다. 그는 동생 야곱에게 지독한 원한을 품은 채 에돔 족속을 이루었고, 그의 원한이 후손들에게 전해진 것입니다.

요나서

요나서 진상조사 파일

이름	요나 선지자의 이름을 딴 것.
기록연대	BC 760년경.
기자	아밋대의 아들 요나.
종류	예언서(소선지서). 실제 사건에 대한 이야기.
핵심내용	하나님께서 요나에게 니느웨로 가서 예언하라고 명하셨지만 요나가 다른 길로 도망친다. 그러나 그는 물고기 배에 갇혀 하나님 말씀에 순종하게 된다. 결국 그가 니느웨 백성들에게 예언한 덕택에 니느웨 사람들이 회개하여 구원을 받는다.

물고기 뱃속에서

요나 이야기는 '하나님의 길 대(對) 나의 길' 의 대립을 보여줍니다. 하나님은 요나에게 니느웨로 가서 예언하라고 명하셨습니다. 그러나 니느웨는 요나의 적국의 수도였습니다. 그래서 요나는 말씀을 어기고, 정반대 방향으로 도망쳤습니다.

그는 배를 타고 도망쳤습니다. 그러나 갑자기 배를 집어삼킬 듯 거센 폭풍이 일었습니다. 배가 파선할 지경에 이르렀을 때, 선원들은 이처럼 험한 폭풍의 배후에 하나님이 역사하고 계시다는 것을 알게 되었습니다. 결국 요나가 사건의 내막을 고백했고, 선원들은 그를 배 밖으로 '풍덩' 던져버렸습니다. 바다에 빠진 요

요나서 한 번에 꿰뚫기

★ 1장 1-17절   요나가 선민주의에 빠져 이방 니느웨에 전도하기를 거부하고 다시스로 도망한다.
★ 2장 1-10절   요나가 물고기 뱃속에서 회개기도를 드린다.
★ 3장 1-10절   요나가 니느웨에 멸망을 선고하자 니느웨 거민들이 회개한다.
★ 4장 1-11절   니느웨 거민들이 회개하자 선민주의에 빠진 요나가 실망하고, 하나님이 그의 잘못된 선민주의를 일깨워주신다.

나를 큰 물고기가 꿀떡 삼켜버렸고, 요나는 물고기 뱃속에서 하나님께 기도했습니다. 그렇게 3일이 지나자 물고기가 그를 해변에 토해버렸습니다. 하나님은 다시 요나에게 니느웨로 가라고 명하셨습니다. 이번에 요나는 순종했습니다.

회개를 기뻐하지 않는 선지자

니느웨 성에 도착한 요나는 하나님 말씀을 선포했고, 니느웨 백성들은 겸손한 마음으로 그에 반응했습니다. 그들은 죄를 회개하는 동시에 모든 사악한 행위들을 중단했습니다.

그때 선지자 요나는 어떻게 반응했을까요? 그는 니느웨 백성들이 회개하는 것을 보며 기뻐하지 않았습니다. 오히려 낙심했습니다. 그는 내심 니느웨 백성들이 하나님의 진노를 받아 멸망하기를 바라고 있었는데, 그들이 잘못을 눈물로 회개하는 모습을 보니 속상한 생각마저 들었습니다. 더구나 요나의 본국 이스라엘 백성들은 하나님의 진노를 받아 멸망할 지경에 이르고 있었습니다. 요나는 뙤약볕 아래 주저앉아 자신의 신세를 한탄하고

아니, 이런 일이!

물고기 뱃속에서 바라본 세상

만일 당신이 물고기 뱃속에 3일 주야를 갇혀 있다면, 당신은 뭐라고 말할 것 같습니까? 동굴처럼 어두운 물고기 뱃속에서 요나가 했던 말을 여기 소개하겠습니다.

"내 영혼이 내 속에서 피곤할 때에 내가 여호와를 생각하였삽더니 내 기도가 주께 이르렀사오며 주의 성전에 미쳤나이다 무릇 거짓되고 헛된 것을 숭상하는 자는 자기에게 베푸신 은혜를 버렸사오나 나는 감사하는 목소리로 주께 제사를 드리며 나의 서원을 주께 갚겠나이다 구원은 여호와께로서 말미암나이다 하니라"(욘 2:7-9).

있었습니다.

하나님이 박넝쿨을 준비하셔서 그에게 그늘을 드리웠습니다. 시원한 그늘이 위로가 되었습니다. 그런데 그 다음날, 벌레가 박넝쿨을 다 갉아 먹었습니다. 그늘이 없어져 괴로웠던 요나는 하나님께 불평했습니다. 하나님은 그런 요나를 질타하십니다. "하룻밤에 났다가 망한 박넝쿨을 네가 아꼈거든, 좌우를 분변치 못하는 자가 십이만여 명이요 육축도 많이 있는 니느웨를 내가 아끼는 것이 어찌 합당치 아니하냐."

우리는 요나서를 통해 니느웨를 멸하지 않으시는 사랑의 하나님과 자신의 관점으로 니느웨의 징계와 심판을 바라던 요나를 주목하게 됩니다. 요나서는 이방인들에게 복음을 전한 구약의 사도행전이기도 합니다.

| Micah |

미가서

▆▆ 미가서 기사가 포괄하는 연대

아브라함 BC 2100년경		다윗 BC 1000년경		유다 멸망 BC 586년		예수님 탄생 BC 4년경
	모세 BC 1500년경		이스라엘 멸망 BC 722년		에스라 BC 450년경	

미가서 진상조사 파일

이름	미가 선지자의 이름을 딴 것. 미가는 '주님을 닮은 자'라는 뜻.
기록연대	BC 730년경.
기자	미가 선지자.
종류	예언서(소선지서). 예언자의 설교. 형식적으로는 히브리 시의 성격을 갖고 있음.
핵심내용	남북 왕국의 백성들을 향해 하나님 예배에는 일상의 성결한 삶이 수반되어야 한다고 경고한다.

남북 왕국의 선지자, 미가

다른 선지자들이 남 왕국이나 북 왕국 한 곳에서 말씀을 전한 반면, 그는 남 유다 왕국과 북 이스라엘 왕국 양쪽에 말씀을 전했습니다. 그는 다른 선지자들과 마찬가지로, 이스라엘 민족에게 확실하게 임박할 심판과 예수 그리스도를 통해 도래하게 될 미래의 승리를 동시에 전했습니다.

미가는 백성들에게 형식적인 시늉만의 믿음이 아니라 마음의 헌신에 이르러야 한다고 촉구했습니다. 그는 유다 백성들이 바벨론에 포로로 잡혀가게 될 것이라 예언했고, 그의 예언은 그대로 실현되었습니다.

미가는 아름다운 기도 한 편으로 이 책을 마무리 지었습니다.

미가서 **한 번에 꿰뚫기**

★ 1장 1절-3장 12절 사마리아와 유다의 거짓된 신앙을 고발하고 징벌한다.
★ 4장 1절-5장 15절 시온에서 하나님말씀이 선포되어 하나님의 백성들이 회복될 것이다.
★ 6장 1절-7장 20절 하나님은 그 백성들의 죄를 사해주셔서 새롭게 하신다.

"주와 같은 신(神)이 어디 있으리이까
주께서는 죄악을 사유하시며
그 기업의 남은 자의 허물을 넘기시며
인애를 기뻐하심으로
노를 항상 품지 아니하시나이다"(미 7:18).
이스라엘에게 이보다 더 큰 위로가 없었을 것입니다. 오늘날의
우리에게도 더 이상의 위로는 없을 것입니다.

>> 성경에 이르기를

미가서의 요절

"사람아 주께서 선한 것이 무엇임을 네게 보이셨나니 여호와께서 네게 구하시는 것이 오직 공의를 행하며
인자를 사랑하며 겸손히 네 하나님과 함께 행하는 것이 아니냐"(미 6:8).

나훔서

나훔서 진상조사 파일

이름	나훔 선지자의 이름을 딴 것. 나훔은 '위로하다' 라는 뜻.
기록연대	BC 650년경.
기자	나훔 선지자.
종류	예언서(소선지서). 설교 혹은 예언.
핵심내용	하나님께서 앗수르와 그 수도 니느웨를 심판할 것이다.

사악함에 대한 심판의 경고

앗수르는 이스라엘과 유다 동쪽에 인접한 이웃 국가였는데, 주변 국가들을 집어삼키는 것으로 악명이 높았습니다. 앗수르는 먼저 북 이스라엘 왕국을 집어삼켰습니다. 다음 차례로 남 유다 왕국과 예루살렘을 끊임없이 위협했습니다. 이런 상황에서 나훔 선지자가 앗수르와 그 수도 니느웨를 향해 예언한 것입니다.

요나의 메시지를 들은 니느웨는 회개했지만, 그 상태를 오랫동안 지속하지 못했습니다. 그들은 또 다시 사악한 행실을 되풀이했습니다. 그래서 나훔 선지자가, 하나님께서 그들의 악행을 징벌하실 것이라는 소식을 갖고 그들을 마주한 것입니다.

나훔 선지자가 말하는 앗수르의 모습은 오늘날 우리가 똑똑히

나훔서 **한 번에 꿰뚫기**

★ 1장 1-8절   하나님은 그 대적을 응징하는 분이시나, 노하기를 더디 하시며 긍휼이 풍성한 분이시다.
★ 1장 9절-2장 2절   하나님 백성의 대적 니느웨는 멸망시키시나 유다는 구원하신다.
★ 2장 3절-3장 19절   니느웨에 대한 심판 선언과 풍자적 만가로 예언을 종결한다.

목격하는바, 현대 세계에 만연한 사악함을 나타낸다고 할 수 있습니다. 선지자가 주는 메시지는 어제나 오늘이나 동일합니다. 하나님은 악을 영원히 묵인하지 않을 것입니다. 하나님은 악을 물리치실 것입니다. 지금 당장이 아니라도, 장차 언젠가 악을 이기실 것입니다. 악이 선을 이기는 것처럼 보일 때마다 이 말씀으로 위로를 삼기 바랍니다.

하박국서

■■ 하박국서 기사가 포괄하는 연대

아브라함 BC 2100년경		다윗 BC 1000년경		니느웨 멸망 BC 612년		에스라 BC 450년경	
	모세 BC 1500년경		이스라엘 멸망 BC 722년		유다 멸망 BC 586년		예수님 탄생 BC 4년경

하박국서 진상조사 파일

이름	이 책의 기자 하박국 선지자의 이름을 딴 것임. 하박국이란 이름은 '끌어안다'는 뜻임.
기록연대	BC 600년경.
기자	하박국 선지자.
종류	예언서(소선지서). 예언, 설교.
핵심내용	하나님은 세상의 악보다 훨씬 더 강하다. "의인은 믿음으로 살리라"(합 2:4)는 구절이 나옴.

하나님을 인하여 기뻐하는 선지자 하박국

하박국 선지자는 하나님께 다음의 질문을 던졌습니다.

"여호와여 내가 부르짖어도 주께서 듣지 아니하시니 어느 때까지리이까 내가 강포를 인하여 외쳐도 주께서 구원치 아니하시나이다 어찌하여 나로 간악을 보게 하시며 패역을 목도하게 하시나이까 대저 겁탈과 강포가 내 앞에 있고 변론과 분쟁이 일어났나이다"(합 1:2,3).

하박국은 세상에서 악이 득세하는 것을 이해할 수 없어서 하나님께 질문을 던졌습니다. 하나님은 하박국의 질문에 흔쾌히 답변해주셨습니다. 하나님은, 악을 징벌하는 것은 오직 하나님께만 달려 있다고 대답했습니다. 하나님은 하박국에게 악은 반드시 멸망하게 될 것이라고 말씀하셨습니다.

하박국서 한 번에 꿰뚫기

★ 1장 1-11절　하박국은 유다에 만연한 불의를 하나님이 왜 묵인하시는지를 묻자, 하나님은 이방의 훨씬 더 흉포한 바벨론을 들어 유다를 치실 것을 말한다.

★ 1장 12절-2장 20절　바벨론을 들어 유다를 치시는 하나님의 처사를 하박국이 불평하자 하나님은 교만한 바벨론도 심판할 것을 말씀하신다.

★ 3장 1-19절　하박국은 하나님을 신뢰하는 가운데, 하나님이 하나님 백성을 위해 다시 역사하시는 것을 소망 중에 바라본다.

하박국은 처음에 하나님의 공의에 회의를 품다가 나중에는 하나님 때문에 즐겁고 기쁘다고 말합니다. 그는 하나님께서 모든 것을 통제하신다는 사실을 깨닫고 다음과 같이 기도합니다.

"비록 무화과나무가 무성치 못하며 포도나무에 열매가 없으며 감람나무에 소출이 없으며 밭에 식물이 없으며 우리에 양이 없으며 외양간에 소가 없을지라도 나는 여호와를 인하여 즐거워하며 나의 구원의 하나님을 인하여 기뻐하리로다"(합 3:17,18).

>> 잊지 맙시다!

하나님 말씀의 대언자 – 미가, 나훔, 하박국

미가, 나훔, 하박국을 이해하려면 먼저 그들이 처했던 상황을 기억해야 합니다. 유다 백성들은 오래 전부터 하나님을 떠났다 돌아오고, 다시 떠나는 과정을 되풀이했습니다. 그들은 계속 불순종하면 필히 징벌을 받게 될 것이라는 메시지를 귀가 따갑도록 들었습니다. 그리고 인접한 강대국들이 하나님의 징벌의 도구로 쓰임받을 것이라는 말도 들었습니다. 그들은 유다의 멸망이 목전에 임박했음을 절감했습니다. 그들은 백성들의 시야를 돌려 암울한 와중에 희망을 찾기 위해 마음을 다해 마지막으로 분투했습니다. 그들은 국가와 민족의 운명을 분명히 알고 있었습니다. 하나님께서 통찰력을 주셨기 때문입니다. 하지만 그들은 비겁하게 도망치지 않았습니다. 대신 그들은 초라한 연단에 우뚝 올라서서, 하나님께서 그들 심령에 비춰주신 메시지를 담대히 전했습니다.

| Zephaniah |

스바냐서

▬▬ 스바냐서 기사가 포괄하는 연대

아브라함 BC 2100년경		다윗 BC 1000년경		요시아 BC 640년경		에스라 BC 450년경	
	모세 BC 1500년경		이스라엘 멸망 BC 722년		유다 멸망 BC 586년		예수님 탄생 BC 4년경

스바냐서 진상조사 파일

이름	스바냐 선지자의 이름을 딴 것. 스바냐는 '하나님이 숨기시다' 라는 뜻.
기록연대	BC 630년경.
기자	스바냐 선지자.
종류	예언서(소선지서). 하나님께서 스바냐 선지자에게 주신 메시지.
핵심내용	하나님은 자비롭기 때문에 누구나 회개하면 구원해주신다.

남 유다 왕국의 마지막 선지자, 스바냐

스바냐의 메시지는 유다 왕국을 위한 것이었지만 그와 동시에 모든 민족을 위한 것이었습니다. 그는 모든 사람들에게 하나님 께서 그들의 행위에 대해 책임을 물으신다는 것을 상기시켰습니 다. 이 말씀은 오늘날 우리에게도 그대로 적용됩니다.

스바냐서의 전반부는 예언자들의 예언에 전형적으로 나타나는 바, 심판에 관한 것입니다. 구약의 선지자들은 임박한 하나님의 진노를 백성들에게 알리며 '지옥불과 유황' 이란 용어를 사용합 니다. 스바냐의 메시지 역시 그런 식으로 시작됩니다. 그 다음, 그는 심판과 징벌을 예고하는 자리에서 희망을 비추는 자리로 점차 이동합니다.

스바냐서 한 번에 꿰뚫기

★ 1장 1-18절 우상숭배를 자행한 유다의 심판을 선고한다.
★ 2장 1절-3장 8절 블레셋, 모압, 암몬, 구스, 앗수르, 유다에 대한 심판을 선언한다.
★ 3장 9-20절 유다의 남은 자들, 곧 하나님 앞에서 겸손하고 의로운 자들은 하나님의 구원을 입어 기쁨의 노래
　　　　　　 를 부를 것이다.

스바냐는 백성들이 알아서 처신해주기를 바라고 있었습니다. 즉, 백성들 스스로 하나님의 마음을 얼마나 어지럽혔는지 깨닫기를 바라고 있었습니다. 그런 연후에야 그가 비로소, 백성들이 결코 혼자가 아니라는 사실을 일깨워줄 수 있었기 때문입니다. 스바냐서의 후반부는 구원의 희망으로서 예수 그리스도의 도래에 대해 말하고 있습니다.

학개서

▬▬ 학개서 기사가 포괄하는 연대

아브라함 BC 2100년경		다윗 BC 1000년경		고레스의 칙령(유다의 귀환 허락) BC 538년		예수님 탄생 BC 4년경
	모세 BC 1500년경		유다 멸망 BC 586년		에스라 BC 450년경	

학개서 진상조사 파일

이름	학개 선지자의 이름을 딴 것. 학개는 '축제'라는 의미.
기록연대	BC 520년경.
기자	학개 선지자.
종류	예언서(소선지서). 설교 혹은 예언.
핵심내용	하나님과의 관계에 최우선순위를 두면 다른 문제들은 자연히 해결될 것이다.

최우선순위를 일깨우는 선지자, 학개

스바냐서가 바벨론 포로 이전에 기록된 반면, 학개서는 바벨론 포로 이후에 기록된 책입니다. 유다 백성들은 포로생활을 마치고 본국으로 돌아왔지만 하나님을 최우선순위로 삼지 못하고 있었습니다. 예배처소인 성전을 재건하지 못하고 있었던 것입니다. 백성들을 향해 학개 선지자가 정면으로 도전했습니다.

"성전 재건도 하지 않고서 너희가 과연 무슨 일을 할 수 있단 말인가?"

하나님의 집이 황폐해진 상황에서 유다 백성들이 제 가정을 먼저 돌보는 것이 합당한 처사였을까요? 우리는 다음 두 가지 사항을 기억해야 할 것입니다.

★ 1장 1-15절 포로에서 귀환한 백성들에게 자신의 집보다는 성전을 재건할 것을 촉구한다.
★ 2장 1-9절 재건된 성전에 하나님의 영광이 임할 것을 약속한다.
★ 2장 10-19절 부정하게 된 백성들이 정결함을 입고 축복을 받는다.
★ 2장 20-23절 유대 총독 스룹바벨은 대적들이 멸망당할 것과 위대한 메시아의 날이 도래할 것이라는 약속을 받는다.

1) 성전 재건은 하루아침에 이루어지는 일이 아니었습니다. 학개 선지자가 포로생활을 마치고 귀환한 백성들에게, 짐을 풀기도 전에 성전을 재건하자고 재촉한 것은 아니었습니다. 그는 백성들에게 마음가짐과 우선순위를 강조했습니다.

2) 유대인들의 가장 심각한 문제, 그러니까 그들이 집을 잃고 타향에서 포로생활을 하게 된 가장 근본적인 원인은 하나님 예배를 최우선에 두지 않았기 때문이었습니다. 하나님은 그들에게 "오직 하나님만을 섬기라"라고 명령하셨습니다. 그러나 그들은 순종하지 않았습니다. 그런 의미에서 성전 재건은 새로운 형태의 삶을 구축하는 중대한 조치였던 것입니다.

학개 선지자는 또한 미래의 성전에 대해서도 말하고 있습니다. 이 성전은 예수께서 오셔서 새 하늘과 새 땅이 만들어질 미래에 세워질 것입니다. 학개는 고단한 인생 가운데 희망을 하나님 백성들에게 상기시키고 있습니다.

학개가 주는 메시지는 오늘날 우리에게도 시사하는 바가 큽니다. 무슨 일을 하기 전에 하나님과의 관계를 점검해야 합니다. 하나님을 최우선순위로 삼아야 합니다.

| Zechariah |

스가랴서

스가랴서 기사가 포괄하는 연대

아브라함 BC 2100년경		다윗 BC 1000년경		고레스의 칙령(유다의 귀환 허락 칙령) BC 538년		예수님 탄생 BC 4년경
	모세 BC 1500년경		유다 멸망 BC 586년		에스라 BC 450년경	

스가랴서 진상조사 파일

이름	스가랴 선지자의 이름을 딴 것. 스가랴는 '하나님이 기억하셨다' 라는 뜻.
기록연대	정확히 알 수 없으나 스가랴 선지자가 BC 519년 2월 15일과 BC 518년 12월 7일에 이 설교를 행한 것은 분명함.
기자	스가랴 선지자.
종류	예언서(소선지서). 설교 혹은 예언.
핵심내용	스가랴가 백성들에게, 하나님께서 구원자를 보내주실 것을 상기시키고 있다. 구약 소선지서 가운데 가장 묵시적(종말의 때에 관한 환상)이며 메시아에 관해 가장 많이 말하고 있다.

성전 재건을 강조한 선지자, 스가랴

스가랴가 백성들의 의욕을 고취시키기 위해 이 책을 기록한 것으로 보입니다. 스가랴는 백성들에게 "너희는 지금 성전을 재건하느라 애를 쓰고 있다. 그것은 그럴 만한 가치가 있는 일이다!" 라는 메시지를 전했습니다.

스가랴서 후반부는 예수 그리스도에 관한 예언으로 가득합니다. 스가랴는 예수께서 이 땅에 돌아오실 것(재림)을 예언하기도 했습니다(슥 14:4 ; 계 11:15).

예수에 대한 구체적인 기록을 살펴보겠습니다.

스가랴서 한 번에 꿰뚫기

★ 1장 1절-6장 15절 스가랴는 여덟 가지 환상(① 말 탄 사람들, ② 파괴된 네 뿔, ③ 측량될 수 없는 예루살렘, ④ 대제사장의 복권, ⑤ 등대와 감람나무, ⑥ 날아가는 두루마리, ⑦ 광주리 속의 여자, ⑧ 네 병거)을 통해 성전 재건의 책임을 맡은 지도자들을 격려한다.
★ 7장 1절-8장 23절 진정한 금식은 자비와 공의를 나타내는 것이어야 한다.
★ 9장 1절-14장 21절 예루살렘은 포위되고 약탈당하나 결국 영광스러운 하나님나라가 도래할 것이다.

● 예수께서 돌아가시기 전, 당나귀를 타고 예루살렘에 입성하실 것입니다(슥 9:9).
● 유다가 은 삼십에 예수를 팔아 넘길 것입니다(슥 11:12).
● 예수는 옆구리를 찔릴 것입니다(슥 12:10).
● 예수의 피가 우리 죄를 정결하게 할 것입니다(슥 13:1).
● 예수의 손과 옆구리에는 상처가 남아 있을 것입니다(슥 13:6).
● 예수는 체포되어 제자들에게 버림받을 것입니다(슥 13:7).

말라기서

■■■ 말라기서 기사가 포괄하는 연대

아브라함 BC 2100년경		다윗 BC 1000년경		예수님 탄생 BC 4년경
	모세 BC 1500년경		에스라 BC 450년경	

말라기서 진상조사 파일

이름	말라기 선지자의 이름을 딴 것. 말라기는 '하나님의 사자' 라는 뜻.
기록연대	BC 430년경.
기자	구약의 마지막 선지자 말라기.
종류	예언서(소선지서). 질문과 응답으로 구성된 설교 혹은 예언.
핵심내용	말라기 선지자가 백성들의 죄악을 노골적으로 지적하면서 백성들에게 즉각 회개하고 하나님을 가까이서 따를 것을 촉구한다.

구약의 마지막 선지자, 말라기

말라기는 세례 요한의 도래에 대해 예언했습니다. 구약의 모든 책들이 연대순으로 잘 배열되어 있는 것은 아니지만, 말라기서 만큼은 연대순으로 배열되어 있습니다. 구약 39권 가운데 이 책이 가장 나중에 기록되었고, 그에 따라 구약 맨 마지막 부분에 위치하게 되었다는 것입니다.

말라기 선지자는 백성들에게, 그들이 하나님의 율법을 지키려고 노력하되 절반의 노력에 그치고 있다고 지적했습니다. 그들은 희생제물을 바쳤습니다. 그러나 동물이나 곡물 가운데 쓸모 없는 것, 흠 많은 것을 골라 바쳤습니다. 그들은 하나님께서 그들의

말라기서 한 번에 꿰뚫기

★ 1장 1–5절　이스라엘에 대한 하나님의 사랑을 보여준다.
★ 1장 6절–2장 9절　부적절한 희생제물을 바친 제사장들이 책망받는다.
★ 2장 10–16절　잡혼과 이혼으로 더럽혀진 이스라엘 백성들을 책망한다.
★ 2장 17절–3장 5절　백성들을 심판하고 정결하게 하는 날이 임할 것이 예고된다.
★ 3장 6–12절　하나님께 올바른 십일조를 드리라는 책망을 한다.
★ 3장 13절–4장 3절　하나님의 구별된 백성으로 서야 할 것을 촉구한다.
★ 4장 4–6절　모세의 율법과 엘리야를 기억하라고 당부한다.

마음을 살피지 못할 것이라고 생각했습니다. 그들이 진정으로 하나님을 존귀히 여기지 않는다는 것을 하나님이 모를 것이라고 생각했습니다.

또한 말라기 선지자는 백성들이 포로생활을 마치고 본국으로 귀환한 후, 한결같이 저질러온 죄악된 관행을 심하게 꾸짖었습니다. 바벨론 포로에서 돌아온 그들은 우상을 섬기는 이방 여인을 아내로 맞았고, 그에 따라 우상을 섬기기 시작했습니다. 말라기 시대에 남편들이 하나님을 두려워하는 본처와 이혼하고, 우상을 섬기는 여인들과 재혼하는 사례가 빈번했습니다.

또한 말라기는 그리스도의 도래를 예견했습니다. 그는 백성들에게 그들 행위에 대해 마땅히 책임을 져야 할 것이라고 단언했습니다. 우리에게도 그대로 적용되는 말씀이 아닐 수 없습니다.

말라기 이후 예수님이 오시기까지 약 400년 동안 하나님의 계시의 침묵기에 들어가는데, 이때를 '중간기'라 합니다.

3부 저녁시간
신약의 흐름을
단숨에 조망하기

저녁시간은 신약 각 권의 기록 배경과 특성, 예수 그리스도로 말미암아 성취된 구원 사건의 다양한 스펙트럼을 평신도 눈높이에서 재미있게 소개하고 있습니다. 신약 각 권의 핵심 사상 또한 누구나 쉽게 알아들을 수 있는 용어로 설명해주고 있습니다. 단숨에 신약성경의 맥을 잡는 데 큰 도움이 될 것입니다. 이 책의 내용을 도약대로 삼아 좀 더 깊고 높고 넓은 신약성경의 세계로 나아가십시오.

마태복음 마가복음 누가복음 요한복음 사도행전 로마서 고린도전서 고린도후서 갈라디아서 에베소서 빌립보서 골로새서 데살로니가전서 데살로니가후서 디모데전서 디모데후서 디도서 빌레몬서 히브리서 야고보서 베드로전서 베드로후서 요한일서 요한이서 요한삼서 유다서 요한계시록 마태복음 마가복음 누가복음 요한복음 사도행전 로마서 고린도전서 고린도후서 갈라디아서 에베소서 빌립보서 골로새서 데살로니가전서 데살로니가후서 디모데전서 디모데후서 디도서 빌레몬서 히브리서 야고보서 베드로전서 베드로후서 요한일서 요한이서 요한삼서 유다서 요한계시록 마태복음 마가복음 누가복음 요한복음 사도행전 로마서 고린도전서 고린도후서 갈라디아서 에베소서 빌립보서 골로새서 데살로니가전서 데살로니가후서 디모데전서 디모데후서 디도서 빌레몬서 히브리서 야고보서 베드로전서 베드로후서 요한일서 요한이서 요한삼서 유다서 요한계시록

마태복음

예수님 탄생 BC 4년경		마태복음 기록 AD 60년경		요한의 죽음 AD 100년경
	예수, 십자가에 못박힘 AD 30년경		예루살렘 성전 파괴 AD 70년	

마태복음 진상조사 파일

이름	마태의 이름을 딴 것. 마태는 '하나님의 선물'이라는 뜻.
기록연대	AD 60년경.
기자	마태(레위라 불리기도 했음). 세관원이자 열두 제자의 한 사람.
종류	사복음서의 하나. 전기적 이야기. 예수라는 한 인물에 관한 실화 모음집.
핵심내용	마태는 유대인들을 대상으로 예수가 메시아임을 입증하기 위해 '예수의 전기'를 기록했다.

약속된 메시아 예수 기사

마태복음은 신약 사복음서 가운데 첫 번째 책입니다. 신약의 복음서 네 권은 관점과 경향이 서로 다릅니다. 같은 이야기를 다른 순서로 말하기도 하고, 세세한 부분에서 서로 다르게 전하기도 합니다. 복음서 기자들 모두 사실을 전하고 있지만, 사실을 바라보는 관점이 각각 달랐기 때문입니다.

마태는 예수 그리스도를 '약속된 메시아'로 보았습니다. 이게 바로 예수를 바라보는 마태의 관점이었습니다. 마태는 신약성경 기자 가운데 구약을 가장 많이 인용한 것으로 유명합니다. 그는 예수의 혈통을 추적해 아브라함에게까지 거슬러 올라갑니다. 유대 민족의 아버지인 아브라함의 계보를 밝힘으로써 마태는 유대

마태복음 한 번에 꿰뚫기

★ 1-4장 구약에서 예언했던 하나님나라가 도래했음을 선포하다.
★ 5-7장 하나님나라의 왕이 나사렛 예수임을 선포하다.
★ 8-10장 예수께서 하나님나라의 왕으로서 어떤 권세를 발휘하셨는지를 증거하다.
★ 11-15장 세상이 이 땅에 오신 하나님나라의 왕을 지속적으로 대적하다.
★ 16-20장 제자들을 하나님나라의 전파자들로 예비하시다.
★ 21-28장 예수께서 십자가와 부활로 하늘과 땅의 권세를 가진 하나님나라 왕으로 등극하시다.

민족이 그토록 오랜 동안 학수고대하던 메시아로서의 예수를 확실하게 보여줍니다.

유대인이 기대하던 메시아와 다른 예수

유대인들은 마태의 견해를 수용하기가 그리 용이하지 않았습니다. 그들은 구약을 통해 메시아가 오실 것이라는 약속을 들었습니다. 유대인들은 외세의 압제를 받을 때마다 메시아가 오시리라는 약속을 회상하며 스스로를 위로하곤 했습니다. 그러므로 그들은 메시아를 고대하되, 단 한 차례의 불 같은 호령으로 원수들을 괴멸시킬 정치, 군사 지도자의 모습을 고대하고 있었습니다. 그런데 마태가 전하는 예수라는 메시아는 그런 인물이 아니었습니다.

마태는, 메시아이신 예수가 이스라엘의 원수들을 물리치기는커녕 인간들의 죄를 위해 죽으려고 세상에 왔다고 밝혔습니다. 메시아가 이스라엘 민족의 정치적 승리를 위해서가 아니라, 모든 인간들을 대신해 죽기 위해 세상에 왔다는 것입니다.

여덟 가지 복

팔복은 마태복음 가운데 가장 유명한 구절입니다. 빈칸을 채워보십시오.

"심령이 가난한 자는 복이 있나니 □□이 저희 것임이요 애통하는 자는 복이 있나니 저희가 □□를 받을 것임이요 온유한 자는 복이 있나니 저희가 □을 기업으로 받을 것임이요 의에 주리고 목마른 자는 복이 있나니 저희가 □□□ 것임이요 긍휼히 여기는 자는 복이 있나니 저희가 □□□□□을 받을 것임이요 마음이 청결한 자는 복이 있나니 저희가 □□□을 볼 것임이요 화평케 하는 자는 복이 있나니 저희가 □□□□ □□이라 일컬음을 받을 것임이요 의를 위하여 핍박을 받은 자는 복이 있나니 □□이 저희 것임이라"(마 5:3-10).

정답 : 천국, 위로, 땅, 배부를, 긍휼히 여김, 하나님, 하나님의 아들, 천국.

당대 종교 지도자들은 이 말을 이해할 수 없었습니다. 예수라는 목수가 메시아라니? 그들은 예수의 부모를 잘 알고 있었습니다. 예수는 비천한 갈릴리 출신으로, 도저히 특별히 봐줄 게 없었습니다. 그런데 그런 자가 감히 하나님을 자처하다니? 그들은 그 이상을 생각할 수 없었습니다. 게다가 예수가 그들과 간혹 만날 때마다 그들의 종교적 위선을 신랄하게 비판했으니, 그들은 예수를 눈엣가시처럼 생각하고 있었습니다.

아무튼 예수께서는 온갖 이적을 행하며 공생애 사역을 마치셨고, 마침내 수난을 받아 십자가에 돌아가셨습니다. 돌아가신 후, 부활하여 사람들에게 나타났다가 승천하셨습니다. 이후, 마태는 조용히 앉아 예수에 대한 기억과 기록들을 차근차근 정리하기 시작했습니다. 그는 마태복음을 읽는 사람들에게 예수가 메시아임을 확실하게 인식시키려고 예수와 함께 체험했던 사건들과 예수의 가르침들을 기록했습니다.

새로운 왕국

예수께서는 이스라엘 왕국과 전혀 다른 새 왕국을 세우기 위해 세상에 오셨습니다. 그것은 먼저 사람들 마음에 세워질 왕국이었습니다. 당대 이스라엘 백성들은 이 말 역시 무슨 말인지 이해할 수 없었습니다. 그래서 많은 사람들이 예수를 거부했고, 예수가 아니라 다른 메시아를 기다려야 한다고 생각했습니다.

마태는 '예수 전기'를 다음과 같은 유명한 진술로 끝맺습니다. 이를 '대위임령' 혹은 '지상명령'이라고 일컫습니다.

"그러므로 너희는 가서 모든 족속으로 제자를 삼아 아버지와 아들과 성령의 이름으로 세례를 주고 내가 너희에게 분부한 모든 것을 가르쳐 지키게 하라 볼지어다 내가 세상 끝날까지 너희와 항상 함께 있으리라 하시니라"(마 28:19,20).

다시 말해서, 예수께서는 하나님나라를 사람들 마음속에 건설하시려 세상에 오신 것입니다. 예수께서는 지금 우리가 예수를 닮아가는 삶을 통해 우리 몫을 다하기를 바라십니다.

열두 제자들(마 10:2-4)

베드로, 안드레, 야고보, 요한, 빌립, 바돌로매, 도마, 마태, 알패오의 아들 야고보, 다대오, 시몬, 가룟유다.

마가복음

마가복음 진상조사 파일

이름	마가의 이름을 딴 것.
기록연대	AD 60년경.
기자	마가. 베드로를 따르는 자였으며 사도 바울의 1차 전도여행에 동참했던 인물.
종류	사복음서의 하나. 전기적 이야기. 예수라는 한 인물에 관한 실화 모음집.
핵심내용	로마인들을 대상으로 기록한 책으로 마가는 특히 예수의 이적적인 사역을 부각시켜 예수를 나타내고 있다.

섬기는 지도자 예수

마가는 예수의 행동에 중점을 두었습니다. 그는 예수께서 수행하신 일을 중점적으로 기록했는데, 특히 예수의 이적을 강조했습니다. 마가복음은 신약 사복음서 가운데 가장 짧습니다. 이를테면, '요점정리' 라고나 할까요?

앞에서 말했듯이 마태와 마가의 관점은 서로 다릅니다. 마태는 예수의 '메시아 되심'을 강조한 반면 마가는 '섬기는 지도자'로서의 예수의 모습을 부각시켰습니다. 그리고 마태는 유대인 독자들을 대상으로 글을 기록했으므로 유대 전통에 근거해 이야기를 펼쳐나갔습니다. 반면 마가는 로마인들을 대상으로 복음서를

마가복음 한 번에 꿰뚫기

★ 1장 1절-2장 12절　섬기는 종 그리스도께서 이 세상에 출현하시다.
★ 2장 13절-8장 26절　세상은 섬기는 종 그리스도를 선대하지 않고 대적하다.
★ 8장 27절-10장 52절　섬기는 종 그리스도께서 하나님나라의 교훈을 말씀하시다.
★ 11장 1절-15장 47절　섬기는 종 그리스도께서 배척을 받으시다.
★ 16장 1-20절　섬기는 종 그리스도께서 섬김의 죽음으로 죽음을 정복하고 부활하시다.

기록했기 때문에 보편적인 인간들을 향한 예수의 사랑에 초점을 맞추고 있습니다. 또한 마태는 예수의 출생으로부터 이야기를 시작하는데 마가는 어른이 된 예수로부터 이야기를 시작하고 있습니다.

특별히 마가는 예수를 종으로서 묘사했습니다. 그는 예수의 이적을 인류를 향한 '사랑'의 행위로 나타냈습니다. 마가는 복음서 절반 이상을 예수 생애 마지막 8일에 할당하고 있습니다. 마가는, 예수께서 우리를 구원하시기 위해 자기 몸을 내어주셨음을 강조하고 있습니다. 이것이야말로 가장 큰 섬김의 본일 것입니다.

진실의 추적자, 마가

마가는 예수의 제자가 아니었지만 여러 면에서 예수와 관계를 맺고 있었습니다. 그는 자기 어머니 집에서 제자들과 자주 만났습니다. 또한 그는 베드로를 따르는 자였습니다. 그의 사촌 바나바는 사도 바울의 동역자였습니다. 마가는 바울과 전도여행에 동참한 적도 있었습니다.

마가는 급박하게 진실을 추적하는 인물이었으므로, 그의 복음서에는 비록 짧기는 하지만 심사숙고하여 음미해야 할 진리들이 제시되어 있습니다.

"무리와 제자들을 불러 이르시되 아무든지 나를 따라오려거든 자기를 부인하고 자기 십자가를 지고 나를 좇을 것이니라 누구든지 제 목숨을 구원코자 하면 잃을 것이요 누구든지 나와 복음을 위하여 제 목숨을 잃으면 구원하리라 사람이 만일 온 천하를 얻고도 제 목숨을 잃으면 무엇이 유익하리요"(막 8:34-36).

"인자(人子)의 온 것은 섬김을 받으려 함이 아니라 도리어 섬기려 하고 자기 목숨을 많은 사람의 대속물(代贖物)로 주려 함이니라"(막 10:45).

예수 사역의 마지막 한 주

마가복음 열여섯 장 가운데 마지막 일곱 장이 예수 사역의 마지막 한 주를 다루고 있습니다. 마가복음 11장은 예수의 예루살렘 입성으로 시작되고 있습니다. 예수의 지상 사역 가운데 가장 오해를 많이 받은 부분이 이 사건이 아닌가 싶습니다. 유대인들은 왕을 갈구하고 있었습니다. 그들은 자기 민족을 외세의 압제에서 구원해줄 정치, 군사 지도자를 갈망하고 있었습니다. 그날 예루살렘 군중들이 예수를 환영했을 때, 그들은 분명 그런 모습의 지도자를 기대하고 있었습니다. 그러나 예수께서는 이스라엘이라는 약소국의 정치 지도자가 되기 위해서가 아니라, 세상의 죄를 짊어지고 죽기 위해 예루살렘에 들어가셨습니다.

마가는 우리에게 예수의 사명을 올바로 이해시키기 위해 예수의 지상 사역 마지막 주간에 발생한 몇 가지 중대한 사건들을 보도하고 있습니다. 마가는, 예수께서 자기가 하나님의 아들임을 분명히 하기 위해 당대 종교 지도자들과 나누었던 대화를 기록했습니다. 그러나 그들은 세금 문제와 자기들의 우월성을 입증하는 교묘한 질문들만 묻는 것으로 그치고 말았습니다.

또한 마가는 동전 두 닢을 바친 과부에 대한 이야기를 기록했습니다. 예수께서는 과부의 헌금을 예로 들어, 과부가 전 재산을 다 바쳤듯이 우리도 예수를 위해 모든 것을 다 바쳐야 할 것이라고 예시해주셨습니다.

마가복음의 결말

마가는 복음서 마지막 부분에 특유의 간결한 어조로 최후의 만찬과 수난, 죽음 등을 기록했습니다.

마가는 예수의 무덤을 찾아온 여인들, 빈 무덤과 예수의 부활과 승천을 다루고 있습니다. 즉, 그리스도 부활과 관련된 기사로 복음서를 끝맺습니다. 마가가 처음부터 밝히려고 했던 게 바로 죽음을 이기신 그리스도의 능력이었습니다. 이 능력을 그리스도께서 자신의 백성들에게 베풀어주셨습니다.

누가복음

예수님 탄생 BC 4년경		누가복음 기록 AD 60년경		요한의 죽음 AD 100년경
	예수, 십자가에 못박힘 AD 30년경		예루살렘 성전 파괴 AD 70년	

누가복음 진상조사 파일

이름	누가의 이름을 딴 것.
기록연대	AD 60년경.
기자	누가. 유대인이 아니었으며 사도행전을 기록한 인물.
종류	사복음서의 하나. 전기적 이야기. 예수의 생애에 관한 실화.
핵심내용	예수는 하나님이시다. 동시에 그분은 완벽한 인간이어서 우리와 같은 길을 걸으셨다.

하나님이자 완전한 인간 예수

앞에서 예수의 제자였던 마태는 유대인들에게 예수가 약속된 메시아임을 확신시키기 위해 복음서를 기록했습니다. 그리고 복음 전도자들의 동역자였던 마가는 로마인들에게 예수가 섬기는 자이자 구세주임을 확신시키기 위해 복음서를 기록했습니다. 그러면 누가는 어떤 목적으로 복음서를 기록했을까요? 그는 그리스 친구였던 데오빌로에게 예수가 하나님이자 완벽하고 완전한 인간임을 확신시키기 위해 복음서를 기록했습니다.

"그 모든 일을 근원부터 자세히 미루어 살핀 나도 데오빌로 각하에게 차례대로 써 보내는 것이 좋은 줄 알았노니 이는 각하로 그 배운 바의 확실함을 알게 하려 함이로다"(눅 1:3,4).

누가복음 **한 번에 꿰뚫기**

★ 1장 1절~4장 13절   인자(人子)의 탄생과 사역은 아브라함의 언약을 성취하기 위함이다.
★ 4장 14절~9장 50절   인간들을 위하여 인자께서 구원의 사역을 하시다.
★ 9장 51절~19장 44절   인자께서 인간들의 구원을 위해 사역하다 배척받으시다.
★ 19장 45절~24장 53절   인자께서 십자가와 부활로 승리를 입증하시다.

한편 마태는 예수의 족보로 복음서를 시작했습니다. 그게 유대인 독자들에게 매우 중요했기 때문이었습니다. 마가는 예수의 지상 사역으로 복음서를 시작했습니다. 그게 로마 독자들에게 중요했기 때문이었습니다. 그런데 누가는 찬양의 노래로 복음서를 시작하고 있습니다. 누가가 데오빌로에게 이 말씀을 들려줄 필요가 있다고 판단했던 모양입니다. 그렇다면, 우리도 찬양의 노래를 들어야 할 필요가 있겠지요?

누가복음을 펼치면, 기쁨의 노래들이 넘칩니다. 노년의 제사장 사가랴는 기쁨이 넘쳤습니다. 그의 아내가 마침내 수태하여 아기를 출산하게 되었기 때문입니다. 예수의 어머니 마리아 역시 하나님께서 자기를 쓰신다는 소식을 듣고 기쁨이 넘쳤습니다. 사가랴의 아내 엘리사벳 또한 기쁨이 넘쳤습니다. 마리아와 자기가 수태하여 아들을 낳을 것인데, 그 아들들이 하나님을 위해 큰 일을 할 것이라는 말을 들었기 때문입니다. 특히 사가랴의 기쁨은 더했습니다. 아들 요한이 태어난 이후, 잃었던 목소리를 되찾았기 때문입니다.

그리고 목동들에게 예수의 탄생을 고지하던 천사들도 기뻤습니

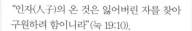

누가복음의 요절

"인자(人子)의 온 것은 잃어버린 자를 찾아 구원하려 함이니라"(눅 19:10).

다. 목동들도 먼 길을 여행하여 아기 예수께 경배하게 된 것을 기쁘게 여겼습니다.

마리아와 요셉이 율법의 결례를 행하기 위해 아기 예수를 성전에 데리고 올라갔을 때, 안나와 시므온 두 사람을 만났습니다.

그들은 성령이 충만했던 경건한 사람들로서, 예수가 여느 아기들과 다르다는 것을 한눈에 알아보고 그 자리에서 하나님께 찬송했습니다.

누가의 관점

누가는 '예수의 인간 되심' 이라는 관점에 맞추어 복음서를 기록했기 때문에 다른 복음서 기자들이 그들 복음서에 포함시키지 않은 몇 가지 흥미로운 사실들을 누가복음에 포함시켰습니다. 그는 독자들에게 그리스도의 어린 시절에 관한 정보를 제공함과 아울러 예수가 만나는 사람들에게 사랑의 관심을 보였음을 조명하고 있습니다. 누가는, 예수가 높은 신분의 거만한 인물이 아니었음을 강조했습니다. 예수는 구원사역을 이루기 위해 스스로 낮아지신 분이었습니다.

또한 누가는 예수의 친구 관계에 대해서도 말했습니다. 그는 다른 복음서 기자들과 달리 여인들의 이름을 많이 언급했습니다. 누가는, 예수가 우리와 같은 처지가 되어 험난한 인생 행로를 살아가신 진짜 하나님이었다고 밝혔습니다. 누가는, 예수께서 우리를 용서하기 위해 마침내 죽으셨다고 밝혔습니다.

선한 사마리아인 이야기

어떤 율법사가 예수께 어떻게 하면 영생을 얻을 수 있냐고 질문했습니다. 그러자 예수께서 이렇게 대답하셨습니다.

"네 생각은 어떠냐?"(예수께서는 이렇게 질문에 질문으로 대응하는 화법을 즐겨 사용하심)

그러자 그 사람이 대답했습니다.

"마음을 다하며 목숨을 다하며 힘을 다하며 뜻을 다하여 주 하나님을 사랑하고 또한 이웃을 내 몸과 같이 사랑하는 것입니다."

예수께서는 그의 대답에 동의하시면서, 그게 영생에 이르는 길이니 가서 그대로 행하라고 말씀하셨습니다. 그러자 그는 교묘하게 빠져나갈 구멍을 찾기 위해 부차적인 질문을 던집니다.

"그런데 누가 내 이웃입니까?"

이때 예수님은 '선한 사마리아인' 이야기를 해주십니다.

"예수께서 대답하여 가라사대 어떤 사람이 예루살렘에서 여리고로 내려가다가 강도를 만나매 강도들이 그 옷을 벗기고 때려 거반 죽은 것을 버리고 갔더라 마침 한 제사장이 그 길로 내려가다가 그를 보고 피하여 지나가고 또 이와 같이 한 레위인도 그곳에 이르러 그를 보고 피하여 지나가되 어떤 사마리아인은 여행하는 중 거기 이르러 그를 보고 불쌍히 여겨 가까이 가서 기름과 포도주를 그 상처에 붓고 싸매고 자기 짐승에 태워 주막으로 데리고 가서 돌보아주고 이튿날에 데나리온 둘을 내어 주막 주인에게 주며 가로되 이 사람을 돌보아주라 부비(浮費)가 더 들면 내가 돌아 올때에 갚으리라 하였으니"(눅 10:30-35).

예수께서는 이 말씀을 하신 후에 "누가 강도 만난 자의 이웃이냐?" 라고 질문하셨습니다. 율법사는 물론 '자비를 베푼 자' 라고 대답했습니다. 그러자 예수께서는 "가서 너도 이와 같이 하라!" 라고 단호하게 명하셨습니다.

예수께서는 우리가 교묘하게 책임과 의무를 회피하게끔 방치하지 않으십니다.

오직 누가복음에만

다른 복음서에는 없고 오직 누가복음에만 있는 기사 몇 가지를 여기 소개하겠습니다.

1) 우선순위에 관하여(눅 10:38-42)

예수께서 마리아와 마르다 두 친구 집을 방문했습니다. 마르다는 행정 관료 같았습니다. 그녀는 예수를 대접하기 위해 부산을 떨며 음식을 준비했습니다. 반면 마리아는 순수한 예배자였습니다. 그녀는 예수의 발치에 앉았습니다. 마르다가 이에 대해 불평하자, 예수께서는 자기와 함께 있기로 선택한 마리아의 선택이 옳았다고 단언했습니다.

2) 재물에 관하여(눅 16:1-17:10)

예수께서 제자들을 가르치고 계셨을 때 바리새인들이 곁에서 그 이야기를 듣고 있었습니다. 바리새인들은 경건을 업으로 삼는 종교 지도자들로, 돈을 사랑했고 의롭게 보이기를 좋아했습니다. 이때 예수께서 재물에 관한 일련의 이야기들(불의한 청지기 비유, 부자와 나사로 비유)을 택하여 제자들을 가르치셨습니다. 지나치게 돈을 밝히던 바리새인들은 그 말씀이 무슨 뜻인지 전혀 이해할 수 없었습니다.

3) 감사에 관하여(눅 17:11-19)

한번은 열 명의 문둥병 환자들이 예수를 찾아와 병을 고쳐달라고 청했습니다. 예수는 그들을 치유한 다음, 제사장에게 보냈습니다. 문둥병이 다 나았음을 제사장에게 보이라고 한 것입니다. 그런데 열 명 가운데 오직 한 명만 돌아와 예수께 감사했습니다. 예수께서 그에게 이렇게 질문하셨습니다.

"열 사람이 다 깨끗함을 받지 아니하였느냐 그 아홉은 어디 있느냐"(눅 17:17).

예수의 이름들

성경에 보면, 예수를 일컫는 호칭들이 다양하게 등장합니다. 그 이름들을 간략하게 살펴보겠습니다.

· 예수 : '구원자', '구세주'의 뜻. 천사가 마리아에게 나타나 태어날 아기의 이름을 계시해주었음.

· 메시아 : 히브리어로 '기름부음 받은 자'라는 뜻. 이를 헬라어로 옮기면 '크리스토스'인데 여기서 그리스도란 명칭이 유래했음. 예수는 군사, 정치 지도자를 갈망하는 유대인들의 정서를 의식하여 자신을 메시아라고 칭한 적은 없으나, 베드로의 고백(주는 그리스도시요)은 그대로 받아들였음.

· 인자(사람의 아들) : 예수께서 가장 즐겨 사용하신 호칭. 이 역시 당시 유대인들의 정서를 의식한 것으로 보임. 구약에서는 다니엘서 7장 13절에 이 말이 등장함. 예수의 인성, 수난 등을 나타내는 데 많이 인용되었음.

· 하나님의 아들 : 비록 이 말이 구약에서는 이스라엘 백성들을 지칭하는 데 사용되었으나(출 4:22), 신약에서는 예수께만 사용되었음. 예수께서 성자 하나님으로서 삼위일체 하나님임을 강조하는 용어임.

4) 기도에 관하여(눅 18:1-14)

예수께서는 두 가지 경우를 들어 기도에 대해 가르치셨습니다.

첫째, 가난하고 힘없는 과부가 재판관을 찾아와 억울한 일이 있으니 재판해달라고 하소연했습니다. 재판관은 그녀의 청을 거절했지만 그녀가 끈덕지게 요청하는 탓에 결국에는 그녀의 청을 들어주었습니다.

둘째, 두 사람이 성전에서 기도하고 있었습니다. 한 사람은 자랑할 것이 많은지 남들이 듣도록 큰 소리로 기도했습니다. 다른 한 사람은 지은 죄가 많은지 작은 목소리로 겸손하게 기도했습니다. 예수께서는, 겸손한 사람의 기도가 하나님께 상달되었다고 가르치셨습니다.

요한복음

예수님 탄생 BC 4년경		예루살렘 성전 파괴 AD 70년		요한의 죽음 AD 100년경
	예수, 십자가에 못박힘 AD 30년경		요한복음 기록 AD 90년경	

요한복음 진상조사 파일

이름	요한의 이름을 딴 것.
기록연대	AD 90년경.
기자	예수의 제자 중 하나인 요한. 그는 '우레의 아들'이라 불림(요한 1,2,3서와 요한계시록의 기자).
종류	사복음서의 하나. 예수 생애의 사건들과 가르침들을 기록한 이야기. 예수의 전기라기보다 인물 소개에 가까움.
핵심내용	요한은 예수가 하나님의 아들임을 입증하고 있다.

하나님의 아들, 예수

요한복음은 마태, 마가, 누가복음이 이미 기록된 이후에 기록되었습니다. 요한복음은 나머지 세 개의 복음서와 많이 다릅니다. 마태는 그리스도의 '메시아 직분'에 초점을 맞추었고, 마가는 예수를 '섬기는 지도자'로 묘사했습니다. 누가는 예수를 완전한 신(神)이자 완전한 인간으로, 그리스도의 인성(人性)에 초점을 맞추었습니다. 요한은 예수의 신성(神性)에 초점을 맞추고 있습니다.

한편 마태는 예수의 족보, 마가는 예수의 지상 사역, 누가는 예수의 탄생을 찬송하는 노래로 각각 복음서를 시작했습니다. 그런

요한복음 **한 번에 꿰뚫기**

★ 1장 1–18절　　하나님 아들의 신적(神的) 기원과 그 영광을 밝히다.
★ 1장 19절–4장 54절　제자들과 세상에 하나님 아들의 사역이 계시되다.
★ 5장 1절–12장 50절　세상은 자기 땅에 오신 하나님 아들을 배척하다.
★ 13장 1절–20장 31절　하나님 아들이 자기 백성을 위해 돌아가시다.
★ 21장 1–25절　　예수께서 부활하심으로 자신이 하나님의 아들임을 확증하시다.

데 요한은 태초에 예수께서 계셨다고 선언함으로써, 상징적이고 시적이며 철학적인 말로 복음서를 시작하고 있습니다.

"태초에 말씀이 계시니라 이 말씀이 하나님과 함께 계셨으니 이 말씀은 곧 하나님이시니라 그가 태초에 하나님과 함께 계셨고 만물이 그로 말미암아 지은 바 되었으니 지은 것이 하나도 그가 없이는 된 것이 없느니라 그 안에 생명이 있었으니 이 생명은 사람들의 빛이라"(요 1:1-4).

"말씀이 육신이 되어 우리 가운데 거하시매 우리가 그 영광을 보니 아버지의 독생자의 영광이요 은혜와 진리가 충만하더라"(요 1:14).

요한은 예수께서 이 세상을 창조하셨다고 밝힘으로써 예수의 신성(神性)을 확실하게 입증했습니다.

성육신

하나님이신 예수께서 인간의 몸을 입고 인간이 되신 것을 '성육신'(成肉身)이라 일컫습니다. 성육신은 놀라운 신비입니다. 어떻게 완전한 하나님이 동시에 완전한 인간이 될 수 있을까요? 그

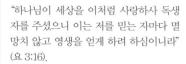
요한복음의 요절

"하나님이 세상을 이처럼 사랑하사 독생
자를 주셨으니 이는 저를 믿는 자마다 멸
망치 않고 영생을 얻게 하려 하심이니라"
(요 3:16).

분이 바로 예수 그리스도입니다.

만일 하나님이 완전히 인간이 된 게 아니
라면, 우리 죄를 위한 예수의 죽음은 진정
한 죽음이 아닐 것입니다. 만일 예수가 완
전한 하나님이 아니라면, 우리 죄를 위한
예수의 죽음은 아무런 의미도 지니지 못할
것입니다. 어떤 인간도 세상 모든 죄를 감당하겠다고 결단할 수
없습니다. 우주의 창조주이신 하나님만이 그런 결단을 하실 수
있습니다.

요한복음에만 나오는 내용

요한복음에만 나오고 다른 복음서에는 나오지 않는 내용 몇 가
지를 여기 소개하겠습니다.

- 요한복음은 포도주가 다 떨어진 혼인잔치에서의 예수의 이적
  을 소개하는 유일한 복음서입니다. 예수께서는 어머니 마리아
  의 요청에 따라 물로 포도주를 만드셨습니다(요 2:1-11).
- 예수께서는 사역 초기부터, 성전을 장사하는 곳으로 삼는 자
  들과 격돌하셨습니다(요 2:12-25).
- 니고데모는 예수가 어떤 사람인지 확인하기 위해 한밤중에 예
  수를 찾아왔습니다. 이날 예수께서 니고데모와 대화하는 과정
  에서 요한복음 3장 16절 말씀이 나온 것입니다(요 3:1-21).
- 우물가의 예수께서 사마리아 여인과 이야기를 나눈 사건은 예
  수께서 지위나 신분을 막론하고 모든 사람들을 사랑하신다는

것을 보여줍니다(요 4:1-42).

- 어느 날, 이스라엘 종교 지도자들이 간음하다 현장에서 잡힌 여자(당시에는 현장에서 사형을 당해 마땅한 중죄였음)를 예수께 끌고 왔습니다. 예수께서는 그녀를 정죄하기보다 오히려 그녀를 정죄하려는 자들의 죄를 지적하셨습니다(요 8:1-11).
- 예수의 친구 나사로가 죽었습니다. 예수께서는 단지 그의 이름을 부름으로써 그를 다시 살리셨습니다(요 11:1-44).

◉ 연대순으로 본 사복음서 대조표

	마태복음	마가복음	누가복음	요한복음
예수님의 신분과 인격에 대한 예고				
누가의 복음서 기록 목적			1:1-4	
요한의 예수 그리스도의 성육신 선언				1:1-18
요셉과 마리아를 통한 예수의 족보	1:1-17		3:23-38	
세례 요한의 초기 사역				
사가랴에게 요한 탄생 예고			1:5-25	
마리아에게 예수 탄생 예고			1:26-38	
마리아의 엘리사벳 방문			1:39-45	
마리아의 노래			1:46-56	
요한의 탄생			1:57-66	
사가랴의 예언적 노래			1:67-79	
요한의 성장과 초기 생활			1:80	
예수님의 유아 및 어린 시절				
요셉에게 예수 탄생 설명	1:18-25			
예수 탄생			2:1-7	
천사 찬양과 목자의 방문			2:8-20	
예수의 할례			2:21	
성전에서 시므온과 안나를 봄			2:22-38	
동방박사의 방문	2:1-12			
베들레헴 유아 살해 사건	2:13-18			
나사렛으로 귀환	2:19-23		2:39	
예수의 성장과 어린 시절			2:40	
유월절 지키러 예루살렘에 올라가심			2:41-50	
예수께서 성인으로 자라심			2:51-52	
세례 요한 사역				
세례 요한의 책망 사역		1:1	3:1-2	
요한의 선포와 세례	3:1-6	1:2-6	3:3-6	
바리새인과 군중들에 대한 메시지	3:7-10		3:7-14	
그리스도에 대한 요한의 묘사	3:11,12	1:7,8	3:15-18	
요한의 마지막 사역과 그리스도의 공생애 시작				
예수께서 요한에게 세례받으심	3:13-17	1:9-11	3:21-23상	
광야에서 시험받으심	4:1-11	1:12,13	4:1-13	
요한이 제사장들에게 자신에 대해 증거함				1:19-28
예수님의 첫 번째 제자들				1:35-51
가나 혼인잔치의 기적(예수님의 첫 번째 기적)				2:1-11
가버나움에 첫 번째로 머무심				2:12
유월절에 첫 번째로 성전을 청결케 하심				2:13-22

	마태복음	마가복음	누가복음	요한복음
예수님의 기적에 대한 초기 반응				2:23-25
니고데모와 예수님의 대화				3:1-21
세례 요한의 사역이 예수님에게 이어짐				3:22-36
예수님이 유대를 떠나심	4:12	1:14상	3:19,20	4:1-4
			4:14상	
사마리아 여인과 대화하심				4:5-26
영적 추수에 대한 도전				4:27-38
수가성 전도				4:39-42
갈릴리 당도				4:43-45

그리스도의 갈릴리 사역

	마태복음	마가복음	누가복음	요한복음
새로운 사역 본거지에서 반대에 부닥침				
갈릴리 사역의 성격	4:17	1:14하-15	4:14하-15	
가버나움에서 아이를 고치심				4:46-54
나사렛에서 반대에 부닥침			4:16-31상	
가버나움으로 이동	4:13-16			
제자들을 부르시고 갈릴리에서 사역하심				
네 명의 제자를 부르심	4:18-22	1:16-20	5:1-11	
가버나움 회당에서 가르치심		1:21-28	4:31하-37	
베드로의 장모 치유	8:14-17	1:29-34	4:38-41	
갈릴리를 방문하여 치유하심	4:23-25	1:35-39	4:42-44	
문둥병자 치유	8:2-4	1:40-45	5:12-16	
중풍병자 용서와 치유	9:1-8	2:1-12	5:17-26	
마태를 부르심	9:9	2:13,14	5:27,28	
마태의 잔치	9:10-13	2:15-17	5:29-32	
세 가지 비유와 더불어 잔치를 옹호하심	9:14-17	2:18-22	5:33-39	
안식일 논쟁과 물러나심				
안식일에 병자를 치유하심				5:1-9
안식일 규례를 어긴 예수를 죽이려 함				5:10-18
아들과 아버지의 동등성을 증거하심				5:19-47
안식일에 이삭 자른 일로 논쟁	12:1-8	2:23-28	6:1-5	
안식일에 손 마른 사람 치유	12:9-14	3:1-6	6:6-11	
군중들을 피해 갈릴리로 물러나심	12:15-21	3:7-12		
열두 제자 임명과 산상수훈				
열두 제자 선발		3:13-19	6:12-16	
산상수훈의 자리	5:1,2		6:17-19	
복과 화	5:3-12		6:20-26	
하나님나라를 기다리는 자의 책임	5:13-16			
율법, 의, 하나님나라	5:17-20			
여섯 가지 대조	5:21-48		6:27-30	
			6:32-36	

	마태복음	마가복음	누가복음	요한복음
세 가지 외식적 행위	6:1-18			
세 가지 금지 규정	6:19-7:6		6:37-42	
적용과 결론	7:7-27		6:31	
			6:43-49	
군중의 반응	7:28-8:1			
높아가는 명성과 회개 강조				
어떤 백부장의 믿음	8:5-13		7:1-10	
나인성에서 과부의 아들을 살리심			7:11-17	
하나님나라에서 세례 요한의 위치	11:2-19		7:18-35	
고라신과 벳새다에 대한 저주	11:20-30			
죄 많은 여인이 예수께 향유 부음			7:36-50	
유대 지도자들의 배척				
열두 제자들과 각 성과 촌에 두루 다니심			8:1-3	
바알세불을 힘입어				
귀신을 쫓아낸다고 비난을 받으심	12:22-37	3:20-30		
표적 요청을 거부하심	12:38-45			
영적 친척에 대한 선포	12:46-50	3:31-35	8:19-21	
하나님나라의 비밀을 비유로 말씀하심				
비유를 말씀하신 정황	13:1-3상	4:1,2	8:4	
씨 뿌리는 비유	13:3하-23	4:3-25	8:5-18	
저절로 자라는 씨 비유		4:26-29		
가라지 비유	13:24-30			
겨자씨 비유	13:31,32	4:30-32		
누룩 비유	13:33-35	4:33,34		
가라지 비유 설명	13:36-43			
감추인 보화 비유	13:44			
값진 진주 비유	13:45,46			
그물 비유	13:47-50			
집주인의 비유	13:51-53			
계속되는 반대				
호수를 건너시다 풍랑을 잠잠케 하심	8:18	4:35-41	8:22-25	
	8:23-27			
거라사의 귀신들린 자를 고치심	8:28-34	5:1-20	8:26-39	
갈릴리로 돌아와 여인을 고치고				
야이로의 딸을 살리심	9:18-26	5:21-43	8:40-56	
소경과 벙어리 고친 일로				
바리새인들의 비난을 삼	9:27-34			
믿지 않는 나사렛을 마지막으로 방문하심	13:54-58	6:1-6상		
마지막 갈릴리 사역				
추수할 일꾼이 적음	9:35-38	6:6하		
열두 제자에게 명령	10:1-42	6:7-11	9:1-15	
열두 제자 파송	11:1	6:12,13	9:6	

	마태복음	마가복음	누가복음	요한복음
헤롯 안디바스의 예수에 대한 오해	14:1,2	6:14-16	9:7-9	
세례 요한의 투옥과 순교	14:3-12	6:17-19		

갈릴리 주변 지역 사역

	마태복음	마가복음	누가복음	요한복음
생명의 떡 교훈				
파송되었던 제자들이 돌아옴		6:30	9:10상	
갈릴리에서 배척받으심	14:13,14	6:31-34	9:10하-11	6:1-3
5천 명을 먹이심	14:15-21	6:35-44	9:12-17	6:4-13
예수를 왕으로 삼으려 함	14:22,23	6:45,46		6:14,15
풍랑 가운데 물 위를 걸으심	14:24-33	6:47-52		6:16-21
게네사렛에서의 치유	14:34-36	6:53-56		
진정한 생명의 떡 교훈				6:22-59
많은 제자들이 예수를 떠남				6:60-71
바리새인과 사두개인의 누룩에 대한 교훈				
의식적인 부정으로 인한 갈등	15:1-3상	7:1-23		7:1
	15:7-9하			
	15:3하-6			
	15:10-20			
두로와 시돈에서의 가나안 여인에 대한 사역	15:21-28	7:24-30		
데가볼리에서의 치유	15:29-31	7:31-37		
4천 명을 먹이심	15:32-38	8:1-9상		
갈릴리로 돌아와 바리새인들과 마주침	15:39-16:4	8:9하-12		
바리새인의 잘못에 대한 경고	16:5-12	8:13-21		
벳새다에서 소경 치유		8:22-26		
메시아직 확증				
베드로의 그리스도 신앙고백	16:13-20	8:27-30	9:18-21	
첫 번째로 수난과 부활 예고	16:21-26	8:31-37	9:22-25	
인자의 오심과 심판	16:27,28	8:38-9:1	9:26,27	
변화산 사건	17:1-8	9:2-8	9:28-36상	
엘리야와 세례 요한과 대화	17:9-13	9:9-13	9:36하	
다른 사람에 대한 책임 교훈				
귀신들린 소년 치유	17:14-20	9:14-29	9:37-43상	
죽음과 부활 두 번째 예고	17:22,23	9:30-32	9:43하-45	
성전세 지불	17:24-27			
하나님나라에서 큰 자 교훈	18:1-5	9:33-37	9:46-48	
실족케 하는 죄에 대한 경고	18:6-14	9:38-50	9:49,50	
범죄한 형제를 처리하고 용서하는 법	18:15-35			
초막절에 예루살렘에 올라가심				
제자들에게 완전한 헌신을 요구하심	8:19-22		9:57-62	
예수의 육신의 형제들의 불신				7:2-9
사마리아로 여행하심			9:51-56	7:10

	마태복음	마가복음	누가복음	요한복음
후기 유대 사역				
초막절 사역				
예수의 교훈과 이적에 대한 반대				7:11-31
예수를 체포하려 함				7:32-52
간음한 여인 용서				7:53-8:11
세상의 빛이라 하신 일로 일어난 갈등				8:12-20
하나님 아버지와의 관계				8:21-30
아브라함과의 관계				8:31-59
나면서부터 소경인 자 고침				9:1-7
소경 이웃들의 반응				9:8-12
바리새인들에게 출교당한 소경				9:13-34
소경과 동일시하심				9:35-38
영적 소경된 바리새인				9:39-41
선한 목자의 비유				10:1-18
유대인 중에서의 분쟁				10:19-21
사랑의 섬김과 기도에 대한 가르침				
칠십인 전도대 파송			10:1-16	
칠십인 전도대의 보고			10:17-24	
선한 사마리아인			10:25-37	
마리아와 마르다 방문			10:38-42	
강청하는 기도의 교훈			11:1-13	
율법사와 바리새인과의 두 번째 논쟁				
예수가 귀신들렸다는 비난을 받음			11:14-36	
바리새인들에게 화를 선언			11:37-54	
제자들에게 외식 경고			12:1-12	
재산을 의지하는 것 경고			12:13-34	
인자의 오심을 예비하지 못하는 것 경고			12:35-48	
분쟁에 대한 경고			12:49-53	
이 시대를 분변치 못하는 것 경고			12:54-59	
회개하지 않으면 망한다는 가르침			13:1-9	
안식일에 고침받은 여인에 대한 반대			13:10-21	
예수를 돌로 치거나 사로잡으려 함				10:22-39
베레아 사역				
제자도의 원칙				
예루살렘에서 베레아로 가심				10:40-42
구원과 하나님나라에 대한 질문			13:22-30	
예수의 죽음 예상과 예루살렘을 보고 슬퍼하심			13:31-35	
고창병자를 고치고 세 가지 비유 말씀하심			14:1-24	
제자도의 대가			14:25-35	
죄인과 관련된 비유들을 말씀하심			15:1-32	
돈의 적절한 사용을 가르치는 비유			16:1-13	

	마태복음	마가복음	누가복음	요한복음
부의 위험에 관한 교훈			16:14-31	
네 가지 제자도 교훈			17:1-10	
나사로가 죽음				11:1-16
나사로를 다시 살리심				11:17-44
산헤드린이 예수를 죽이려 함				11:45-54
예루살렘으로 향하는 최종 여정의 교훈				
열 문둥병자를 고치심			17:11-21	
인자의 오심에 관한 교훈			17:22-37	
기도에 관한 두 가지 비유			18:1-14	
이혼에 대한 가르침으로 바리새인과의 갈등	19:1-12	10:1-12		
어린아이와 하나님나라	19:13-15	10:13-16	18:15-17	
부자와 하나님나라	19:16-30	10:17-31	18:18-30	
포도원 품꾼의 비유	20:1-16			
죽으심과 부활에 대한 세 번째 예고	20:17-19	10:32-34	18:31-34	
야망에 대한 경고	20:20-28	10:35-45		
바디매오를 고치심	20:29-34	10:46-52	18:35-43	
삭개오의 구원			19:1-10	
므나 비유			19:11-28	

예수께서 그리스도로 자신을 정식으로 드러내심

승리의 입성(종려주일)

	마태복음	마가복음	누가복음	요한복음
베다니 도착				11:55-12:1 ; 9-11
예루살렘에 승리의 입성	21:1-11	11:1-11	19:29-44	12:12-19
	21:14-17			
무화과나무 저주	21:18,19상	11:12-14		
성전을 두 번째로 청결케 하심	21:12,13	11:15-18	19:45-48	
헬라인들이 예수를 만나려 함				12:20-36상
예수와 군중의 상반된 반응				12:36하-50
무화과나무의 교훈	21:19-22	11:19-25	21:37-38	

그리스도의 권세에 대한 정면 도전

	마태복음	마가복음	누가복음	요한복음
예수의 권세에 대한 대제사장의 문제제기	21:23-27	11:27-33	20:1-8	
예수의 질문과 세 가지 비유	21:28- 22:14	12:1-12	20:9-19	
가이사에게 세금 내는 문제로 올무를 놓음	22:15-22	12:13-17	20:20-26	
부활에 관한 사두개인의 질문	22:23-33	12:18-27	20:27-40	
바리새인의 질문	22:34-40	12:28-30		
다윗에 대한 예수님의 관계	22:41-46	12:35-37	20:41-44	
일곱 가지 화	23:1-36	12:38-40	20:45-47	
예루살렘을 보고 슬퍼하심	23:37-39			
전체를 다 바친 가난한 과부		12:41-44	21:1-4	

	마태복음	마가복음	누가복음	요한복음
그리스도의 죽음을 앞둔 예언				
감람산 강화				
강화의 정황	24:1-3	13:1-4	21:5-7	
고통의 시작	24:4-14	13:5-13	21:8-19	
멸망의 가증한 것과 이어지는 고통	24:15-28	13:14-23	21:20-24	
인자의 오심	24:29-31	13:24-27	21:25-27	
임박한 징조	24:32-41	13:28-32	21:28-33	
깨어 있음과 충성에 대한 다섯 가지 비유	24:42-25:30	13:33-37	21:34-36	
인자의 심판	25:31-46			
배신당하심				
산헤드린이 예수를 죽이려 모의함	26:1-5	14:1,2	22:1,2	
마리아가 예수님께 기름부음	26:6-13	14:3-9		12:2-8
가룟 유다가 예수님을 팜	26:14-16	14:10,11	22:3-6	
최후의 만찬				
유월절 식사 준비	26:17-19	14:12-16	22:7-13	
유월절 식사의 시작	26:20	14:17	22:14-16 22:24-30	
제자들의 발을 씻기심				13:1-20
배반자 확인	26:21-25	14:18-21	22:21-23	13:21-30
베드로의 부인 예고	26:31-35	14:27-31	22:31-38	13:31-38
성찬식 제정	26:26-29	14:22-25	22:17-20	
다락방에서 겟세마네까지				
예수의 행로와 성부와 성령에 대한 질문				14:1-31
포도나무와 가지 비유				15:1-17
세상의 배척				15:18-16:4
성령의 오심과 사역				16:5-15
예수 부활의 기쁨 예고				16:16-22
기도응답과 평안의 약속				16:23-33
제자들과 모든 믿는 자들을 위한 기도				17:1-26
겟세마네의 고뇌와 기도	26:30 26:36-46	14:26 14:32-42	22:39-46	18:1
그리스도의 죽음				
배신과 체포				
배신당하고 체포되심	26:47-56	14:43-52	22:47-53	18:2-12
심문				
안나스 앞에서				18:13,14,19-23
가야바와 산헤드린 앞에서	26:57 26:59-68	14:53 14:55-65	22:54상 22:63-65	18:24

사도행전

예수님 탄생 BC 4년경		사도행전 기록 AD 65년경		요한의 죽음 AD 100년경
	예수, 십자가에 못박힘 AD 30년경		예루살렘 성전 파괴 AD 70년	

사도행전 진상조사 파일

이름	사도들의 행적 혹은 성령의 행적이란 뜻.
기록연대	AD 65년경.
기자	누가. 누가복음을 기록했음.
종류	역사서. 연대기적으로 기술한 실화.
핵심내용	초대교회가 성령을 받아 조직력을 구비하여 세상에 그리스도를 전하였다.

사도행전의 역할

사도행전은 복음서와 서신서의 가교 역할을 하는 책입니다. 복음서는 예수의 생애와 사역에 관한 이야기들을 담고 있습니다. 서신서는 초대교회를 격려하는 내용과 초대교회 교인들을 훈련하는 내용을 담고 있습니다. 사도행전은 교회가 어떻게 체계화되고 조직화되어, 혼란스러워하던 제자들 집단에서 진정한 공동체로 발전되었는지 보여주고 있습니다.

오순절 성령 강림

예수께서 승천하신 직후, 유대인들은 '오순절'이라는 명절을 지키게 되었습니다. 그들이 함께 모였을 때 도저히 예측하지 못한

사도행전 한 번에 꿰뚫기

★ 1장 1절–6장 7절   오순절 후 예루살렘에서 복음전파가 시작되다.
★ 6장 8절–9장 31절   유다와 사마리아로 복음이 확장되다.
★ 9장 32절–12장 24절   고넬료를 비롯한 이방인들에게 복음이 전파되다.
★ 12장 25절–19장 20절   아시아(터키)와 유럽으로 복음이 확장되다.
★ 19장 21절–28장 31절   바울의 로마 압송으로 로마까지 복음이 전파되다.

놀라운 일이 발생했습니다. 성령께서 강림하신 것입니다.

"내가 아직 너희와 함께 있어서 이 말을 너희에게 하였거니와 보
혜사 곧 아버지께서 내 이름으로 보내실 성령 그가 너희에게 모
든 것을 가르치시고 내가 너희에게 말한 모든 것을 생각나게 하
시리라"(요 14:25,26).

이 사건은 엄청난 팡파르와 더불어 갑작스럽게 발생했습니다.

"오순절날이 이미 이르매 저희가 다 같이 한 곳에 모였더니 홀연
히 하늘로부터 급하고 강한 바람 같은 소리가 있어 저희 앉은 온
집에 가득하며 불의 혀같이 갈라지는 것이 저희에게 보여 각 사
람 위에 임하여 있더니 저희가 다 성령의 충만함을 받고 성령이
말하게 하심을 따라 다른 방언으로 말하기를 시작하니라 그때에
경건한 유대인이 천하 각국으로부터 와서 예루살렘에 우거하더
니 이 소리가 나매 큰 무리가 모여 각각 자기의 방언으로 제자들
의 말하는 것을 듣고 소동하여 다 놀라 기이히 여겨 이르되 보라
이 말하는 사람이 다 갈릴리 사람이 아니냐 우리가 우리 각 사람
의 난 곳 방언으로 듣게 되는 것이 어찜이뇨"(행 2:1-8).

이것이 초대교회의 시작이었습니다. 바로 이 시점에서 예수의

사도행전의 요절

"오직 성령이 너희에게 임하시면 너희가
권능을 받고 예루살렘과 온 유대와 사마리
아와 땅 끝까지 이르러 내 증인이 되리라
하시니라"(행 1:8).

부활을 믿는 자들이 조직화되기 시작했습
니다. 그들은 각각 구체적인 사역 분담을
하기 시작했습니다. 그들은 물질과 소유
를 서로 나누기 시작했습니다. 그들은 자
체 조직을 정비하여 밖으로 시선을 돌리기
시작했고, 십자가 고난을 통한 예수의 용
서를 사람들에게 알리기 시작했습니다. 모든 것이 신선하고 새
로웠습니다. 이전의 규례들은 모두 바뀌었습니다. 그에 따라 교
회도 바뀌기 시작했습니다.

초대교회

초대교회 성도들은 마땅히 해야 한다고 생각되는 일들을 그대로
행했습니다. 그들은 서로 사랑했으며 그리스도의 용서의 복음을
서로 나누었습니다.

초대교회 주요 지도자의 한 사람은 사도 베드로였습니다. 베드
로는, 예수께서 재판받으실 때에 세 번이나 예수를 모른다고 부
인한 사람이었습니다. 그러나 오순절 성령 강림 이후 베드로는
초대교회 지도자들 가운데 대들보가 되었습니다.

한편, 예수께서 지상사역을 수행하실 때 예수를 못살게 굴었던
당대 종교 지도자들은 이번에는 초대교회를 심하게 탄압했습니
다. 그들은 사도들을 박해했습니다.

전도여행

초대교회는 자체 조직을 튼튼히 정비한 후, 교회 밖으로 눈을 돌

렸습니다. 세 차례에 걸친 전도여행을 통해 바울과 기타 다른 사역자들은, 그리스도께서 죽었다가 살아나심으로써 우리의 죄를 단번에 영원히 용서하셨다는 기쁜 소식을 세상에 널리 전파했습니다.

● 1차 전도여행
첫 번째 전도여행은 바울과 바나바가 주도했습니다. 바나바는 회개한 직후, 바울을 도와 전도여행을 떠날 정도로 헌신적인 그리스도인이었습니다. 그들은 안디옥에서 구브로를 거쳐 갈라디아에 당도했습니다. 신약성경의 갈라디아서는 사도 바울이 이 여행을 통해 도와주었던 갈라디아교회 교인들에게 보낸 서신입니다.

● 2차 전도여행
바울은 동역자 팀을 데리고 두 번째 전도여행을 떠났습니다. 이번 여행에는 실라, 누가, 디모데가 합류했습니다. 그들은 빌립보, 데살로니가, 베뢰아, 고린도, 아테네 등지를 방문했습니다. 빌립보서, 고린도전후서, 데살로니가전후서 등 신약성경의 서신 가운데 몇 편이 이 교회들을 대상으로 기록되었습니다.

● 3차 전도여행
이번 여행에서 바울은 에베소(나중에 그가 에베소 교인들에게 편지를 기록했는데 그것이 바로 신약성경의 에베소서입니다)로 향했습니다. 거기서 그리스를 거쳐 다시 예루살렘으로 돌아왔습니다.

>> 시야 넓히기

사도행전에 나오는 최초의 기록들

· 최초의 순교자 : 스데반.
예수가 하나님의 아들임을 진정으로 믿었던 고결한 성품의 소유자.
그는 믿음을 버리지 않았으므로 당대 종교 지도자들에게 돌에 맞아 순교했음(행 7:54-60).
· 최초의 용어 : 그리스도인.
안디옥교회에서 최초로 믿는 자들을 '그리스도인' 이라 일컬음(행 11:26).
그리스도께서 사역을 시작하기 전에 사람들은 그저 유대인, 헬라인, 로마인으로 불렸으며,
그들의 신앙은 국적에 따라 결정되었음.
그런데 어느 순간부터 국적에 관계없이 그리스도의 가르침을 따르는 자들이 생겨나서
유대 그리스도인, 헬라 그리스도인 같은 용어가 생겨난 것임.
· 예수의 모습을 보지 못한 최초의 사도 : 바울.
그의 이름은 원래 사울이었음. 예수 믿는 자들을 핍박하러 다메섹으로 향하던 중,
예수의 영을 만나 회개하고 눈이 멀었음.
나중에 시력을 되찾아 위대한 복음 전도자가 되었음(행 9:1-22).
비록 그는 예수의 지상사역에 동참한 적은 없었지만,
이렇게 그리스도와 대면하여 자신을 당당히 '사도' 라 일컬음.

당시의 상황

세 차례에 걸친 전도여행이 마무리될 무렵, 지중해 근처 지방들
은 기독교로 인해 소동이 빚어졌습니다. 예수 그리스도의 생애
와 메시지는 유대 종교 지도자에서 로마 황제에 이르기까지 모
든 사람들의 마음을 온통 휘저어놓았습니다.

한편 세 번의 전도여행 직후, 바울은 감옥에 투옥되었습니다. 로
마 정치가들이 바울의 영향력을 잠재워야겠다고 판단했기 때문
입니다.

그 결과가 어땠을까요? 그들은 바울을 당대 상업과 교역의 중심

지였던 로마로 압송했습니다. 그들은 바울을 가택 연금시켰는데
(방문자들은 허락했음), 덕분에 바울은 그들의 코앞에서 복음전
파의 전진기지를 더욱 확고히 세울 수 있었습니다. 바울이 신약
성경의 서신들 가운데 여럿을 바로 여기서 기록하여, 초대교회
의 성도들을 격려했습니다.

로마서

예수님 탄생 BC 4년경		바울의 전도여행 시작 AD 46년경		예루살렘 성전 파괴 AD 70년	
	예수, 십자가에 못박힘 AD 30년경		로마서 기록 AD 60년경		요한의 죽음 AD 100년경

로마서 진상조사 파일

이름	이 편지의 수신인인 로마교회 교인들의 이름을 딴 것.
기록연대	AD 60년경.
기자	사도 바울.
종류	서신서. 그리스도인의 삶에 대해 설명하는 편지.
핵심내용	구원은 인간의 행위로가 아니라, 하나님의 은혜로 얻는 것임을 제시한다. 그리스도인이 되는 것의 의미를 밝히고 있다.

기독교의 논리

로마서는 바울이 로마교회를 방문하기 전에 로마교회 교인들을 준비시키기 위한 차원에서 기록한 편지입니다. 바울은 로마 교인들에게 미리 가능한 한 많은 것을 알려주고 싶었습니다. 그래서 자기가 그곳에 당도하면, 로마교회 교인들과 함께 그리스도의 생애와 죽음의 의미에 대해 심오한 대화를 나누기를 바랐던 것입니다.

로마서는 교리에 관한 책이지만 결코 지루하거나 따분하지 않습니다. 기독교의 논리가 무엇인지 분명하고 뚜렷한 윤곽선을 잡아줍니다.

로마서 한 번에 꿰뚫기

★ 1장 1절–3장 20절　마음에 하나님 두기를 싫어하는 유대인과 이방인에게 하나님이 진노하시다.
★ 3장 21절–4장 25절　죄에 대하여 하나님의 의가 드러나다.
★ 5장 1절–8장 17절　죄, 율법, 그리스도, 믿음에 대하여 논한다.
★ 8장 18–39절　하나님이 우리 안에서 율법을 이루고 죄악된 본성을 대적하는 성령을 주시다.
★ 9장 1절–11장 36절　하나님의 신실하심과 유대의 불성실함(유대인 대다수가 복음을 거부하는 것)을 다루다.
★ 12장 1절–16장 27절　하나님의 복음의 자비는 우리에게 하나님에 대한 헌신을 요구하다.

● 우리는 모두 죄인이므로 하나님과의 관계를 회복해야 한다.
● 우리가 아무리 선한 행실을 많이 한다 해도, 우리는 결코 하나님 앞에서 의로워질 수 없다.
● 예수께서 우리 죄를 위한 희생제물이 되기 위해 세상에 오셨다. 예수께서 우리가 받아야 할 징벌을 대신 받으셨다.
● 그 덕택에 우리는 죄의 저주 아래서 죽는 대신 영적으로 살아날 수 있었다.
● 그러나 영적으로 살아나기 위해서는 오직 그리스도의 죽음과 부활을 통해 새 생명을 얻을 수 있다는 사실을 믿어야 한다. 새 생명은 믿음으로만 가능하다.
● 이러한 믿음을 통해서만 오직 하나님으로부터 새 생명을 받을 수 있다. 새 생명은 우리 힘으로 얻을 수 있는 게 아니다. 우리의 선행(善行)으로 그것을 살 수 없다.

>> 성경에 이르기를

로마서의 요절

"우리가 아직 연약할 때에 기약대로 그리스도께서 경건치 않은 자를 위하여 죽으셨도다 의인을 위하여 죽는 자가 쉽지 않고 선인을 위하여 용감히 죽는 자가 혹 있거니와 우리가 아직 죄인 되었을 때에 그리스도께서 우리를 위하여 죽으심으로 하나님께서 우리에게 대한 자기의 사랑을 확증하셨느니라"(롬 5:6–8).
"우리가 알거니와 하나님을 사랑하는 자 곧 그 뜻대로 부르심을 입은 자들에게는 모든 것이 합력하여 선을 이루느니라"(롬 8:28).

로마서의 길

많은 사람들이 그리스도인이 되는 것의 의미를 설명할 때 로마서를 인용합니다. 그들은 바울의 논리를 이용하여 기독교의 의미를 통찰합니다. 그래서 바울의 논리를 '로마서의 길'이라 부릅니다. 그렇다면, 로마서의 길에 세워져 있는 몇 가지 중요한 도로 표지판을 여기 소개할까 합니다.

"의인은 없나니 하나도 없으며"(롬 3:10).

"모든 사람이 죄를 범하였으매 하나님의 영광에 이르지 못하였더니"(롬 3:23).

"죄의 삯은 사망이요 하나님의 은사는 그리스도 예수 우리 주 안에 있는 영생이니라"(롬 6:23).

"네가 만일 네 입으로 예수를 주로 시인하며 또 하나님께서 그를 죽은 자 가운데서 살리신 것을 네 마음에 믿으면 구원을 얻으리니 사람이 마음으로 믿어 의에 이르고 입으로 시인하여 구원에 이르느니라"(롬 10:9,10).

"누구든지 주의 이름을 부르는 자는 구원을 얻으리라"(롬 10:13).

혁명적 사고의 시발점, 종교개혁

종교개혁은 16세기에 마르틴 루터(Martin Luther)가 시작한 것으로, 그가 '이제부터 종교를 개혁해야지'라고 마음먹고 종교개혁을 시작한 것은 아니었습니다. 어느 날, 갑자기 일어나 "좋아, 오늘이 D-day야"라고 말한 게 아니란 말입니다.

그는 그저 로마서에 기록된 대로 실천했을 뿐입니다. 마르틴 루터 당시, 사람들은 하나님 앞에서 의로워지기 위해 갖은 노력을 기울였습니다. 교회 지도자들 또한 대중들의 이러한 욕구를 부당하게 악용하여 "열심히 노력하여 천국에 들어가라"라고 부추겼습니다. 마르틴 루터는 로마서를 묵상하다가 중요한 진리를 깨달았습니다.

'구원이란 열심히 노력한다고 이루어지는 게 아니구나. 충분히

유대인과 이방인

구약은 대부분 유대 민족의 역사에 관한 내용으로 구성되어 있습니다. 그들의 역사 자체는 하나님께서 아브라함이라는 사람과 맺은 약속에서 비롯되었습니다. 선지자들은 메시아가 올 것이라고, 궁극적인 해방자가 올 것이라고 유대 민족을 향해 지속적으로 약속했습니다.

그러므로 유대인 가운데 그리스도가 하나님임을 받아들인 사람들도 상당수에 달했지만, 그들은 이방 세계에 그리스도를 알리기를 원하지 않았습니다. 유대 민족의 역사적 배경을 고려하건대, 당연한 일이었는지도 모릅니다. 그들이 보았을 때, 어쨌든 그리스도는 유대 민족에게 약속된 메시아였습니다. 그래서 그들은, 누구든지 그리스도의 대속(代贖)의 죽음을 받아들이고 싶으면, 먼저 할례를 받고 유대인이 되어야 한다고 요구했습니다.

그러나 하나님은 사도행전을 통해 이런 장벽을 계속 부수고 계셨습니다. 예수를 믿기 위해 유대인이 되어야 하는 것이 아니었습니다. 왜냐하면 예수께서 유대 율법이 요구하는 모든 것을 완전히 이루셨기 때문입니다. 그리스도를 믿는 믿음만 있으면 누구나 하나님께 가까이 갈 수 있게 된 것입니다.

지금 우리는 이런 생각을 지극히 당연하게 여깁니다. 하나님은 모든 사람을 사랑하십니다. 하지만 당시 사람들에게 이런 생각은 '사고의 급전환'을 요하는 중대한 문제였습니다. 특히 다른 사람들에게 예수 전하기를 매우 꺼리던 유대인들에게는 이것이 두려운 문제이기도 했을 것입니다.

바야흐로 이방인의 혁명이 일어난 것입니다.

선행을 쌓는다고 이루어지는 것도 아니구나. 오직 하나님의 은혜로 이루어지는 거구나. 하나님께서 그리스도의 죽음을 통해 우리에게 선물을 주시는 거야. 하나님은 그저 믿으라고 요구하고 계셔. 믿기만 하면 선물을 주시겠다고 말씀하고 계셔!'

루터는 이 메시지를 선포하기 시작했습니다. 그리고 그것이 오늘날 우리가 종교개혁이라고 하는 혁명적 사고(思考)의 시발점이 된 것입니다. 이를 계기로 세상은 교회를 다른 눈으로 보게 되었습니다.

| 1 Corinthians |

고린도전서

예수님 탄생 BC 4년경		바울의 전도여행 시작 AD 46년경		예루살렘 성전 파괴 AD 70년	
	예수, 십자가에 못박힘 AD 30년경		고린도전서 기록 AD 50년경		요한의 죽음 AD 100년경

고린도전서 진상조사 파일

이름	고린도교회 교인들에게 보낸 처음 편지.
기록연대	AD 50년경.
기자	사도 바울. 2차 전도여행 당시 고린도교회를 방문한 적이 있었음.
종류	서신서. 교훈과 훈계의 편지.
핵심내용	순전한 생활, 사랑으로 가득한 생활을 유지할 것을 강조함.

죄악에 물든 교회상

바울은 고린도에 교회가 세워지는 데 큰 도움을 주었습니다. 고린도는 죄악이 관영한 도시였으므로, 교회의 필요성이 절실했습니다. 그러나 교회가 주변의 악한 환경에 물들지 않고 순결을 지키기란 결코 쉬운 일이 아니었습니다.

바울이 고린도 교인들에게 편지를 보낸 동기는 고린도 교인들이 먼저 바울에게 편지를 보냈기 때문입니다. 일종의 답장이었던 셈입니다. 고린도 교인들은 모든 게 계획했던 것과 다르게 돌아가고 있다고 편지에서 말했습니다.

남편과 아내들이 배우자에게 성실하지 못했습니다. 교인들은 서로 헐뜯고 비방했습니다. 날이 갈수록 교회의 상황은 엉망진창

고린도전서 **한 번에 꿰뚫기**

★ 1장 1절–4장 21절   고린도교회 지도자들의 분열에 대해 복음의 정신으로 책망하다.
★ 5장 1절–6장 20절   고린도교회에서 성도 상호간에 세상 법정에 고소하는 일과 성적 문제에 대해 책망하다.
★ 7장 1절–10장 33절   결혼, 제사음식, 예배 중 수건을 쓰는 일에 대해 교훈하다.
★ 11장 1절–14장 40절   성찬과 은사 문제에 대해 교훈하다.
★ 15장 1절–16장 24절   성도의 몸의 부활 문제와 가난한 자들을 위한 연보에 대해 교훈하다.

이 되어가고 있었습니다. 그래서 바울이 그들에게 답장을 보낸
것입니다.

교회의 당면 문제

고린도전서는 고린도교회에 해당될 뿐 아니라, 모든 시대 모든
교회에 해당되는 심오한 내용을 담고 있습니다. 따라서 많은 목
회자들이 고린도전서의 말씀을 본문으로 설교하고 있습니다. 말
하자면, 당시 고린도교회가 직면했던 문제들과 오늘날 우리가
직면한 문제들이 거의 동일하다는 것입니다. 문화는 변했을지
몰라도, 인간의 악한 본성은 변하지 않기 때문입니다.

● 분열과 불화

"이는 다름 아니라 너희가 각각 이르되 나는 바울에게, 나는 아
볼로에게, 나는 게바에게, 나는 그리스도에게 속한 자라 하는 것
이니 그리스도께서 어찌 나뉘었느뇨 바울이 너희를 위하여 십자
가에 못박혔으며 바울의 이름으로 너희가 세례를 받았느뇨"(고
전 1:12,13).

고린도교회 교인들은 예수 그리스도를 따르는 대신, 자기 마음대로 행동하고 있었습니다. 그들은 사람을 따르고 있었습니다. 특히 자기들에게 믿음을 전해준 사람들을 그리스도처럼 따르고 있었습니다. 바울은 그들의 신앙을 오직 예수 그리스도께 돌려놓았습니다.

● 옳고 그름의 혼돈

고린도교회는 요즈음의 현대 교회들처럼, 성적 순결(혼전 성관계의 절제)이 완전히 무시당하는 그런 문화에 포위되어 있었습니다. 교회는 주변 문화의 영향을 받기가 쉽습니다. 바울은 그런 고린도교회 교인들에게 현재 그들이 즐기고 있는 파괴적인 행동을 즉각 포기하고, 그리스도의 가르침을 따르라고 강력히 촉구하는 한편, 서로가 서로에게 책임을 지라고 권면했습니다.

● 성령의 은사의 우열

바울은 고린도전서 12장에서 성령의 은사 개념을 설명했습니다. 그는 성령께서 각 사람에게 은사를 주신다고 말했습니다. 그는 은사의 목적이 교회에 유익을 끼치는 데 있다고 밝혔습니다. 바울은 은사가 '공동체의 유익'을 위해 사용되어야 한다고 설명했습니다. 이것이 바울의 은사 해석입니다.

만일 우리가 은사를 자랑하고, 비교하고, 그것을 놓고 다툰다면, 우리의 은사가 그 누구에게도 그 어떤 유익도 끼치지 못할 것입니다. 성령의 은사에 우열은 없습니다. 하나님께서 우리 각자에게 가장 잘 맞는 은사를 주셨기 때문입니다. 당신은, 당신이 하나

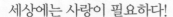

세상에는 사랑이 필요하다!

고린도전서 13장은 참된 사랑이 무엇인지 설명하고 있습니다.

"사랑은 오래 참고 사랑은 온유하며 투기하는 자가 되지 아니하며 사랑은 자랑하지 아니하며 교만하지 아니하며 무례히 행치 아니하며 자기의 유익을 구치 아니하며 성내지 아니하며 악한 것을 생각지 아니하며 불의를 기뻐하지 아니하며 진리와 함께 기뻐하고 모든 것을 참으며 모든 것을 믿으며 모든 것을 바라며 모든 것을 견디느니라 사랑은 언제까지든지 떨어지지 아니하나 예언도 폐하고 방언도 그치고 지식도 폐하리라"(고전 13:4-8).

이것이 하나님께서 우리에게 바라시는 사랑의 방식이라면, 우리가 이 세상에서 어떻게 살아야겠습니까?

님으로부터 은사를 받았다는 것을 알고 있습니까? 모든 사람들이 동등하게 은사를 받았다는 것을 알고 있습니까? 하나님은 당신이 은사를 사용하여 교회의 덕을 세우기를 바라고 계십니다.

고린도후서

예수님 탄생 BC 4년경		바울의 전도여행 시작 AD 46년경		예루살렘 성전 파괴 AD 70년	
	예수, 십자가에 못박힘 AD 30년경		고린도후서 기록 AD 50년경		요한의 죽음 AD 100년경

고린도후서 진상조사 파일

이름	고린도교회 교인들에게 보낸 둘째 편지.
기록연대	AD 50년경.
기자	사도 바울.
종류	서신서. 훈계와 가르침의 편지.
핵심내용	바울이 그리스도의 사도로서 자신의 위치를 확고히 세운다.

바울의 불신임 소식

당신은 혹시 머나먼 타지에서 발생한 갈등을 해결하려고 노력해 본 적이 있습니까? 어렵지 않았습니까? 전화나 편지, 이메일만 갖고서는 사람들 사이에서 발생한 갈등을 해결하기가 그렇게 쉽지 않을 것입니다.

바울이 고린도 교인들에게 둘째 편지를 기록했을 때 그 역시 같은 상황에 놓여 있었습니다. 그는 2차 전도여행 때 고린도를 방문하여 그곳에 교회를 세우는 데 큰 도움을 주었습니다. 그러나 그곳을 떠난 후, 고린도교회가 심히 흔들리고 있다는 소식을 전해 들었습니다. 그래서 그가 고린도전서를 기록했던 것입니다. 그러므로 고린도전서에는 매우 단호하고 강직한 의지가 드러나

고린도후서 한 번에 꿰뚫기

★ 1장 1절-7장 16절   바울이 자신의 행위와 사도직에 대해 고린도교회에 설명하다.
★ 8장 1절-9장 15절   기근을 만난 예루살렘 성도들을 위한 헌금을 권면하다.
★ 10장 1절-13장 13절   바울 사도 자신의 사도적 권위에 대해 변호하다.

있습니다. 다행히 고린도교회의 문제는 진정 국면에 접어들었습니다.

그런데 이번에는 고린도교회 교인들이 바울을 비난하고 사도로서 그의 자격을 불신임한다는 소식이 들려왔습니다. 그는 다시 편지를 썼습니다. 이번에 기록한 편지는 개인적인 문제를 다룬 것이니만큼 고린도전서보다 훨씬 더 부드러운 어조로 기록했습니다. 바울은 두 번째 편지에서 자기 사상을 전하기보다 자기가 어떤 사람인지 알리는 데 더 치중했습니다. 그는 마음을 열고, 자기가 고린도 교인들을 얼마나 사랑하는지, 그들을 위해 얼마나 애쓰고 있는지 솔직히 전했습니다.

자신을 변론하다

고린도교회 교인들 가운데 많은 사람들이 바울을 불신임하고 있었기 때문에 바울은 스스로를 변론해야 했습니다. 그는 자기가 사역자의 길을 걷게 된 경로를 차근차근 거슬러 올라갔습니다. 자기를 하나님의 도구로 쓰임받는 계기를 마련해주었던 놀라운 체험에 대

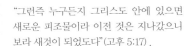

>> 성경에 이르기를

고린도후서의 요절

"그런즉 누구든지 그리스도 안에 있으면 새로운 피조물이라 이전 것은 지나갔으니 보라 새것이 되었도다"(고후 5:17).

바울의 육체의 가시

'육체의 가시'란 보통 고통이나 짜증을 유발하는 어떤 것, 그러나 결코 제거할 수 없는 어떤 것, 그래서 일평생 안고 살아야 하는 어떤 것을 의미합니다. 이 말은 고린도후서에서 유래한 말입니다.

"여러 계시를 받은 것이 지극히 크므로 너무 자고(自高)하지 않게 하시려고 내 육체에 가시 곧 사단의 사자를 주셨으니 이는 나를 쳐서 너무 자고하지 않게 하려 하심이니라 이것이 내게서 떠나기 위하여 내가 세 번 주께 간구하였더니 내게 이르시기를 내 은혜가 네게 족하도다 이는 내 능력이 약한 데서 온전하여짐이라 하신지라 이러므로 도리어 크게 기뻐함으로 나의 여러 약한 것들에 대하여 자랑하리니 이는 그리스도의 능력으로 내게 머물게 하려 함이라"(고후 12:7-9).

많은 사람들이 바울의 육체의 가시가 무엇인지 추측하곤 했습니다. 혹자는 바울이 다른 편지에서 진술한 내용을 근거로, 그가 시력 장애를 갖고 있었다고 말합니다. 그러나 확실한 것은 알 수 없습니다. 다만 분명한 것은 하나님께서 때로 우리 발걸음을 더디게 하는 그 육체의 가시를 이용하여 하나님을 우리에게 나타내시고, 우리를 하나님께 더욱 가까이 끌어당기신다는 것입니다.

해서도 말했습니다. 그는 가급적 자랑하는 듯한 어조를 내비치지 않으면서 사실을 있는 그대로 전하기 위해 애썼습니다.

바울은 자기를 험담하는 사람들에게 맞서서 진실을 알려야만 앞으로 계속 고린도교회에서 사역할 수 있다는 것을 잘 알고 있었습니다. 고린도후서에서 그가 한 일이 바로 그것이었습니다.

갈라디아서

예수님 탄생 BC 4년경	바울의 전도여행 시작 AD 46년경	예루살렘 성전 파괴 AD 70년
예수, 십자가에 못박힘 AD 30년경	갈라디아서 기록 AD 50년경	요한의 죽음 AD 100년경

갈라디아서 진상조사 파일

이름　　갈라디아교회 교인들에게 보낸 편지.

기록연대　AD 50년경.

기자　　사도 바울.

종류　　서신서. 훈계하고 설명하는 편지.

핵심내용　바울이 유대주의자들과 맞서고 있다. 그들은 갈라디아 교인들이 그리스도 안에서 자유함을 얻지 못하게 훼방하고 있었다.

자유와 속박

바울은 갈라디아 지방을 방문했을 때, 유대인이 아니었던 그들에게 기독교를 전해주었습니다. 그러나 바울이 그곳을 떠난 후, 갈라디아의 그리스도인들은 소위 '유대주의자'라 칭하는 무리들에게 심각한 영향을 받게 되었습니다.

유대주의자들은 누구든 그리스도인이 되려거든 먼저 유대인이 되어야 한다고 요구했으며 그게 아니면 적어도 할례를 행하거나 유대인의 절기를 준수하는 등 유대 관습을 지켜야 한다고 주장했습니다.

물론 유대 관습 그 자체가 잘못된 것은 아닙니다. 하지만 이런 관습을 지켜야만 구원을 얻을 수 있다고 말하는 그들의 태도는 잘

갈라디아서 한 번에 꿰뚫기

★ 1장 1절–2장 21절　복음과 바울 자신의 사도됨을 변호하다.
★ 3장 1절–5장 12절　유대주의자들의 도전에 대항하여 이신칭의(以信稱義) 복음만을 주장하다.
★ 5장 13절–6장 18절　성령과 육체를 대조하면서 성령으로 말미암은 새 생활을 권면하다.

못입니다. 그들이 마치 인간의 행위로 구원을 얻을 수 있는 것처럼 말했기 때문입니다.

"그리스도의 은혜로 너희를 부르신 이를 이같이 속히 떠나 다른 복음 좇는 것을 내가 이상히 여기노라 다른 복음은 없나니 다만 어떤 사람들이 너희를 요란케 하여 그리스도의 복음을 변하려 함이라"(갈 1:6,7).

이처럼 유대주의자들이 갈라디아 그리스도인들에게 악영향을 끼치고 있었기에, 바울이 편지를 쓰지 않을 수 없었던 것입니다. 바울은 여기서 하나님의 은혜는 공짜라고, 완전히 거저 주시는 선물이라고 강조했습니다. 바울은 인간의 공로나 행위로 하자면 절대로 하나님의 은혜를 받을 수 없다고 말했습니다. 만일 우리가 우리 행위로 하나님의 은혜를 얻어낼 수 있다고 생각한다면, 우리는 그 순간부터 아무것도 아닌 것에 순종하는 속박의 걸쇠를 우리 스스로에게 채우게 될 것입니다.

유료인가 무료인가

때로 우리는 우리 힘으로 하나님의 사랑과 용서의 은혜를 얻을 수 있다고 생각하곤 합니다. 우리는 하나님의 인정을 받을 만한

286　하루만에 꿰뚫는 성경관통

자격이 있다고 말할 수 있을 정도로 선하게 될 수도 없고, 완전하게 될 수도 없습니다. 구원은 오직 믿음으로 말미암아 하나님의 은혜로 공짜로 주어지는 것입니다. 그것만이 구원에 당도할 수 있는 유일한 방법입니다.

"율법 안에서 의롭다 함을 얻으려 하는 너희는 그리스도에게서 끊어지고 은혜에서 떨어진 자로다"(갈 5:4).

로마서의 사촌

갈라디아서는 로마서보다 훨씬 더 간결하고, 로마서보다 훨씬 덜 전문적이지만 그래도 여러 면에서 로마서와 유사합니다. 바울은 이 두 개의 편지에서, 하나님은 자기를 믿는 자들에게 공짜로 은혜를 베푸신다는 점을 강조하고 있습니다. 다시 말해서, 우리의 행위가 어떠하든, 하나님께서 공짜로 사랑을 베푸신다는 것입니다. 인간의 노력과 공적으로 하나님의 은혜와 사랑을 얻으려고 해보았자 아무 소용이 없습니다.

"은혜를 획득하라!"

이것은 기독교의 자세가 아닙니다.

"은혜를 믿어라!"

이것이 기독교의 자세입니다.

》》 성경에 이르기를

갈라디아서의 요절

"그리스도께서 우리로 자유케 하려고 자유를 주셨으니 그러므로 굳세게 서서 다시는 종의 멍에를 메지 말라"(갈 5:1).
"형제들아 너희가 자유를 위하여 부르심을 입었으나 그러나 그 자유로 육체의 기회를 삼지 말고 오직 사랑으로 서로 종노릇하라"(갈 5:13).

에베소서

예수님 탄생 BC 4년경	바울의 전도여행 시작 AD 46년경	예루살렘 성전 파괴 AD 70년	
예수, 십자가에 못박힘 AD 30년경	에베소서 기록 AD 60년경		요한의 죽음 AD 100년경

에베소서 진상조사 파일

이름	에베소교회 교인들에게 보낸 편지.
기록연대	AD 60년경(그리스도가 곧 하나님이심을 믿는 믿음 때문에 감옥에 투옥되었을 때).
기자	사도 바울.
종류	서신서. 특정 개인이 아니라, 여러 사람을 대상으로 한 격려의 편지.
핵심내용	교회의 목적과 그리스도인의 관계를 제시한다.

격려의 말씀

에베소서 전반부는 격려의 말씀입니다. 이 부분은 모든 그리스도인들에게 하나님의 은혜와 사랑을 상기시키는 훌륭한 지표 역할을 합니다. 에베소서의 다음 구절들은 바울의 다른 서신들에 명시된 진리를 기억나게 하고 이것이 사랑의 편지임을 상기시킵니다.

"너희가 그 은혜를 인하여 믿음으로 말미암아 구원을 얻었나니 이것이 너희에게서 난 것이 아니요 하나님의 선물이라 행위에서 난 것이 아니니 이는 누구든지 자랑치 못하게 함이니라"(엡 2:8,9).

"이를 인하여 주 예수 안에서 너희 믿음과 모든 성도를 향한 사

★ 1장 1–23절 하나님의 구원사역에 대하여 찬양과 감사를 하다.
★ 2장 1절–3장 21절 그리스도 안에서 우리가 누리는 놀라운 복을 헤아려보다.
★ 4장 1절–6장 24절 교회 성도들이 남녀차별, 세대차이, 신분차이를 초월하여 그리스도 안에서 한 몸을 이루어야 함을 말하다.

랑을 나도 듣고 너희를 인하여 감사하기를 마지 아니하고 내가 기도할 때에 너희를 말하노라"(엡 1:15,16).

교회

에베소서의 마지막 부분은 교회에 초점을 맞추고, 어떻게 하면 교회가 최선의 기능을 할 수 있을까 하는 문제를 구체적으로 다룹니다. 교회는 조화를 이룬 사람들의 집단이 되어야 마땅합니다.

>> 단서 포착

빛나는 갑옷을 입은 믿음

에베소서에서 바울은 인생의 문제에 대처하기 위해 우리 믿음이 갖추어야 할 장비들을 상징적인 언어로 묘사합니다.

"그러므로 하나님의 전신갑주를 취하라 이는 악한 날에 너희가 능히 대적하고 모든 일을 행한 후에 서기 위함이라 그런즉 서서 진리로 너희 허리띠를 띠고 의의 흉배를 붙이고 평안의 복음의 예비한 것으로 신을 신고 모든 것 위에 믿음의 방패를 가지고 이로써 능히 악한 자의 모든 화전을 소멸하고 구원의 투구와 성령의 검 곧 하나님의 말씀을 가지라 모든 기도와 간구로 하되 무시로 성령 안에서 기도하고 이를 위하여 깨어 구하기를 항상 힘쓰며 여러 성도를 위하여 구하고"(엡 6:13–18).

이처럼 그림을 보는 듯 생동하는 장면을 떠올리면, 우리 믿음이 실생활에서 어떻게 작용하는지 깨닫는 데 큰 도움이 됩니다. 간혹 세상 속에서 마음이 흔들리거나 믿음이 약해질 때, 여기 나온 믿음의 갑옷 목록을 묵상해봅시다.

빌립보서

예수님 탄생 BC 4년경		바울의 전도여행 시작 AD 46년경		예루살렘 성전 파괴 AD 70년
	예수, 십자가에 못박힘 AD 30년경		빌립보서 기록 AD 60년경		요한의 죽음 AD 100년경

빌립보서 진상조사 파일

이름   빌립보교회 교인들에게 보낸 편지.

기록연대   AD 60년경(감옥에 갇힌 상태).

기자   사도 바울.

종류   서신서. 감사의 어조가 짙은 개인적 편지.

핵심내용   환경이 어떻든 상관없이 예수 그리스도 안에서 기뻐할 수 있음을 강조한다.

기뻐하라

빌립보서는 기쁨의 편지입니다. 빌립보서는 우체통에서 편지를 꺼낸 순간부터 환한 미소를 짓게 하는 그런 종류의 편지입니다. 빌립보 교인들은 감옥에 갇힌 바울을 돌보는 한편, 그에게 정성 어린 헌금을 보내주었습니다. 그에 대한 감사의 표시로 바울이 이 편지를 보낸 것입니다. 하지만 바울은 단지 감사의 뜻만 전하지 않았고, 그들에게 몇 가지 교훈을 전했습니다.

바울은 먼저 자신의 삶을 돌아보며 그들을 교훈했습니다. 그는 이 편지를 기록할 때 로마 병사의 감시를 받고 있었습니다. 감옥에 투옥된 상태였기 때문입니다. 그런 상황에서도 그는 그리스도인의 '기쁨'에 대해 편지를 썼습니다.

★ 1장 1-30절   투옥으로 인한 복음의 진보를 감사하다.
★ 2장 1-30절   굳건한 믿음과 겸손할 것을 권하다.
★ 3장 1-21절   할례당과 십자가의 원수에 대해 경고하다.
★ 4장 1-23절   그리스도인의 미덕(성실과 연합, 기쁨과 관용, 염려하지 말 것)을 권면하다.

도대체 바울이 감옥에 갇혀서도 기뻐할 수 있었던 비결이 무엇이었을까요?

- 그는 고결한 성품을 지닌 사람이었습니다(빌 1:27).
- 그는 겸손했으며, 자신보다 다른 사람을 먼저 생각했습니다 (빌 2:3,4).
- 매사에 긍정적인 태도를 가졌습니다(빌 2:14).
- 정말로 중요한 게 무엇인지 알고 있었습니다(빌 3:14).
- 자족하는 법을 배웠습니다(빌 4:11,12).

>> 성경에 이르기를

빌립보서의 요절

"내가 궁핍하므로 말하는 것이 아니라 어떠한 형편에든지 내가 자족하기를 배웠노니 내가 비천에 처할 줄도 알고 풍부에 처할 줄도 알아 모든 일에 배부르며 배고픔과 풍부와 궁핍에도 일체의 비결을 배웠노라"(빌 4:11,12).

| Colossians |

골로새서

예수님 탄생 BC 4년경		바울의 전도여행 시작 AD 46년경		예루살렘 성전 파괴 AD 70년	
	예수, 십자가에 못박힘 AD 30년경		골로새서 기록 AD 60년경		요한의 죽음 AD 100년경

골로새서 진상조사 파일

이름	골로새교회 교인들에게 보낸 편지.
기록연대	AD 60년경.
기자	사도 바울.
종류	서신서. 잘못된 믿음을 바로잡기 위한 편지.
핵심내용	바울이 이단 사상을 바로잡는다.

이단 사상의 경계

골로새교회에는 이단 사상이 들끓었습니다. 급기야 교인들 가운데 많은 사람들이 이단에 빠져들었고, 이에 바울이 그들에게 편지를 보낸 것입니다. 이단에 물든 사람들의 특징이 있었습니다.

● 예배 : 그들은 천사를 숭배하고 있었습니다.

● 율법주의 : 그들은 규례와 법규가 그들을 의롭게 만들어줄 수 있다고 믿고 있었습니다.

● 교만 : 그들은 하나님의 은혜를 의지하기보다 자기들의 선행을 신뢰하고 있었습니다.

골로새서 한 번에 꿰뚫기

★ 1장 1–14절   골로새 교인들의 믿음과 사랑에 대하여 칭찬하다.
★ 1장 15–29절   그리스도의 인격과 사역에 대하여 찬양하다.
★ 2장 1–23절   거짓된 가르침에 대하여 경고하다.
★ 3장 1절–4장 18절   그리스도인의 새 생활, 가정생활, 기도생활에 대하여 권면하다.

바울은 골로새교회에 만연한 이러한 이단 사상을 바로잡는 한편, 그리스도인의 새 생활, 가정생활, 기도생활에 대한 지혜를 가르쳤습니다.

》 성경에 이르기를

골로새서의 요절

"그리스도의 평강이 너희 마음을 주장하게 하라 평강을 위하여 너희가 한 몸으로 부르심을 받았나니 또한 너희는 감사하는 자가 되라"(골 3:15).
"또 무엇을 하든지 말에나 일에나 다 주 예수의 이름으로 하고 그를 힘입어 하나님 아버지께 감사하라"(골 3:17).

데살로니가전서

예수님 탄생 BC 4년경		바울의 전도여행 시작 AD 46년경		예루살렘 성전 파괴 AD 70년	
	예수, 십자가에 못박힘 AD 30년경		데살로니가전서 기록 AD 50년		요한의 죽음 AD 100년경

데살로니가전서 진상조사 파일

이름   데살로니가교회에 보낸 첫 번째 편지.
기록연대   AD 50년경.
기자   사도 바울.
종류   서신서. 훈계와 격려의 편지.
핵심내용   장차 그리스도께서 재림하여 악을 심판하실 것임을 강조한다.

그리스도인으로 산다는 것

데살로니가전서가 기록될 당시, 그리스도인으로서 사는 것은 그리 즐거운 일이 아니었습니다. 요즈음에는 성경 구절이 새겨진 티셔츠를 입고 거리를 활보해도 누가 시비를 걸지 않습니다. 그리고 누구나 각종 성경공부와 세미나에 참석하여 그리스도인의 삶에 대한 교훈들을 풍성하게 배울 수 있습니다. 하지만 바울 시대에는 그렇지 못했습니다. 당시 그리스도인들은 사회에서 별 볼일 없는 존재들이었으며 그리스도인이 되었다는 이유 하나만으로 가족과 친지들을 떠나 숨어 지내야 하는 경우도 많았습니다. 그들에게는 누군가의 격려와 위로가 절실하게 필요했습니다.

바울이 데살로니가교회의 교인들에게 편지를 보낸 결정적인 이

데살로니가전서 **한 번에 꿰뚫기**

★ 1장 1-10절   환난 가운데서도 모범적인 신앙생활을 한 데살로니가교회를 칭찬하다.
★ 2장 1-16절   바울이 과거 데살로니가 전도를 회상하다.
★ 2장 17절-3장 13절   디모데가 기쁜 소식을 전하고, 데살로니가교회를 위해 바울이 기도하다.
★ 4장 1절-5장 28절   그리스도인의 사회생활과 그리스도의 재림에 대하여 교훈하다.

유가 바로 그것 때문이었습니다. 바울로서도 그들이 처한 환경 요건을 개선해줄 수 없었습니다. 그들의 환경 요건이 개선될 것이고 절대로 악화되지는 않을 것이라고 장담할 수도 없었습니다. 그러나 바울은 그들에게 한 가지, 확실한 것을 약속했습니다. 장차 그리스도께서 세상에 다시 오셔서 악의 권세를 멸하고 모든 그릇된 것들을 바로잡을 것이라고 약속한 것입니다. 사실 이 편지에는 그리스도의 재림과 관련해 성경에서 자주 인용되는 구절이 있습니다.

"주께서 호령과 천사장의 소리와 하나님의 나팔로 친히 하늘로 좇아 강림하시리니 그리스도 안에서 죽은 자들이 먼저 일어나고 그 후에 우리 살아 남은 자도 저희와 함께 구름 속으로 끌어올려 공중에서 주를 영접하게 하시리니 그리하여 우리가 항상 주와 함께 있으리라 그러므로 이 여러 말로 서로 위로하라 형제들아 때와 시기에 관하여는 너희에게 쓸 것이 없음은 주의 날이 밤에 도적같이 이를 줄을 너희 자신이 자세히 앎이라"(살전 4:16-5:2).

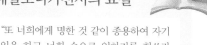

》 성경에 이르기를

데살로니가전서의 요절

"또 너희에게 명한 것 같이 종용하여 자기 일을 하고 너희 손으로 일하기를 힘쓰라 이는 외인을 대하여 단정히 행하고 또한 아무 궁핍함이 없게 하려 함이라"(살전 4:11,12).

데살로니가후서

예수님 탄생 BC 4년경		바울의 전도여행 시작 AD 46년경		예루살렘 성전 파괴 AD 70년	
	예수, 십자가에 못박힘 AD 30년경		데살로니가후서 기록 AD 50년경		요한의 죽음 AD 100년경

데살로니가후서 진상조사 파일

이름 데살로니가교회 교인들에게 보낸 둘째 편지.
기록연대 AD 50년경(데살로니가전서를 기록한 직후).
기자 사도 바울.
종류 서신서. 그릇된 행실을 바로잡기 위한 편지.
핵심내용 그리스도의 재림을 준비해야 하지만 책임과 의무를 저버려서는 안 됨을 강조한다.

균형 잡힌 재림 준비

바울은 앞서 보낸 편지(데살로니가전서)에서, 그리스도께서 재림하셔서 승리를 보증할 것을 약속함으로써 신앙의 환난에 시달리던 데살로니가 교인들을 위로했습니다. 그러나 바울은 그들이 그 말을 그렇게 문자적으로 받아들일 줄은 상상도 못했습니다. 그들 가운데 어떤 사람들은 그리스도를 기다리기 위해 생업을 중단했습니다. 어떤 이들은 그리스도의 재림을 고대하며 책임과 의무를 회피한 채 마냥 빈둥거렸습니다. 어떤 이들은 그리스도께서 이미 재림했다고 생각하여 자기들이 구름 속으로 끌려 올라가지 못하고 지상에 남아 있을 것을 심히 두려워했습니다.

우리는 그리스도의 재림을 예비해야 합니다. 그리스도께서 오늘

데살로니가후서 한 번에 꿰뚫기

★ 1장 1–12절   핍박받는 성도들이 환난을 이기도록 격려하다.
★ 2장 1–17절   거짓 그리스도를 경계할 것을 교훈하다.
★ 3장 1–18절   데살로니가 교인들에게 기도를 부탁함과 아울러 근면하게 일할 것을 권고하다.

재림하는 것처럼 재림을 준비해야 합니다. 절대적으로 옳은 말입니다. 그러나 그리스도의 재림이 임박했다고 해서, 마땅히 수행해야 할 생활의 책임과 의무를 간과하는 것은 합당하지 못합니다. 데살로니가 교인들은 이것을 알지 못했습니다.

그들에게는 다른 문제도 있었습니다. 그들은 생활의 의무와 책임에서 완전히 손을 떼버렸습니다. 그러니 할 일도 없었고, 모든 게 권태로웠습니다. 결국 빈둥거리는 사람들이 다 그렇듯, 그들 역시 서로 헐뜯고 비방하고 남의 일에 참견하는 등 온갖 문제만 일으켰습니다. 심지어는 남의 물건을 훔치고 강탈하는 사태가 빚어지기도 했습니다. 그리스도께서 재림만 하면, 부채도 채무관계도 다 소멸될 것이라고 생각했기 때문입니다.

그래서 바울이 데살로니가후서를 기록한 것입니다. 바울은 데살로니가 교인들을 제자리로 돌려놓았습니다. 그들을 균형 잡힌 삶으로 인도했습니다.

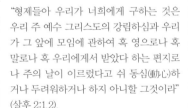

| 1 Timothy |

디모데전서

예수님 탄생 BC 4년경		바울의 전도여행 시작 AD 46년경		예루살렘 성전 파괴 AD 70년	
	예수, 십자가에 못박힘 AD 30년경		디모데전서 기록 AD 65년경		요한의 죽음 AD 100년경

디모데전서 진상조사 파일

이름	디모데라는 청년에게 보낸 처음 편지.
기록연대	AD 65년경.
기자	사도 바울.
종류	서신서. 개인적인 편지.
핵심내용	젊은 혈기로 하나님을 위한 성결한 삶을 그르치지 말라고 충고한다.

젊은 그리스도인을 향한 충고

디모데는 바울의 조수이자 수제자 같은 청년이었습니다. 아마 바울은 디모데를 아들로 생각했을지도 모릅니다. 바울은 그런 디모데를 격려하고, 그에게 몇 가지 교훈을 주기 위해 이 편지를 기록했습니다. 디모데전서는 생활을 통해 하나님을 기쁘게 해드리기 원하는 젊은 그리스도인들을 향한(물론 넓은 의미에서 모든 연령에게 다 적용되지만) 직설적인 충고로 빽빽이 들어찬 알찬 편지입니다.

이 편지에는 예배, 거짓 교사, 교회 지도자 등 바울이 다른 편지에서 다루었던 화제들이 그대로 등장합니다. 하지만 바울은 다른 편지들과 사뭇 다르게 개인적인 어조로 이야기를 진행하고

★ 1장 1-20절 바울이 디모데에게 목회사역을 맡기면서 거짓 교회에 대해 경계시키다.
★ 2장 1절-3장 16절 교회 행정(공중예배, 교회 지도자들의 자격 요건)에 대해 구체적으로 교훈하다.
★ 4장 1절-6장 21절 교회 내의 여러 계층(노인과 젊은이, 과부, 장로, 종)과 여러 문제(거짓 교사, 돈 사랑, 물질의 잘못된 사용)에 대해 교훈하다.

있습니다. 그것은 아마도 디모데를 아들처럼 아끼고 있었기 때문일 것입니다. 또한 이 편지에는 인생의 종착역에 다다른 노년의 선배 사역자가 이제 막 사역을 시작하는 젊은이에게 평생의 사역을 통해 체득한 심오한 진리를 전수하는 듯한 긴박함도 엿보입니다.

"그러므로 감독은 책망할 것이 없으며 한 아내의 남편이 되며 절제하며 근신하며 아담하며 나그네를 대접하며 가르치기를 잘하며 술을 즐기지 아니하며 구타하지 아니하며 오직 관용하며 다투지 아니하며 돈을 사랑치 아니하며"(딤전 3:2,3).

"그러나 지족(知足)하는 마음이 있으면 경건이 큰 이익이 되느니라 우리가 세상에 아무것도 가지고 온 것이 없으매 또한 아무것도 가지고 가지 못하리니 우리가 먹을 것과 입을 것이 있은즉 족한 줄로 알 것이니라"(딤전 6:6-8).

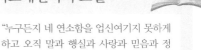

》》 성경에 이르기를

디모데전서의 요절

"누구든지 네 연소함을 업신여기지 못하게 하고 오직 말과 행실과 사랑과 믿음과 정절에 대하여 믿는 자에게 본이 되어"(딤전 4:12).

디모데후서

예수님 탄생 BC 4년경		바울의 전도여행 시작 AD 46년경		예루살렘 성전 파괴 AD 70년	
	예수, 십자가에 못박힘 AD 30년경		디모데후서 기록 AD 65년경		요한의 죽음 AD 100년경

디모데후서 진상조사 파일

이름	디모데에게 보낸 둘째 편지.
기록연대	AD 65년경.
기자	디모데의 교사이자 멘토인 사도 바울.
종류	서신서. 작별의 성격이 짙은 개인적인 편지.
핵심내용	인생의 종착역에 다다른 바울이 신뢰하는 동역자이자 아들 같은 수제자에게 마지막 말을 남긴다.

바울이 디모데에게 보내는 마지막 편지

바울이 디모데에게 두 번째로 보낸 이 편지는 읽는 이들의 가슴을 파고듭니다. 바울은 자기가 곧 죽으리라는 것을 알고 있었습니다. 그는 감옥에 갇혀 있었습니다. 몇 차례의 상고심이 있었지만, 석방될 기미는 보이지 않았습니다. 바울은 이 편지가 디모데에게 중대한 문제에 대해 이야기할 수 있는 마지막 기회가 되리라는 것도 잘 알고 있었습니다.

성경에 이런 편지가 있다는 게 얼마나 다행스러운 일인지 모릅니다. 이 편지 덕택에 역사상 유명한 설교자의 한 사람이었던 바울의 심원한 사상 가운데 하나를 알아차릴 수 있는 특전이 우리에게 주어졌기 때문입니다.

디모데후서 **한 번에 꿰뚫기**

★ 1장 1절–2장 26절   디모데에게 바른 교훈을 지킬 것과 바른 교훈을 가르칠 것을 당부한다.
★ 3장 1–17절   디모데에게 바른 교훈에 거할 것을 당부한다.
★ 4장 1–22절   디모데에게 어떤 형편에 있든지 바른 교훈을 전파할 것을 권한다.

"그러나 너는 배우고 확신한 일에 거하라 네가 뉘게서 배운 것을 알며 또 네가 어려서부터 성경을 알았나니 성경은 능히 너로 하여금 그리스도 예수 안에 있는 믿음으로 말미암아 구원에 이르는 지혜가 있게 하느니라 모든 성경은 하나님의 감동으로 된 것으로 교훈과 책망과 바르게 함과 의로 교육하기에 유익하니 이는 하나님의 사람으로 온전케 하며 모든 선한 일을 행하기에 온전케 하려 함이니라"(딤후 3:14-17).
"관제와 같이 벌써 내가 부음이 되고 나의 떠날 기약이 가까왔도다 내가 선한 싸움을 싸우고 나의 달려갈 길을 마치고 믿음을 지켰으니"(딤후 4:6,7).

>> 성경에 이르기를

디모데후서의 요절

"내 아들아 그러므로 네가 그리스도 예수 안에 있는 은혜 속에서 강하고 또 네가 많은 증인 앞에서 내게 들은 바를 충성된 사람들에게 부탁하라 저희가 또 다른 사람들을 가르칠 수 있으리라 네가 그리스도 예수의 좋은 군사로 나와 함께 고난을 받을지니"(딤후 2:1-3).

디도서

예수님 탄생 BC 4년경		바울의 전도여행 시작 AD 46년경	예루살렘 성전 파괴 AD 70년
	예수, 십자가에 못박힘 AD 30년경	디도서 기록 AD 65년경	요한의 죽음 AD 100년경

디도서 진상조사 파일

이름　　디도라는 젊은 목회자에게 보낸 편지.
기록연대　AD 65년경.
기자　　사도 바울.
종류　　서신서. 훈계 혹은 훈련서.
핵심내용　사도 바울이 디도라는 젊은 목회자에게 훌륭한 교회 지도자들을 택하라고 구체적으로 가르친다.

젊은 목회자에게 고함

디도는 척박한 환경에서 고군분투하는 젊은 목회자였습니다. 그는 그리스 남부 작은 섬 그레데에서 사역하고 있었습니다. 그레데 사람들은 거짓말, 게으름, 야만성으로 악명 높았습니다. 그곳에는 분명 교회가 필요했습니다. 그러나 과연 그런 곳에서 훌륭한 교회 지도자들을 찾을 수 있을까요?

디도는 그러한 도전에 직면해 있었습니다. 그런 이유로 바울이 디도에게 지도자의 자격 요건에 대해 상세한 편지를 쓰게 된 것입니다. 지금도 대부분의 교회들이 교회 지도자(안수 집사 혹은 장로)들을 세울 때 바울이 정한 기준을 사용하고 있습니다. 그러나 안타까운 현실은, 디도서에 정한 표준에 도달할 만한 지도자

디도서 한 번에 꿰뚫기

★ 1장 1-16절 장로 임명의 지침들을 주고, 이단을 경계할 것을 당부하다.
★ 2장 1-15절 교회의 각 층에 대해 교훈하다.
★ 3장 1-15절 사회생활에 대한 태도, 이단자에 대한 태도를 교훈하다.

들을 찾기가 그리 쉽지 않다는 것입니다.

"모든 사람에게 구원을 주시는 하나님의 은혜가 나타나 우리를 양육하시되 경건치 않은 것과 이 세상 정욕을 다 버리고 근신함과 의로움과 경건함으로 이 세상에 살고"(딛 2:11,12).

"그러나 어리석은 변론과 족보 이야기와 분쟁과 율법에 대한 다툼을 피하라 이것은 무익한 것이요 헛된 것이니라"(딛 3:9).

>> 성경에 이르기를

디도서의 요절

"감독은 하나님의 청지기로서 책망할 것이 없고 제 고집대로 하지 아니하며 급히 분내지 아니하며 술을 즐기지 아니하며 구타하지 아니하며 더러운 이(利)를 탐하지 아니하며 오직 나그네를 대접하며 선을 좋아하며 근신하며 의로우며 거룩하며 절제하며 미쁜 말씀의 가르침을 그대로 지켜야 하리니 이는 능히 바른 교훈으로 권면하고 거슬러 말하는 자들을 책망하게 하려 함이라"(딛 1:7-9).

빌레몬서

예수님 탄생 BC 4년경		바울의 전도여행 시작 AD 46년경		예루살렘 성전 파괴 AD 70년	
	예수, 십자가에 못박힘 AD 30년경		빌레몬서 기록 AD 60년		요한의 죽음 AD 100년경

빌레몬서 진상조사 파일

이름	빌레몬이라는 부유한 그리스도인에게 보낸 편지.
기록연대	AD 60년경.
기자	사도 바울.
종류	서신서. 개인적인 부탁을 하는 짤막한 메모.
핵심내용	바울이 빌레몬에게 그의 도망친 노예를 용서해주라고 청한다.

"오네시모를 용서해주시오"

빌레몬에게 보낸 바울의 편지는 바울의 다른 편지들과 비교해서 그 내용이 매우 독특합니다. 사건의 내막은 이렇습니다. 빌레몬이란 사람에게 오네시모라는 노예가 있었는데, 그가 빌레몬의 돈을 갖고 도주했습니다. 오네시모는 여기저기 방황하다가 마침내 그리스도를 영접하였고, 우연히 바울과 친분 관계를 갖게 되었습니다. 바울은 오네시모를 설득하여 주인의 집으로 돌려보냈습니다. 하지만 바울은 오네시모만 달랑 보내지는 않았습니다. 오네시모를 너그럽게 용서해달라고 청하는 편지를 들려서 보낸 것입니다. 이 편지가 바로 빌레몬서입니다.

바울은 오네시모에게 은전(恩典)을 베풀어달라고 빌레몬에게 청했습니다. 바울은 빌레몬에게 주님으로부터 새 생명을 받았으니 이제 베풀 때가 되었다고 권했습니다. 바울은 이렇게 논리를 전개해 나갔습니다.

"이러므로 내가 그리스도 안에서 많은 담력을 가지고 네게 마땅한 일로 명할 수 있으나 사랑을 인하여 도리어 간구하노니"(몬 8,9절, 여기서 바울은 빌레몬이 자발적으로 결단할 것을 촉구하고 있습니다).

"그러므로 네가 나를 동무로 알진대 저를 영접하기를 내게 하듯 하고"(몬 17절, 여기서 바울은 두 사람의 우정에 호소하고 있습니다).

"나 바울이 친필로 쓰노니 내가 갚으려니와 너는 이외에 네 자신으로 내게 빚진 것을 내가 말하지 아니하노라"(몬 19절, 바울은 여기서 매우 완곡한 표현으로 은근히 강요하고 있습니다).

"나는 네가 순종함을 확신하므로 네게 썼노니 네가 나의 말보다 더 행할 줄을 아노라"(몬 21절, 여기서 바울은 미리 감사의 뜻을 전함으로써 빌레몬을 꼼짝 못하게 하고 있습니다).

히브리서

히브리서 진상조사 파일

이름	'히브리'는 유대 민족 혹은 이스라엘 민족을 일컫는 또 다른 이름.
기록연대	AD 65년경.
기자	정확히 알 수 없음.
종류	서신서. 유대 민족에게 보내는 편지.
핵심내용	예수의 생애와 죽음과 부활이 유대인의 율법을 압도하는 새로운 표준의 삶을 정했다는 사실을 사람들에게 확신시키기 위한 사려 깊은 논증.

이 모든 것이 시작되었을 때

이스라엘이 하나의 민족으로서 제 모습을 갖추기 전, 모세가 백성들을 위해 하나님께서 불러주시는 대로 율법을 받아 적었습니다(기억이 잘 나지 않는다면 출애굽기와 레위기를 다시 한 번 보십시오). 이 율법 가운데 어떤 것은 매우 구체적이고 특별했습니다. 세월이 흘러 이스라엘 백성들이 하나의 민족으로서 조직화되었을 때, 백성 가운데 이 율법을 따르는 것을 필생의 과업으로 삼는 사람들이 생기기 시작했습니다. 그들은 형식적으로 율법을 준수하는 것만을 지나치게 강조한 나머지, 율법에 담긴 근본 정신(하나님에 대한 믿음과 사랑, 이웃에 대한 사랑)을 종종 놓치

히브리서 **한 번에 꿰뚫기**

★ 1장 1절–4장 16절 그리스도는 천사, 모세, 여호수아, 대제사장보다 뛰어나시다.
★ 5장 1절–8장 5절 그리스도는 멜기세덱의 반차를 좇는 영원한 대제사장이시다.
★ 8장 6절–10장 39절 그리스도는 자신을 제물로 드려 자신의 백성을 영원히, 단번에 속죄하시다.
★ 11장 1절–13장 25절 성도는 모든 무거운 것과 얽매이는 것을 벗어버리고 그 모범인 그리스도를 따르는 것이
                        믿음의 길이다.

곧 했습니다. 그들은 그저 규칙과 법규를 지키는 데만 급급했습니다.

이 모든 것이 지속되었을 때
예수께서도 당대 유대인들에게서 전형적으로 나타나던 이런 종류의 문제들을 처리하는 데 많은 에너지를 쏟았습니다. 요즈음 우리는 이렇게 말합니다.
"나는 기독교인이지만 종교적이지는 않아요!"
이는 우리가 머리의 신앙이 아니라 가슴의 신앙을 갖고 있다는 의미입니다. 우리의 신앙은 당위 목록과 금지 목록을 한데 묶어 놓은 게 결코 아닙니다.

》》 성경에 이르기를

히브리서의 요절

"믿음이 없이는 기쁘시게 못하나니 하나님께 나아가는 자는 반드시 그가 계신 것과 또한 그가 자기를 찾는
자들에게 상 주시는 이심을 믿어야 할지니라"(히 11:6).

이 모든 것이 끝났을 때

히브리서 역시 이와 똑같은 문제를 다루고 있습니다. 유대인들은, 예수가 큰 변화를 가져온 게 아니기 때문에 율법과 관습을 계속 준행해야만 하나님 앞에서 의로워질 수 있다고 여전히 생각하고 있었습니다. 하지만 히브리서 기자는, 예수가 큰 변화를 가져왔다고 확실하게 말합니다. 예수께서 모든 것을 변화시켰다고 말합니다. 그는 희생제사를 드리는 것과 율법을 완벽하게 준행하는 것을 통해서가 아니라 그리스도를 믿는 믿음을 통해서만 의로워질 수 있다고 선언했습니다. 방법이 이전과 완전히 달라진 것입니다.

제사장이신 예수

히브리서는 예수께서 제사장으로서 우리 삶에서 수행하시는 역할에 대해 매우 흥미로운 깨달음을 주고 있습니다.

"그러므로 우리에게 큰 대제사장이 있으니 승천하신 자 곧 하나님 아들 예수시라 우리가 믿는 도리를 굳게 잡을지어다 우리에게 있는 대제사장은 우리 연약함을 체휼하지 아니하는 자가 아니요 모든 일에 우리와 한결같이 시험을 받은 자로되 죄는 없으시니라 그러므로 우리가 긍휼하심을 받고 때를 따라 돕는 은혜를 얻기 위하여 은혜의 보좌 앞에 담대히 나아갈 것이니라"(히 4:14-16).

믿음의 전당

사람들은 히브리서 11장을 가리켜 '명예의 전당' 혹은 '믿음의 전당' 이라 일컫습니다.
당신은 여기 나오는 사람들 가운데 몇 사람이나 알고 있습니까?

믿음으로 아벨은 의로운 자라 하시는 증거를 얻음.

믿음으로 에녹은 죽음을 보지 않고 옮기움.

믿음으로 노아는 방주를 예비하여 그 집을 구원하였고, 믿음을 좇는 의의 후사가 됨.

믿음으로 아브라함은 순종하여 약속하신 땅에 우거하고 이삭을 드림.

믿음으로 사라는 잉태하는 힘을 얻음.

믿음으로 이삭은 장차 오는 일에 대해 야곱과 에서에게 축복함.

믿음으로 야곱은 죽을 때 요셉의 각 아들에게 축복함.

믿음으로 요셉은 임종시에 이스라엘 자손들의 떠날 것을 말함.

믿음으로 모세가 났을 때 그 부모가 아름다운 아이임을 보고 임금의 명령을 무서워 아니함.

믿음으로 모세는 그리스도를 위해 받는 능욕을 애굽의 모든 보화보다 더 큰 재물로 여김.

믿음으로 저희(이스라엘 백성)가 홍해를 육지같이 건넘.

믿음으로 칠일 동안 여리고를 두루 다니매 성이 무너짐.

믿음으로 기생 라합은 정탐군을 평안히 영접하였으므로 순종치 아니한 자와 함께 멸망치 아니함.

| James |

야고보서

예수님 탄생 BC 4년경		야고보서 기록 AD 50년경		요한의 죽음 AD 100년경
	예수, 십자가에 못박힘 AD 30년경		예루살렘 성전 파괴 AD 70년	

야고보서 진상조사 파일

이름 야고보 사도의 이름을 딴 것.

기록연대 AD 50년경.

기자 야고보 사도(예수님의 동생일 것으로 추정됨).

종류 서신서. 훈계의 편지.

핵심내용 야고보 사도는 믿음과 행위를 절묘하게 연결하면서 행함이 없는 믿음은 죽은 것이라고 말한다.

지극히 평범한 진리

야보고서는 매우 실용적인 책입니다. 믿음이 무엇인지에 대해 말할 뿐 아니라, 믿음이 무엇을 행하는지에 대해 말합니다. 야고보서는 '무엇을 믿을 것인가'에 대해 설명할 뿐 아니라, '어떻게 사는 것이 그리스도인의 삶인가'에 대해 설명합니다.

야고보서는 시간적으로 볼 때 히브리서보다 먼저 기록되었지만, 히브리서 뒤에 나옵니다. 히브리서가 믿음에 관한 책이고, 야고보서가 믿음의 적용에 관한 책이기 때문입니다.

야고보 사도는 시험받는 것과 연단받는 것이 우리가 생각하는 것만큼 그렇게 나쁜 것은 아니라고 말합니다.

행함이 없이 말씀을 듣는 것만으로는 부족하다고 말합니다. 우

야고보서 **한 번에 꿰뚫기**

★ 1장 1–18절   믿음의 시련과 시험의 원인은 자신의 욕심에 있음을 밝히다.
★ 1장 19절–2장 26절   말씀의 경청과 행함이 있는 믿음이 참믿음이다.
★ 3장 1절–4장 4절   혀의 절제와 참지혜와 거짓 지혜를 대조하다.
★ 4장 5절–5장 6절   교만과 비방과 자랑을 그칠 것과 압제하는 무리들에 대해 경고하다.
★ 5장 7–20절   인내, 맹세, 믿음의 기도, 미혹된 형제에 대해 교훈하다.

리가 다른 사람들을 어떻게 대하느냐에 따라서 우리가 무엇을 믿는지 확실하게 드러난다고 말합니다. 우리가 입으로 내뱉는 말들이 정말로 중요하다고 말합니다. 편안한 삶이 신앙을 성숙시키는 최적의 환경이 되는 것은 아니라고 말합니다.

야고보서에서 발견할 수 있는 실제적인 지혜 두 가지를 여기 소개하겠습니다.

● 의사소통하는 방법

"내 사랑하는 형제들아 너희가 알거니와 사람마다 듣기는 속히 하고 말하기는 더디 하며 성내기도 더디 하라"(약 1:19).

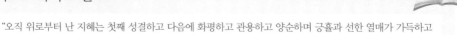

>> 성경에 이르기를

야고보서의 요절

"오직 위로부터 난 지혜는 첫째 성결하고 다음에 화평하고 관용하고 양순하며 긍휼과 선한 열매가 가득하고 편벽과 거짓이 없나니"(약 3:17).

야고보의 Q & A

야고보 사도는 '묘사'의 귀재입니다. 그는 진리를 가르칠 때에도 시각적 이미지를 사용하여 우리에게 진리를 보여줍니다. 야고보 사도의 표현을 질의 응답식으로 엮어보았습니다.

Q. 바람에 밀려 요동하는 물결 같은 사람은?
A. 믿음으로 구하지 않아 의심하는 사람 (약 1:6).

Q. 헛된 경건은?
A. 자기 혀를 제어하지 못하는 사람의 경건 (약 1:26).

Q. 거울로 자기 얼굴을 보고 금방 잊어버리는 사람은?
A. 말씀을 듣고 행하지 않는 사람 (약 1:23,24).

Q. 영혼 없이 몸만 갖고 있는 사람은?
A. 행함이 없는 믿음을 소유한 사람 (약 2:26).

Q. 큰 배를 움직이는 작은 키와 같은 것은?
A. 우리의 혀(약 3:4,5).

Q. 가장 강력하고 효율적인 기도는?
A. 의인의 간구(약 5:16).

Q. 허다한 죄를 덮을 수 있는 사람은?
A. 죄인을 미혹한 길에서 돌아서게 하는 사람(약 5:20).

● 경건성 테스트 기준

"누구든지 스스로 경건하다 생각하며 자기 혀를 재갈 먹이지 아니하고 자기 마음을 속이면 이 사람의 경건은 헛것이라"(약 1:26).

베드로전서

예수님 탄생 BC 4년경		베드로전서 기록 AD 60년경		요한의 죽음 AD 100년경
	예수, 십자가에 못박힘 AD 30년경		예루살렘 성전 파괴 AD 70년	

베드로전서 진상조사 파일

이름 베드로 사도의 이름을 딴 것.

기록연대 AD 60년경(모진 박해를 받을 당시).

기자 베드로 사도(예수의 수제자였으나 한때, 예수를 모른다고 세 번이나 부인한 적이 있었음).

종류 서신서. 다른 그리스도인들을 격려하기 위한 편지.

핵심내용 베드로가 다른 그리스도인들의 신앙을 견고하게 하기 위해 이 편지를 썼다.

소망과 기쁨의 메시지

베드로전서는 초대교회 수많은 그리스도인들이 모진 박해에 시달리고 있을 때 기록된 것입니다. 사실 그리스도교는 그 전부터 심한 박해를 받아왔습니다. 그리스도인이라 자처하는 사람들은 신분의 고하를 막론하고 누구나 고문을 받았고, 투옥되었고, 죽임을 당했습니다. 단지 하나님을 믿는다는 이유로, 예수가 하나님의 아들임을 믿는다는 이유로 그런 일을 겪은 것입니다.

당신은 베드로가 그런 환난의 시기에 편지를 썼으니 당연히 좌절했을 것이고, 두려워했을 것이라고 생각할지 모릅니다. 그러나 베드로의 편지를 읽어보면, 좌절과 두려움은커녕 소망과 기쁨의 메시지가 넘치고 있음을 발견하게 됩니다.

베드로전서 **한 번에 꿰뚫기**

★ 1장 1-9절 산 소망을 주신 하나님을 찬양하다.
★ 1장 10절-2장 10절 산 소망에 합당한 생활을 하라고 권면하다.
★ 2장 11절-3장 12절 산 소망이 나타나야 하는 생활영역을 밝히다.
★ 3장 13절-4장 19절 그리스도인이 고난당하는 이유와 고난의 모범과 보증 되시는 그리스도를 제시하다.
★ 5장 1-14절 교회 지도자들에 대해 최종적으로 권면하다.

"찬송하리로다 우리 주 예수 그리스도의 아버지 하나님이 그 많으신 긍휼대로 예수 그리스도의 죽은 자 가운데서 부활하심으로 말미암아 우리를 거듭나게 하사 산 소망이 있게 하시며"(벧전 1:3).

"그러므로 너희 마음의 허리를 동이고 근신하여 예수 그리스도의 나타나실 때에 너희에게 가져올 은혜를 온전히 바랄지어다"(벧전 1:13).

"오직 너희는 택하신 족속이요 왕 같은 제사장들이요 거룩한 나라요 그의 소유된 백성이니 이는 너희를 어두운 데서 불러내어 그의 기이한 빛에 들어가게 하신 자의 아름다운 덕을 선전하게 하려 하심이라 너희가 전에는 백성이 아니더니 이제는 하나님의 백성이요 전에는 긍휼을 얻지 못하였더니 이제는 긍휼을 얻은 자니라"(벧전 2:9,10).

"만물의 마지막이 가까왔으니 그러므로 너희는 정신을 차리고 근신하여 기도하라 무엇보다도 열심으로 서로 사랑할지니 사랑은 허다한 죄를 덮느니라"(벧전 4:7,8).

두 가지 과제 제시

● 시민 불복종

우리가 하나님께 순종하기 위해 국가의 법에 순종하지 말아야 하는 것일까요? 이 문제에 대해 베드로는 가능한 한 국가 권력과 법에 복종하라고 가르치고 있습니다. 베드로는 오직 하나님께만 순종하고, 국가의 법은 무시해도 좋다고 말하지 않았습니다.

● 의인의 고통

베드로의 편지를 읽을 사람들은 범법자들이 아니었습니다. 그들이 모진 박해를 받는 이유는 단 하나, '믿음' 때문이었습니다. 세상에서는 순결한 그리스도인들이 어려움에 직면하고, 사람들에게 모진 대접을 받곤 합니다. 그런 대접을 받을 만한 짓을 하지 않았어도, 세상은 그리스도인들을 아무렇게나 대합니다. 이것이 인생의 슬픈 현실입니다. 하지만 하나님은, 우리가 그들에게 앙갚음하기를 바라지 않습니다. 하나님은, 우리가 어떤 환경에 처했든지 하나님을 순종하는 데 이르기를 바라십니다. '원수 갚는 것'을 하나님의 손에 맡기는 데 이르기를 원하십니다.

베드로후서

예수님 탄생 BC 4년경		베드로후서 기록 AD 65년경		요한의 죽음 AD 100년경
	예수, 십자가에 못박힘 AD 30년경		예루살렘 성전 파괴 AD 70년	

베드로후서 진상조사 파일

이름	베드로가 보낸 두 번째 편지.
기록연대	AD 65년경.
기자	사도 베드로.
종류	서신서. 수신인들에게 경각심을 주려는 목적으로 기록된 편지.
핵심내용	베드로는 그리스도인들에게 거짓 교사들을 주의하라고, 거짓 교사들에게 현혹되지 말라고 경고하고 타이른다.

이번에는 다른 이유 때문에

베드로는 수신인들에게 두 번째 편지를 보냈습니다. 베드로의 첫 번째 편지는 부당하게 고난당하는 믿음의 형제들을 격려하기 위한 목적이 있었습니다. 그는 편지를 보냄으로써 박해받는 형제들이 교회를 박해하는 자들과 당당히 맞서 싸우도록 도움을 주었습니다. 하지만 이번에 두 번째 편지를 보낸 것은, 형제들이 교회 내부의 거짓 교사들과 당당히 맞서 싸우도록 도움을 주기 위해서였습니다.

거짓 교사들은 이 교회 저 교회를 다니며 예수가 정말로 재림하는 것은 아니라고 가르쳤습니다. 따라서 자기 행위에 대해 책임

베드로후서 **한 번에 꿰뚫기**

★ 1장 1–21절   그리스도를 아는 지식에서 성장하라고 권면하다.
★ 2장 1–22절   믿음의 도전자인 거짓 선지자들을 정죄하다.
★ 3장 1–18절   주님의 재림을 확신하는 가운데 거룩한 생활을 권면하다.

지지 않아도 된다고 교인들을 미혹했습니다. 이 말이 베드로의 귀에 들어갔던 게 분명합니다. 거짓 교사들이 순진한 교인들을 꼬드겨 잘못된 길로 인도하고 있었던 것입니다.

다른 이유, 새로운 유익

베드로가 거짓 교사들의 가르침에 무방비로 노출된 교인들을 '바르게 하기 위해' 두 번째 편지를 기록한 만큼, 이 짧은 편지에는 신약성경 중에서 가장 핵심적인 영적 진리들이 있습니다.

● 하나님의 말씀

"먼저 알 것은 경의 모든 예언은 사사로이 풀 것이 아니니 예언은 언제든지 사람의 뜻으로 낸 것이 아니요 오직 성령의 감동하심을 입은 사람들이 하나님께 받아 말한 것임이니라"(벧후 1:20,21).

● 하나님의 성품

"주의 약속은 어떤 이의 더디다고 생각하는 것같이 더딘 것이 아니라 오직 너희를 대하여 오래 참으사 아무도 멸망치 않고 다 회개하기에 이르기를 원하시느니라"(벧후 3:9).

지명수배

베드로후서를 읽다보면, 일명 '거짓 교사'라고 불리는 사악한 악당들을 수배하는 지명수배 전단을 읽는 것 같은 느낌을 받습니다.

"… 이와 같이 너희 중에도 거짓 선생들이 있으리라 저희는 멸망케 할 이단을 가만히 끌어들여 … 여럿이 저희 호색하는 것을 좇으리니 … 저희가 탐심을 인하여 지은 말을 가지고 너희로 이(利)를 삼으니 저희 심판은 옛적부터 지체하지 아니하며 저희 멸망은 자지 아니하느니라"(벧후 2:1-3).

"그러나 이 사람들은 본래 잡혀 죽기 위하여 난 이성 없는 짐승 같아서 그 알지 못한 것을 훼방하고 저희 멸망 가운데서 멸망을 당하며"(벧후 2:12).

"불의의 값으로 불의를 당하며 … 점과 흠이라"(벧후 2:13).

"… 범죄하기를 쉬지 아니하고 … 탐욕에 연단된 마음을 가진 자들이니 저주의 자식이라"(벧후 2:14).

"이 사람들은 물 없는 샘이요 광풍에 밀려가는 안개니 저희를 위하여 캄캄한 어두움이 예비되어 있나니"(벧후 2:17).

베드로는 거짓 교사들이 전하는 거짓 교리들을 인정할 수 없었습니다. 오늘날 우리 교회에도 이런 지명수배 전단이 필요한 것은 아닙니까?

● 그리스도의 재림

"그러나 주의 날이 도적같이 오리니 그날에는 하늘이 큰 소리로 떠나가고 체질이 뜨거운 불에 풀어지고 땅과 그중에 있는 모든 일이 드러나리로다"(벧후 3:10).

● 그리스도인의 삶

"이러므로 너희가 더욱 힘써 너희 믿음에 덕을, 덕에 지식을, 지식에 절제를, 절제에 인내를, 인내에 경건을, 경건에 형제 우애를, 형제 우애에 사랑을 공급하라 이런 것이 너희에게 있어 흡족한즉 너희로 우리 주 예수 그리스도를 알기에 게으르지 않고 열매 없는 자가 되지 않게 하려니와"(벧후 1:5-8).

요한일서

예수님 탄생 BC 4년경		예루살렘 성전 파괴 AD 70년		요한의 죽음 AD 100년경
	예수, 십자가에 못박힘 AD 30년경		요한일서 기록 AD 90년경	

요한일서 진상조사 파일

이름   사도 요한이 보낸 첫 번째 편지.

기록연대   AD 90년경.

기자   사도 요한(요한복음, 요한이서, 요한삼서, 요한계시록의 기자이기도 함).

종류   서신서. 그리스도인들을 격려하고 훈계하기 위한 편지.

핵심내용   하나님의 자녀로서 사는 것은 서로 사랑하는 것, 하나님께 사랑받는 것과 긴밀히 연관되어 있다.

오해 바로잡기

요한은 몇 가지 오해를 바로잡기 위해 이 편지를 기록했습니다.
초대교회가 체계를 갖추고 교회로서의 면모를 보이자마자 신학
적인 갈등이 빚어졌습니다. 어떤 사람들은 그리스도가 진짜 인
간이 아니었을 것이라고 주장했습니다. 그리스도께서 우리 죄를
용서해주셨으니, 이제 죄를 지어도 상관없다고 주장하는 무리도
있었습니다. 그런 사람들의 생각을 바로잡아주기 위해 요한이
이 편지를 기록한 것입니다. 요한은 예수께서 참인간이자 참하
나님이라고 말했습니다. 우리가 있는 힘을 다해 우리의 죄악된
본성과 싸워야 한다고 말했습니다. 그러나 싸우다가 넘어질지라
도 주님께서 사랑으로 용서해주신다고 말했습니다.

요한일서 한 번에 꿰뚫기

★ 1장 1절-2장 9절   하나님은 빛이시므로 그리스도인은 빛 가운데서 생활해야 한다.
★ 3장 1절-4장 21절   하나님은 사랑이시므로 그리스도인 서로 사랑해야 한다.
★ 5장 1-21절   하나님은 생명이시므로 그리스도인에게서는 생명의 능력이 드러나야 한다.

요한은 그리스도인들에게 위에 언급했던 그릇된 가르침들과 사악한 교설을 유포하는 거짓 교사들을 경계하라고 이 편지를 기록했습니다. 그는 또한 그리스도인들에게 사랑의 길을 가르쳤습니다. 요한은, 우리가 서로 사랑할 때 그것이 하나님이 우리 안에 계시고, 우리와 함께 계시다는 결정적인 증거가 된다고 말했습니다. 그래서 사랑에 관한 가장 유명한 구절들이 요한일서에 들어 있습니다.

요한은 하나님의 사랑에 관한 가장 유명한 구절들을 요한복음에 기록한 적도 있었습니다. 안 믿는 사람들일지라도 요한복음 3장 16절 말씀을 모르는 사람은 거의 없을 것입니다.

"하나님이 세상을 이처럼 사랑하사 독생자를 주셨으니 이는 저를 믿는 자마다 멸망치 않고 영생을 얻게 하려 하심이니라."

어떤 점에서 요한일서는 이 사상이 확장된 것이라 할 수도 있습니다. 사실 요한은 이 말씀을 요한일서 4장 9절에서 반복하고 있습니다.

"하나님의 사랑이 우리에게 이렇게 나타난 바 되었으니 하나님이 자기의 독생자를 세상에 보내심은 저로 말미암아 우리를 살리려 하심이니라."

진정한 사랑

사랑에 대해 더 많은 것을 알고 싶다면 성경을 찾아보십시오.

하나님은 사랑이시다.
"하나님이 우리를 사랑하시는 사랑을 우리가 알고 믿었노니 하나님은 사랑이시라 사랑 안에 거하는 자는 하나님 안에 거하고 하나님도 그 안에 거하시느니라"(요일 4:16).
사랑받는 것이 하나님 자녀가 되는 것이다.
"보라 아버지께서 어떠한 사랑을 우리에게 주사 하나님의 자녀라 일컬음을 얻게 하셨는고, 우리가 그러하도다"(요일 3:1).
하나님을 안다는 것은 다른 사람을 사랑한다는 것을 의미한다.
"사랑하는 자들아 우리가 서로 사랑하자 사랑은 하나님께 속한 것이니 사랑하는 자마다 하나님께로 나서 하나님을 알고 사랑하지 아니하는 자는 하나님을 알지 못하나니 이는 하나님은 사랑이심이라" (요일 4:7,8).
사랑받는 자는 두려워하지 않는다.
"사랑 안에 두려움이 없고 온전한 사랑이 두려움을 내어쫓나니"(요일 4:18).
하나님을 사랑한다는 것은 순종한다는 것을 의미한다.
"하나님을 사랑하는 것은 이것이니 우리가 그의 계명들을 지키는 것이라"(요일 5:3).

요한은 예수님과 함께 동고동락(同苦同樂)한 사람이었습니다. 그는 예수님을 가장 가까이 섬겼던 제자였습니다. 그는 하나님의 사랑을 우리에게 어떻게 설명해야 할지 세상 그 누구보다 더 잘 알고 있었을 것입니다.

요한이서

예수님 탄생 BC 4년경		예루살렘 성전 파괴 AD 70년		요한의 죽음 AD 100년경
	예수, 십자가에 못박힘 AD 30년경		요한이서 기록 AD 90년경	

요한이서 진상조사 파일

이름	사도 요한이 보낸 두 번째 편지.
기록연대	AD 90년경.
기자	사도 요한.
종류	서신서. 격려하고 가르치는 편지.
핵심내용	거짓 교사들을 무시하고 사랑의 삶을 살라고 강조한다.

인격적인 성경

성경은 백과사전이 아닙니다. 성경에 그저 사실 정보만 들어 있는 게 아닙니다. 성경은 하나님의 행위와 그에 대한 인간의 반응을 기록한 책입니다. 요한이서는 성경의 인격적 특성을 예시하는 좋은 예입니다. 요한이서는 사도 요한이 실존 여성 혹은 교회('택하심을 입은 부녀', 즉 교회를 여성에 비유함)에게 보낸 편지입니다.

요한이서에서는 당신이 어려움을 겪는 친구에게 보내는 편지 형식으로 인격적인 내음이 물씬 풍겨납니다. 그렇다면, 당신은 그 친구에게 뭐라고 하겠습니까? 아마 중요한 문제에 집중하라고 말할 것입니다. 힘을 내라고 격려할 것입니다. 의롭고 지혜로운

요한이서 **한 번에 꿰뚫기**

★ 1–4절   택하심을 입은 부녀와 그 자녀를 칭찬한다.
★ 5–6절   택하심을 입은 부녀와 그 자녀에게 사랑의 계명을 강조한다.
★ 7–13절 미혹하는 자에 대하여 경계한다.

사람들의 조언을 들으라고 말할 것입니다. 요한도 그렇게 말했습니다.

"또 사랑은 이것이니 우리가 그 계명을 좇아 행하는 것이요 계명은 이것이니 너희가 처음부터 들은 바와 같이 그 가운데서 행하라 하심이라"(요이 6절).

"지내쳐 그리스도 교훈 안에 거하지 아니하는 자마다 하나님을 모시지 못하되 교훈 안에 거하는 이 사람이 아버지와 아들을 모시느니라"(요이 9절).

요한삼서

예수님 탄생 BC 4년경		예루살렘 성전 파괴 AD 70년		요한의 죽음 AD 100년경
	예수, 십자가에 못박힘 AD 30년경		요한삼서 기록 AD 90년경	

요한삼서 진상조사 파일

이름	사도 요한이 보낸 세 번째 편지.
기록연대	AD 90년경.
기자	사도 요한.
종류	서신서. 친구에게 보내는 편지.
핵심내용	현명한 선택을 하고, 사람들을 지속적으로 도우라고 말한다.

가이오에게

요한삼서는 요한이서보다 훨씬 더 개인적이고 사적인 편지입니다. 이 편지의 수신인은 '가이오'란 인물입니다. 우리가 가이오에 대해 아는 것은 이게 전부입니다. 그의 이름은 신약성경에 네 번 나오는데, 그 이름과 여기 나온 가이오가 동일 인물인지는 확인할 방도가 없습니다. 다만 이 편지를 잘 읽어보면, 요한이 가이오란 인물을 무척 사랑했으며 귀하게 여겼다는 사실을 알 수 있습니다.

가이오는 요한이나 바울 같은 전도자들을 정성껏 대접했습니다. 그는 분명 하나님을 따르는 일과 선한 일에 열심을 내는 헌신적인 그리스도인이었을 것입니다. 그는 우리 모두가 닮고 싶어하

요한삼서 **한 번에 꿰뚫기**

★ 1-8절   수신자 가이오의 경건과 전도자들을 대접한 행위에 대해 칭찬한다.
★ 9-11절   교만한 디오드레베를 정죄한다.
★ 12-15절 편지를 전달하는 데메드리오를 칭찬한다.

는 그런 인물이었습니다. 그렇다면 사도 요한은 우리 모두가 닮
고 싶어하는 그 인물에게 뭐라고 당부했을까요?

"사랑하는 자여 악한 것을 본받지 말고 선한 것을 본받으라 선을
행하는 자는 하나님께 속하고 악을 행하는 자는 하나님을 뵙
지 못하였느니라 … 속히 보기를 바라노니 또한 우리가 면대하
여 말하리라"(요삼 11,14절).

| Jude |

유다서

예수님 탄생 BC 4년경		유다서 기록 AD 65년경		요한의 죽음 AD 100년경
	예수, 십자가에 못박힘 AD 30년경		예루살렘 성전 파괴 AD 70년	

유다서 진상조사 파일

이름	유다의 이름을 딴 것.
기록연대	AD 65년경.
기자	유다(예수님의 형제였을 것으로 추정됨).
종류	서신서. 그리스도인들에게 경고하는 편지.
핵심내용	기독교를 이용해 개인 실속을 차리는 자들을 경계하라고 강조한다.

유다의 감시망

만일 누군가 당신에게 유다서의 분위기를 묘사하라고 요청한다면, 어떻게 말하겠습니까? 다행히 선택할 보기가 있습니다.

1) 파티의 분위기

2) 사업적인 분위기

3) 잔뜩 격앙된 후견인의 분위기

당신이 유다서의 내용을 읽었다면(짧아서 그리 시간이 오래 걸리지도 않을 것입니다), 3번을 선택할 것입니다.

유다는 무엇인가를 말하지 않을 수 없었던 것 같습니다. 그는 모든 사람들이 자기 이야기를 경청하고, 그것을 아주 진지하게(자기가 진지하듯) 받아들이기를 바랐습니다.

유다서 한 번에 꿰뚫기

★ 1-4절 배교가 있을 것을 예고한다.
★ 5-16절 거짓 교사들에 대해 경고한다.
★ 17-23절 성도들에게 정욕을 피하고 의심하는 자들을 긍휼히 여길 것을 권면한다.
★ 24,25절 하나님을 찬미한다.

유다가 이야기하는 내용은 정말로 심각한 것입니다. 그는 몇몇 사람들이 하나님께서 초대교회 안에 만들어놓으신 것들을 파괴하고 있다는 사실을 알아차렸습니다. 그래서 그가 "내가 망을 보는 한은 어림도 없다!" 라고 경고하며 이 편지를 기록한 것입니다. 거짓 교사들은 그릇된 교설을 전파할 뿐 아니라 교인들의 친교를 방해했으며 사람들을 속여 개인적인 잇속을 채웠습니다. 그러나 그들이 유다의 감시망에 딱 걸린 것입니다.

이처럼 유다가 경고해준 덕택에 당신은 그들의 속임수에 걸리지 않을 것입니다.

아니, 이런 일이!

원색적인 혹평

잘못된 길을 가는 사람을 바른 길로 인도할 때, 원색적인 표현보다 더 효과적인 것은 없습니다. 유다 역시 이런 이치를 잘 알고 있었습니다. 이 세상 누가 다음과 같은 말을 듣고 싶어 하겠습니까?

· 그들은 자기 몸을 오염시키는 자들이다.
· 그들은 애찬(愛餐)의 암초이다.
· 그들은 자기 배만 채우는 목자이다.
· 그들은 비 없는 구름이다.
· 그들은 죽고 또 죽어 뿌리까지 뽑힌 열매 없는 가을 나무이다.
· 그들은 수치의 거품을 내뿜는 바다의 거친 물결이다.
· 그들은 영원히 예비된 캄캄한 흑암에 돌아갈 방황하는 별이다.

요한계시록

예수님 탄생 BC 4년경		예루살렘 성전 파괴 AD 70년		요한의 죽음 AD 100년경
	예수, 십자가에 못박힘 AD 30년경		요한계시록 기록 AD 95년경	

요한계시록 진상조사 파일

이름	사도 요한이 하나님께 받은 장래의 일에 관한 계시.
기록연대	AD 95년경(밧모 섬에 유배되었을 때).
기자	사도 요한
종류	예언서. 우리에게 세상의 종말 때에 일어날 일들을 보여주기 위한 예언.
핵심내용	사도 요한이 세상의 마지막 날과 관련해, 하나님으로부터 받은 환상을 묘사한다.

이 세상의 종말

요한계시록의 대부분은 세상의 종말에 관한 내용(이를 '묵시' 라고 함)으로 이루어져 있습니다. 지금까지 많은 사람들이 세상의 종말에 나타날 구체적인 사건들을 준비하고, 이야기하고, 연구하고, 이해하기 위해 엄청난 에너지를 쏟았습니다. 이처럼 사람들이 세상의 종말에 대해 호기심을 갖게 된 까닭은 성경이 그것을 계시하되, 상징적인 언어로 계시했기 때문입니다. 종말에 관한 성경의 계시는 때로 수수께끼처럼 여겨집니다. 성경은 예수께서 재림하시되, 아무도 예상하지 못할 때 도둑처럼 오실 것이라고 말하고 있습니다. 그런데도 우리는 예수께서 정확히 언제 재림하실지 알아내기 위해 부족한 머리를 굴리고 있습니다.

요한계시록 **한 번에 꿰뚫기**

★ 1장 1절–3장 22절 소아시아 일곱 교회의 현재 당하는 일에 대하여 주님께서 계시의 말씀을 들려주신다.

★ 4장 1절–8장 5절 하늘 보좌에 대한 환상과 일곱 인의 개봉에 대하여 보여준다.

★ 8장 6절–11장 19절 일곱 나팔의 심판과 교회의 예언자적 순교사역을 보여준다.

★ 12장 1절–14장 20절 교회와 사탄의 권세와의 우주적인 싸움을 보여준다.

★ 15장 1절–16장 21절 바벨론에 대한 하나님의 심판을 보여준다.

★ 17장 1절–22장 21절 음녀 바벨론의 멸망과 교회의 구원을 보여주는데, 바벨론은 세상에서 영원히 사라지고 교회는 새 예루살렘(새 하늘과 새 땅)의 구원을 받는다.

그러나 그리스도의 재림과 세상의 종말과 관련하여 정말로 중요한 것은 매일매일 하나님과 교제하면서 거룩하게 살아야 한다는 것입니다. 그래서 오늘이 마지막 날이 될지라도 하나님 앞에서 후회하지 않을 수 있어야 한다는 것입니다. 이 점을 명심하기 바랍니다.

일곱 교회

요한의 계시가 세상의 종말에 대한 엄청난 영상들을 향해 전개되기 전에 예수께서는 요한을 통해 소아시아 일곱 교회를 향한 메시지를 전달하셨습니다. 예수께서는 그들을 한 편으로 칭찬하시고, 다른 한편으로 경고하셨습니다. 그 메시지들을 간략하게 검토해보겠습니다.

● 에베소교회 : "너희가 옳은 일을 행했다. 너희는 악을 미워하고, 열심히 분투했으며 인내했다. 그러나 너희는 너희 첫사랑을

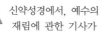

예수 재림 기사

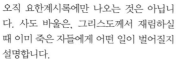

신약성경에서, 예수의 재림에 관한 기사가 오직 요한계시록에만 나오는 것은 아닙니다. 사도 바울은, 그리스도께서 재림하실 때 이미 죽은 자들에게 어떤 일이 벌어질지 설명합니다.

"우리가 주의 말씀으로 너희에게 이것을 말하노니 주 강림하실 때까지 우리 살아 남아 있는 자도 자는 자보다 결단코 앞서지 못하리라 주께서 호령과 천사장의 소리와 하나님의 나팔로 친히 하늘로 좇아 강림하시리니 그리스도 안에서 죽은 자들이 먼저 일어나고 그후에 우리 살아 남은 자도 저희와 함께 구름 속으로 끌어 올려 공중에서 주를 영접하게 하시리니 그리하여 우리가 항상 주와 함께 있으리라 그러므로 이 여러 말로 서로 위로하라"(살전 4:15-18).

잃었다. 그러니 회개하고 처음 사랑을 회복하라"(계 2:1-7).

● 서머나교회 : "너희가 지금 어려운 시기를 겪고 있다. 하지만 상황은 더 악화될 것이다. 그러나 신실함을 잃지 말라. 너희의 고난이 영원히 지속되지는 않을 것이다"(계 2:8-11).

● 버가모교회 : "너희가 척박한 환경에서도 하나님께 신실한 자세를 보였다. 하지만 너희 안에 사악한 세력을 완전히 제거하지는 않았다. 이런 식으로 계속 가다가는 너희가 위험에 빠지게 될 것이다"(계 2:12-17).

● 두아디라교회 : "너희는 선한 일을 많이 했다. 그러나 너희는 거짓 교사들이 활개치도록 방치했다. 즉시 회개하지 않으면, 너희가 행한 그대로 갚아 줄 것이다"(계 2:18-29).

● 사데교회 : "잠에서 깨어나라. 너희에게 생명력이 하나도 없구나! 너희 교회에는 나를 신뢰하는 사람들이 거의 없다. 이래서 어찌 살아 있는 교회라 하겠느냐? 어서 일어나라"(계 3:1-6).

● 빌라델비아교회 : "너희는 늘 내게 신실했다. 앞으로도 계속 인내하라. 그리하면 내가 너희를 보호해줄 것이다"(계 3:7-13).

● 라오디게아교회 : "너희는 현재에 너무 만족하고 있다. 너희는 이것도 저것도 아닌 중간지대에서 배회하고 있다. 미지근한 신앙을 버리고 뜨겁든지 차갑든지 하나를 택하라"(계 3:14-22).

숫자

요한계시록에는 7이란 숫자('완전' 수)가 유난히 자주 등장합니다.

- 일곱 교회(2:1–3:22) : 예수께서 일곱 교회에 각각의 메시지를 주셨습니다.

- 일곱 인(6:1–8:1) : 일곱 개의 인(印)이 두루마리를 봉하고 있습니다. 유다 지파의 사자인 예수 말고 그 누구도 그 인을 뗄 수 없습니다. 예수가 인을 하나씩 뗄 때마다 새로운 일들이 계시됩니다.

- 일곱 나팔(8:2–11:19) : 일곱 천사가 일곱 나팔을 불고 있습니다. 일곱 천사들이 차례로 나팔을 불 때마다 다른 사건들이 펼쳐집니다.

- 일곱 대접에 일곱 재앙을 갖고 있는 일곱 천사(15:1–16:21) : 하나님의 마지막 진노가 세상에 쏟아지는 장면을 나타낸 것입니다.

공상과학 영화?

예수께서 일곱 교회를 칭찬하고 문책하신 이후, 요한계시록 나머지 부분을 읽다보면 흡사 특수효과의 전시장에 와 있거나 혹은 공상과학 스릴러 영화(물론 요한계시록은 공상이 아니지만)를 보는 것 같은 느낌을 받습니다. 요한은 현재 우리가 살고 있는 세상과 전혀 다른 차원의 세상을 환상으로 목격합니다. 그는 우리가 알아들을 수 있는 이미지들과 언어들을 총동원하여 가능한 한 상세하게 자기가 보았던 환상의 내용을 기술했습니다. 그러나 어찌 하늘의 일들을 인간의 언어로 다 기술할 수 있겠습니까? 수많은 사람들이 요한계시록에 흥미와 호기심을 느낀 까닭이 바로 이 때문입니다. 하지만 그 누구도 요한계시록을 완벽하게 해석하지는 못했습니다.

그러나 한 가지 분명한 것은 세상의 종말이 오면, 사악한 권세가 세상을 지배하고 통제하면서 모든 사람들에게 무조건적인 충성을 요구한다는 것입니다. 사악한 권세는 우리의 식량, 충절, 생존마저 통제할 것입니다. 그리고 그 모든 것은 결국 신앙에 대한 통제로 귀결될 것입니다. 그러므로 우리 믿는 사람들은, 세상의 세력이 우리 신앙과 신앙 행위들을 통제하려 할 때 신경을 곧추 세우고 긴장을 늦추지 말아야 합니다.

요한계시록 용어 소사전

세상의 종말 때 어떤 사건들이 어떤 순서로 진행될 것인지에 대해서는 사람들의 의견이 다양하게 엇갈리고 있습니다. 하지만 다음과 같은 일련의 사건들이 진행될 것이라는 데 대해서는 모든 사람들의 의견이 일치하고 있습니다.

먼저 사악한 권세가 일어나 이 세상 모든 민족들에게 자기를 숭배하라고 강요할 것입니다. 예수와 사악한 권세 사이에 엄청난 싸움이 벌어질 것입니다. 그리고 마침내 예수께서 승리할 것이고 사탄은 영원히 패배할 것입니다. 우리는 예수 앞에 나아가, 그때까지 살아온 삶에 대해 셈을 치르게 될 것입니다.

여기 요한계시록에 종종 등장하는 몇 가지 용어들을 설명해놓았습니다.

- 666 : 요한계시록 13장 18절은 '짐승'(사악한 권세의 일부)의 수가 육백육십육이라고 말하고 있습니다. 하지만 이 숫자가 어떻게 사용될 것인지 그 누구도 정확히는 알 수 없습니다.

- 적그리스도 : 신약성경은 사람들에게 사악한 영향력을 행사하여 그리스도에게서 멀어지게 하는 거짓 교사들을 지칭하는 데 이 용어를 사용하곤 했습니다. 그러나 요한계시록은 3년 반 동안 세상 권세를 장악할 매우 강력한 '그리스도에 대한 적대 세력'에게 이 용어를 적용하고 있습니다. 그는 세상 모든 사람들에게 자기를 숭배하라고 강요할 것입니다. 그러다가 마침내 그리스도께 참패를 당할 것입니다.

- 아마겟돈 : 그리스도와 적그리스도, 선과 악이 최후의 일전을 벌이게 될 장소입니다.

- 천국 : 요한계시록은 새 하늘과 새 땅을 약속합니다. 지금 우리가 살고 있는 이 세상이 끝나고 다 지나가면, 천국이 우리의 영원한 집이 될 것입니다.

- 마지막 심판 : 하나님 앞에 나아가, 우리가 살아온 삶에 대해 셈을 받을 때를 말합니다. 이 때가 이르면 우리가, 그리스도께서 우리 죄를 말끔히 씻기 위해 돌아가셨음을 믿었는가 아니면 어리석게도 자신의 선행으로 죄를 씻을 수 있다고 믿었는가 하는 문제가 정말 중요한 관건으로 부각될 것입니다.

- 천년왕국 : 요한계시록은 그리스도께서 천 년 동안 평화 중에 통치하실 것이라 말하고 있습니다. 재림 후에 천년왕국이 이루어질 것인가 아니면 그 전에 이루어질 것인가에 대해서는 학자들의 의견이 다양하게 나누어지고 있습니다.

● 대환난 : 지상에 있는 신자들이 두려움과 고통을 당하는 시기를 일컫습니다. 어떤 이들은 7년간의 대환난이 그리스도의 재림과 휴거 이전에 있을 것이라 말하기도 하고, 또 다른 이들은 그리스도의 재림 이후에 있을 것이라고 말하기도 합니다.

하루만에 꿰뚫는 성경관통

초판 1쇄 발행	2005년 5월 2일
초판 33쇄 발행	2015년 1월 15일

지은이	크리스토퍼 허드슨 외
옮긴이	배웅준

펴낸이	여진구
편집장	김아진
기획·홍보	이한민
책임에디터	박혜련, 안수경
기획에디터	오은미, 최지설, 이소현
해외저작권	최영오

표지디자인	이혜영
내지디자인	전보영, 윤숙인
일러스트	양효은

마케팅	김상순, 강성민, 허병용
마케팅지원	김소영
제작	조영석, 정도봉
경영총무	김혜경, 김경희
이슬비사역	엄취선, 최경식, 전우순, 박정숙, 최영배

펴낸곳	규장

주소 137-893 서울시 서초구 양재2동 205 규장선교센터
전화 02)578-0003   팩스 02)578-7332
이메일 kyujang@kyujang.com   홈페이지 www.kyujang.com
트위터 twitter.com/_kyujang   페이스북 facebook.com/kyujangbook
등록일 1978.8.14. 제1-22

책값 뒤표지에 있습니다.
ISBN 89-7046-999-0 03230

규 | 장 | 수 | 칙

1. 기도로 기획하고 기도로 제작한다.
2. 오직 그리스도의 성품을 사모하는 독자가 원하고 필요로 하는 책만을 출판한다.
3. 한 활자 한 문장에 온 정성을 쏟는다.
4. 성실과 정확을 생명으로 삼고 일한다.
5. 긍정적이며 적극적인 신앙과 신행일치에의 안내자의 사명을 다한다.
6. 충고와 조언을 항상 감사로 경청한다.
7. 지상목표는 문서선교에 있다.

하나님을 사랑하는 자 곧 그 뜻대로 부르심을 입은 자들에게는 모든 것이 合力하여 善을 이루느니라(롬 8:28)